新时代大学生思想政治工作
实践研究系列成果

新时代好青年成长成才一百问

主编 罗永辉 李忠军

陕西师范大学出版总社　西安

图书代号　SK24N1945

图书在版编目（CIP）数据

新时代好青年成长成才一百问 / 罗永辉，李忠军主编.
西安：陕西师范大学出版总社有限公司，2025.1. -- ISBN 978-7-5695-4694-1

Ⅰ．G645.5-44

中国国家版本馆CIP数据核字第2024P2E403号

新时代好青年成长成才一百问
XIN SHIDAI HAO QINGNIAN CHENGZHANG CHENGCAI YIBAI WEN

罗永辉　李忠军　主编

出 版 人	刘东风
出版统筹	刘　定
策划编辑	郑　萍
责任编辑	彭　燕
责任校对	郑　萍
装帧设计	尹　冰
出版发行	陕西师范大学出版总社
	（西安市长安南路199号　邮编710062）
网　　址	http://www.snupg.com
印　　刷	西安市建明工贸有限责任公司
开　　本	720 mm×1020 mm　1/16
印　　张	18.5
插　　页	2
字　　数	270千
版　　次	2025年1月第1版
印　　次	2025年1月第1次印刷
书　　号	ISBN 978-7-5695-4694-1
定　　价	49.00元

读者购书、书店添货或发现印装质量问题，请与本公司营销部联系、调换。
电话：（029）85307864　85303629　　传真：（029）85303879

编委会

主　编：罗永辉　李忠军
副主编：李后东　辛向仁　王秀铭
编　委（按姓氏笔画排序）：
　　　　王　党　王　楠　王阳阳　王蓓蓓
　　　　祁斌业　阮小飞　李　晔　何　妍
　　　　张　倩　张　璐　陈炎鑫　高　扬
　　　　高　霏　席海莎　贾颖辉　鲁　燕
　　　　薛占飞　衡旭辉

前　言

"青年者，国家之魂。""青年是整个社会力量中最积极、最有生气的力量"，"青年一代有理想、有本领、有担当，国家就有前途，民族就有希望"。党的十八大以来，习近平总书记始终站在"两个大局"的高度，聚焦新时代好青年的核心标准与现实要求，"叙"青年事、"话"青年情、"扬"青年志、"望"青年才，强调"要坚定不移听党话、跟党走，怀抱梦想又脚踏实地、敢想敢为又善作善成，立志做有理想、敢担当、能吃苦、肯奋斗的新时代好青年，让青春在全面建设社会主义现代化国家的火热实践中绽放绚丽之花"。

作为青年才俊增长知识才干、追逐青春梦想的神圣殿堂，高校肩负着不断开创思政教育新局面，努力培养更多让党放心、爱国奉献、担当民族复兴重任的时代新人的重要使命。把握新时代新形势下青年学生成长的特点，凝心铸魂、立德树人，更好地把广大青年团结起来、组织起来、动员起来，为全面建成社会主义现代化强国、实现第二个百年奋斗目标而努力奋斗，是高校思想政治工作的根本出发点和落脚点。

陕西师范大学党委历来高度重视大学生思想政治教育工作。2022年11月以来，学校党委充分运用"谈心谈话"这一开展思想政治教育的重要方法，由党委主要负责同志、学生工作负责同志面向全校不同学业阶段的青年大学生群体，聚焦"澄清思想困惑"和"助力成长成才"目标，启动实施"党委书记与青年学子共话成长"半月谈育人活动。通过开展思想动态调研、学情学风分析、关注问题征集，形成对谈问题清单，分年级、分阶段、分类别地围绕思想困惑、热点话题、发展诉求开展常态化面对面深入交流。活动邀请全校各学院（部）青年学生分批分类参加，结合价值引领、学业发展、心理困惑、生涯规划、日常管理等话题，每半月开展一次面对面深入交流，了解学生的思想状况和动态，了解学生的所需所盼所忧，听取学生对学校、学院发展方面的意见建议，帮助学生解决在学业、思想、心理、成长等方面存在的困难和问题，实现思想引领、教育引导、成长引航。

"党委书记与青年学子共话成长"半月谈育人活动坚持将解决思想问题和实际问题相结合，努力做到谈必有方，学校党委提前制定问题清单，确保聚焦主题，有话可谈；做到谈必有物，预先做好功课，确保深入灵魂；做到谈必有果，对学生谈话中涉及的具体诉求问题，能当场答复的，当场给予回应，不能当场回复的，后续在一定时间内以书面或其他形式给予回应。同时，为进一步推动谈话内容的体系化、谈话成果的学理化，本书编写组根据现场谈话整理相关素材，围绕"大道之行、励志成长、先进模范、扬帆逐梦、勇立潮头"五大板块全面系统地梳理了与青年学生成长成才密切相关的100个问题，组织编印《新时代好青年成长成才一百问》。

《新时代好青年成长成才一百问》是一本切实反映、回应新时代高校青年学生思想动态与实际关切的通俗读物，兼具学理性与知识性、建设性与价值性、指导性与实践性，采取深入浅出、析事明理的方式为青年学生释疑解惑，以实现对新时代青年学生有效的思想引领、教育引导、成长引航。希望本书可以为高校思想政治教育工作者开展日常思想政治教育工作提供有益参考，为高校青年大学生解决日常思想问题与实际问题提供有益借鉴。

本书编写组
2024 年 7 月

目　录

第一篇　大道之行

第一谈　什么是马克思主义真理之道 / 002

第二谈　如何认识社会主义演进之道 / 016

第三谈　什么是中国特色社会主义发展之道 / 025

第四谈　如何理解中国共产党建设之道 / 044

第二篇　励志成长

第五谈　大学，如何尽快适应 / 064

第六谈　大学，如何快乐学习 / 080

第七谈　大学，如何玩转社交 / 096

第八谈　大学，如何面对网络生活 / 106

第九谈　大学，如何做好自我调适 / 117

第三篇　先进模范

第十谈　大学，如何当好学生干部 / 130

第十一谈　大学，如何履行好学生团干部职责 / 150

第十二谈　大学，如何追求政治进步 / 164
第十三谈　大学，如何做青年马克思主义者 / 176

第四篇　扬帆逐梦

第十四谈　大学，如何进行职业规划 / 190
第十五谈　毕业前，如何做好职业准备 / 202
第十六谈　毕业时，如何做好职业选择 / 216
第十七谈　师范生，如何成为未来卓越教师 / 231

第五篇　勇立潮头

第十八谈　大学，如何为勇担复兴大任奠定根基 / 250
第十九谈　大学，为什么一定要追逐理想光辉 / 263
第二十谈　如何展现新时代好青年该有的模样 / 276

第一篇

大道之行

第一谈　什么是马克思主义真理之道

1. 为什么说"归根到底是马克思主义行"？

学生：党的二十大报告指出："实践告诉我们，中国共产党为什么能，中国特色社会主义为什么好，归根到底是马克思主义行，是中国化时代化的马克思主义行。"这一重要论断彰显了我们党的理论自信，请问，如何理解"归根到底是马克思主义行"呢？

书记：这一论断深刻指出了中国共产党能、中国特色社会主义好与马克思主义行之间的关系，指出了马克思主义深刻改变中国和世界的真理力量。一个词语"归根到底"，道出了"中国共产党为什么能""中国特色社会主义为什么好"的根本性原因。

我们知道，马克思主义本身也正是从实践中产生、为实践所验证的科学理论。社会主义诞生500多年了，但是早期的社会主义是空想社会主义，不可能实现，只能是一种空想，难以真正揭示社会主义发展规律并对改变世界起到指导作用。马克思主义以其科学性与真理性从各种社会主义思想中脱颖而出，并成为人们解释世界和改造世界的有力思想武器。马克思主义之所以行，是因为它具有科学性，其科学的世界观和方法论源于唯物辩证法批判性和革命性的理论品格，集中表现在其对自然、社会和人类思维一般规律的正确反映和科学揭示。其中揭示"历史之谜"的唯物史观和揭示资本主义社会的剩余价值学说，是马克思主义对人类社会的巨大贡献。唯物史观和剩余价值学说共同揭示了人类社会发展的一般规律，特别是社会形态更替演进的规律，为人们指明了从必然王国向自由王国飞跃的途径，同时在探寻和揭露资本主义发展的特殊规律的基础上为人们指明了实现自由和解放的道路。马克思被誉为"千年思想家"。习近平总书记指出："在人类思想史上，就科学性、真理性、影响力、传播面而言，没有一种思想理论能达到马克思主义的高度，也没有一种学说能像马克思主义那样对世界产生了如此巨大的影响。"[1]

历史上，很多资产阶级学者都曾"宣布"："马克思主义过时了""马克思主义的幽灵已经消失了"。但是，每一次这种"宣布"都被历史无情地否决了。尽管时代主题在深刻变化，但是马克思主义所揭示的资本主义必然灭亡、社会主义必然胜利的趋势没有变，马克思主义所揭示的时代本质没有发生根本转变，马克思主义的世界观、方法论及其原理并没有过时。

从中国近代以来的历史进程看，在中华民族最危急的时刻，中国共产党人找到了马克思主义，给苦苦探寻救亡图存出路的中国人民指明了前进方向、提供了全新选择。一百多年来，正是在马克思主义这一科学理论的指引下，中国共产党人在艰辛探索中找到了中国新民主主义革命的正确道路、社会主义革命和建设的正确道路，在改革开放新时期成功开创、坚持和拓展了中国特色社会主义道路，在中国这个古老的东方大国创造了人类历史上前所未有的发展奇迹。马克思主义的命运早已同中国共产党的命运、中国人民的命运、中华民族的命运紧紧连在一起，它的科学性和真理性在中国得到了充分检验，它的人民性和实践性在中国得到了充分贯彻，它的开放性和时代性在中国得到了充分彰显。历史雄辩地证明，马克思主义是"伟大的认识工具"，是强大的思想武器，是我们立党立国、兴党

---

[1] 习近平向各国共产党赴华参加纪念马克思诞辰200周年专题研讨会致贺信[N]. 中国青年日报,2024-05-29(01).

兴国的根本指导思想。拥有马克思主义科学理论指导是我们党坚定信仰信念、把握历史主动的根本所在。

马克思主义行，首先是因为马克思主义是科学思想，马克思主义是科学的理论、人民的理论、实践的理论、不断发展的开放的理论。它深刻揭示了自然界、人类社会、人类思维发展的普遍规律，为人类社会发展进步指明了方向，是"对"的理论；它坚持实现人民解放、维护人民利益的立场，以实现人的自由而全面的发展和全人类解放为己任，反映了人类对理想社会的美好憧憬，是"好"的理论；它具有鲜明的实践品格，为改变人民历史命运而创立，为人民认识世界、改造世界提供强大思想武器，当然也是"活"的理论。无论时代如何变迁、科学如何进步，马克思主义依然显示出科学思想的伟力，依然占据着真理和道义的制高点。正如习近平总书记指出的："我们依然处在马克思主义所指明的历史时代。"

2. 马克思主义信仰和宗教信仰有什么区别？

学生：在学习和了解不同的信仰体系时，我注意到马克思主义信仰和宗教信仰之间存在一些明显的差异。但是，我对这些差异的具体内容和原因还不太清楚。因此，请问老师，马克思主义信仰和宗教信仰在哪些方面存在显著的区别？这些区别是如何形成的？它们各自的特点和核心价值观是什么？在现代社会中，这两种信仰体系对于人们的思想观念、行为方式以及社会发展有什么不同的影响？

书记：在人类历史的长河中，先后产生了神话、宗教和哲学。它们都是对宇宙万事万物存在和演化规律的一种解释，其本质均是世界观的反映。宗教信仰者认为只有对无法证实的东西的相信才是真正的信仰，能够被证实的叫知识。而马克思主义信仰除了给出一种全新的世界观以外，还在社会发展规律和方向上给出了科学论证，是一种兼具抽象和具体、更为系统和全面、贯穿宇宙和个人、联通过去和未来的一种"大世界观",是一整套直接丰富人生观和价值观的信仰体系。虽然它们都涉及人们对于某种超越性存在或理念的信赖和追求,但在本质、理论基础、目标和实践等多个方面存在着显著的区别。

马克思主义信仰是根植于理性、科学和实践的。它通过实践来探索真理,改造世界,认为人类社会的发展有其客观规律,这些规律是可以被科学所揭示的。马克思主义信仰的核心在于对社会主义和共产主义的追求,其目标是通过社会整体的发展和进步实现人的全面发展和解放。宗教信仰则更多地基于非理性和神秘性,它强调个人与超自然现象或超自然现象背后的神秘力量的联系,认为这些力量能够主宰个人的命运和社会的变迁。宗教信仰的核心在于对神灵的崇拜和信仰,它追求的是个人灵魂的救赎和超脱。

马克思主义信仰建立在科学社会主义理论之上,这一理论基于唯物史观和剩余价值学说。唯物史观揭示了人类社会发展的客观规律,而剩余价值学说则深刻剖析了资本主义社会的内在矛盾,为社会主义社会和共产主义社会的建立提供了坚实的理论基础。马克思主义信仰强调理论与实践的紧密结合,认为只有通过实践才能检验和发展真理。而宗教信仰的理论基础则多源于古老的教义或经典,这些教义或经典通过宗教领袖或神职人员的解释和传承得以流传,强调对教义或经典的信仰和遵守。

此外,从价值目标和最终追求来看,马克思主义信仰致力于构建一个没有剥削、没有压迫、人人平等的社会主义社会和共产主义社会。它关注社会整体的发展和进步,认为个人的自由和幸福是建立在社会整体发展基础之上的。马克思主义信仰强调集体主义精神和奉献精神,鼓励个人为了社会整体利益而努力奋斗。而宗教信仰则主要关注个人灵魂的救赎和超脱,认为通过信仰和崇拜神灵,个人可以获得救赎和超脱,实现灵魂的净化与升华。

最后,从实践方式来看,马克思主义信仰强调革命和建设的重要性。

它认为只有通过革命推翻旧有的剥削制度，才能为新的社会制度奠定基础；同时，只有通过建设不断完善和发展的社会制度，才能实现社会的持续进步。马克思主义信仰强调实践和斗争的作用，认为它们是推动社会变革和进步的关键力量。而宗教信仰的实践则更侧重于个人的修行和慈善行为，如祈祷、忏悔等，旨在净化个人的灵魂和获得神灵的保佑。

这也就是说，马克思主义信仰与宗教信仰在本质、理论基础、价值目标和实践方式等方面存在着显著的区别。马克思主义信仰以理性、科学和实践为基础，追求社会整体的发展和进步，强调集体主义精神和奉献精神；而宗教信仰则基于非理性和神秘性，追求个人灵魂的救赎和超脱，强调个人主义精神和自我救赎。这些区别不仅展现了两种信仰的不同特点和价值追求，也为我们理解和把握社会主义和共产主义提供了重要的思想指导。进入新时代，我们要牢记初心，坚定马克思主义信仰，深刻感悟和把握马克思主义真理力量，把马克思主义的科学原理和科学精神运用到统揽伟大斗争、伟大工程、伟大事业、伟大梦想的实践中去，不断谱写新时代坚持和发展中国特色社会主义新篇章。

3. 坚持马克思主义基本原理是垄断马克思主义吗？

学生：老师您好，我有一个困惑，我知道马克思主义基本原理是马克思主义科学体系的基本理论、基本范畴，是其立场、观点和方法的理论表达。然而，在探讨这一理论时，我听到过一种说法，认为坚持马克思主义基本原理就是垄断马克思主义。坚持马克思主义基本原理与垄断马克思主义在定义和内涵上是否存在本质的区别？如何理解马克思主义是一个开放的理论体系？

书记：从整体上来看，坚持马克思主义基本原理和所谓垄断马克思主义有着根本区别。列宁指出："马克思主义是马克思的观点和学说的体系。"①马克思主义基本原理是马克思主义科学体系的基本理论、基本范畴，揭示了人类社会发展的基本规律，是指导我们认识世界和改造世界的强大思想武器。坚持这些基本原理，才能称之为马克思主义，否定、抛弃这些基本原理，就不能称之为马克思主义了，就是反马克思主义思潮，或者非马克思主义思潮了。坚持马克思主义基本原理，同一切否定、抛弃马克思主义基本原理的行为作坚决的斗争，这是捍卫马克思主义，而不能叫作垄断马克思主义。同反马克思主义作斗争，坚持和发扬马克思主义的革命精神，这是完全正确的。不要把捍卫马克思主义、批判假马克思主义当作垄断马克思主义。应该充分肯定批判假马克思主义的斗争，划清马克思主义与反马克思主义、非马克思主义的界限。而垄断马克思主义则是一种错误的思想倾向和行为模式，它试图通过强制或排斥的手段，将某种特定的马克思主义解释或实践模式强加给其他人或国家。

从内涵和特征来看，坚持马克思主义基本原理和垄断马克思主义有着根本区别。马克思主义基本原理作为科学的理论体系，具有普遍性和指导性。它揭示了人类社会发展的基本规律，为我们提供了认识世界和改造世界的科学方法。同时，马克思主义基本原理也是开放的，它随着时代的发展和实践的深入而不断丰富和发展。在坚持马克思主义基本原理的过程中，我们不仅要深入理解其科学内涵，还要把马克思主义的基本原理同它在具体条件下的运用得出的具体结论区分开来。在《共产党宣言》德文版序言中，马克思和恩格斯就指出："不管最近25年来的情况发生了多大的变化，这个《宣言》中所阐述的一般原理整个说来直到现在还是完全正确的。……这些原理的实际运用，正如《宣言》中所说的，随时随地都要以当时的历史条件为转移，所以第二章末尾提出的那些革命措施根本没有特

---

① 中共中央马克思恩格斯列宁斯大林著作编译局.列宁专题文集：论马克思主义[M].北京：人民出版社,2009:7.

别的意义。如果是在今天，这一段在许多方面都会有不同的写法了。"[①] 这段话表明，不是马克思主义基本原理会过时，或者它有对有错，而是运用马克思主义基本原理分析具体问题得出的结论需要不断发展、创新。谁也不能把自己运用马克思主义基本原理结合当时当地的具体情况得出的具体结论当作是唯一正确的东西，垄断对马克思主义的解释权，不准别人进行新的探索。

垄断马克思主义则是一种错误的思想倾向和行为模式。它试图通过强制或排斥的手段，将某种特定的马克思主义解释或实践模式强加给他人或国家。这种行为违背了马克思主义的开放性和包容性精神，也违背了人类社会的多样性和差异性的现实。它具有封闭性，将马克思主义视为一种封闭的教条，不允许对其进行发展或创新，试图通过排斥其他思想体系和学派，维护自己的"正统地位"。它体现为一种强制性，试图通过政治或经济手段，强制其他国家或政党接受某种特定的马克思主义解释或实践模式。同时它还体现出一种排斥性，对其他与自身观点不同的马克思主义学派或解释进行排斥或打击，以"一统天下"。20世纪中期的苏联共产党在对待马克思主义和其他国家共产党的问题上就明显带有这样的特征。当时苏联共产党利用它在国际共产主义运动的威望，利用它客观上成为社会主义阵营的"头"的地位，把自己的一套社会主义革命和建设的具体做法当作唯一正确的模式，强行推广到其他社会主义国家，迫使它们照搬自己的模式，只能跟着它走，亦步亦趋，不准这些国家根据本国国情探索自己的社会主义建设道路，用赫鲁晓夫的话来说，叫作"对对表"。如果你想结合本国国情做点探索，他就给你扣上一顶"民族共产主义"的帽子，就要制裁、打压。而这种垄断马克思主义从条件来说，必须具备"中心""头儿"的地位，否则别人也不会接受垄断。因为垄断是相对于服从来说的，没有人服从，也就谈不上垄断了。苏东剧变以后，世界社会主义阵营瓦

[①] 中共中央马克思恩格斯列宁斯大林著作编译局. 马克思恩格斯文集：第2卷[M]. 北京：人民出版社，2009:5.

解，垄断马克思主义的基本条件不再存在，各个社会主义国家分别根据具体情况进行探索，将马克思主义与本国具体条件相结合，推动符合自身国情的发展，谁也不会去照搬别国的一套做法，听命于哪个"中心"了。

最后，坚持马克思主义基本原理体现了一种科学、开放、包容的态度，这根本区别于垄断马克思主义所代表的封闭、排他、强制的行为。坚持马克思主义基本原理是基于对马克思主义科学性的认同和尊重。我们坚持马克思主义基本原理，是因为它揭示了人类社会发展的基本规律，为我们提供了认识世界和改造世界的科学方法。坚持马克思主义基本原理体现了马克思主义的开放性和包容性精神。我们坚持马克思主义基本原理，并不意味着否认其他思想体系和学派的存在与价值。相反，我们应该尊重其他思想体系和学派的观点与贡献，并在实践中不断吸收和借鉴。坚持马克思主义基本原理是基于对实践的尊重和认同。我们坚持马克思主义基本原理是为了更好地指导我们的实践活动，推动社会的进步和人类的发展。

因此，坚持马克思主义基本原理并不等同于垄断马克思主义，两者在定义、内涵、实践表现以及目标和结果上都存在本质的区别。马克思主义基本原理强调科学性、开放性和实践性，鼓励根据时代特点和实际情况进行发展和创新；而垄断马克思主义则强调封闭性、强制性和排他性，试图通过强制手段实现思想或模式的统一。在实践中，我们应该始终坚持马克思主义的基本原理，并根据时代的变化和实践的发展不断丰富和发展这些原理。

4. 习近平新时代中国特色社会主义思想因何是 21 世纪马克思主义？

学生：老师，我想了解一下，为什么我们说习近平新时代中国特色社会主义思想是 21 世纪马克思主义呢？它有哪些特点或理念是与传统的马克思主义相承接，同时又有所创新和发展的呢？

书记：习近平新时代中国特色社会主义思想是新时代中国共产党坚持和发展了马克思主义的最新理论成果，以一系列原创性战略性重大思想观点丰富和发展了马克思主义，是当代中国马克思主义、21世纪马克思主义。

中国共产党是共产主义最高理想与中国特色社会主义共同理想的统一论的践行者。共产主义是一个需要几代人、十几代人乃至几十代人不懈奋斗才能实现的历史过程。我们党不因现实复杂而放弃梦想，不因理想遥远而放弃追求。党所做的一切，就是为人民谋幸福、为民族谋复兴、为世界谋大同，这是为实现最高理想所进行的实实在在的努力。党的十八大以来，以习近平同志为核心的党中央在世界上高高举起中国特色社会主义伟大旗帜，开创了党和国家事业发展的新局面，开创了坚持和发展马克思主义的新境界，开创了坚持和发展中国特色社会主义的新气象，形成了习近平新时代中国特色社会主义思想，引领中国特色社会主义进入了新时代。实践进一步证明，中国特色社会主义这条道路走得通、走得对、走得好，是实现中华民族伟大复兴的人间正道，是实现人的全面发展和人类解放的康庄大道，是通向共产主义最高理想的必由之道。

马克思主义是科学的理论、人民的理论、实践的理论，也是不断发展的理论、开放的理论。马克思主义的生命力不仅来源于它的科学性和真理性，而且来源于它与时俱进的理论品格。这一理论品格造就了马克思主义生生不息、博大精深的理论谱系，也造就了习近平新时代中国特色社会主义思想集大成的理论气度、原创性的理论贡献。

首先，习近平新时代中国特色社会主义思想始终坚持"不忘本来、吸收外来、面向未来"[1]。不忘本来，表明这一思想以马克思列宁主义、毛泽东思想、邓小平理论、"三个代表"重要思想、科学发展观为本来，以中华优秀传统文化、中国近代以来的革命文化、社会主义先进文化为本来，具有深厚的理论渊源和文化渊源。吸收外来，表明这一思想具有海纳百川的

---

[1] 习近平：习近平著作选读：第1卷[M].北京：人民出版社,2023:539.

开放意识和火眼金睛般的识别能力,十分注重对世界上有益文明成果的吸收借鉴,是在中国与世界的深度互动中形成发展起来的,得到世人的广泛理解和认同。面向未来,表明这一思想具有马克思主义的宽广眼界和人类情怀,始终关注中国未来、世界未来、人类未来,始终坚持在改革中守正创新、不断超越自己,在开放中博采众长、不断完善自己,彰显出引领时代发展和世界潮流的真理力量。

还要深刻认识到,习近平新时代中国特色社会主义思想具有强大的理论穿透力和现实解释力,对发展马克思主义作出了独特贡献。习近平新时代中国特色社会主义思想在认识和把握共产党执政规律、社会主义建设规律、人类社会发展规律方面提出了不少新论断、新命题、新理念,用鲜活丰富的当代中国实践来推动马克思主义发展。比如,人民中心论、社会主义现代化强国论、社会主要矛盾变化论、经济新常态论、供给侧结构性改革论、现代化经济体系论、国家治理体系和治理能力现代化论、中国特色社会主义最本质特征论、"四个伟大"论、"两个伟大革命"论、新时代强军论、新型大国关系论、人类命运共同体论等等。这些新论断、新命题、新理念都蕴含着世界观、认识论、方法论、价值论层面的突破。这些原创性理论贡献,是马克思主义中国化时代化大众化新飞跃的重要标志,也是21世纪马克思主义的重要标志。

党的十八大以来,国内外形势变化和我国各项事业发展都给我们提出了一个重大时代课题,这就是必须从理论和实践结合上系统地回答新时代坚持和发展什么样的中国特色社会主义、怎样坚持和发展中国特色社会主义。以习近平同志为核心的党中央坚持和运用马克思主义立场观点方法,从历史和现实、理论和实践、国内和国际结合上洞察世情、国情、党情的深刻变化,强调中国特色社会主义是既坚持科学社会主义基本原则又具有鲜明实践特色、理论特色、民族特色、时代特色的社会主义,是植根于中国大地、反映中国人民意愿、适应时代发展进步要求的社会主义,是坚定道路自信、理论自信、制度自信、文化自信的社会主义,是统揽伟大斗争、伟大工程、伟大事业、伟大梦想的社会主义；明确了新时代坚持和发展中国特色社会主义的总目标、总任务、总体布局、战略布局和发展方向、发展方式、发展动力、战略步骤、政治保证等。这些重要思想，充分体现了马克思主义的人民立场、实践观点和科学方法，系统回答了新时代坚持和发展中国特色社会主义一系列重大问题。

同时，中国离不开世界，世界离不开中国。当今世界面临的不稳定不确定不安全因素日益增多，全球面临着"世界怎么了、我们怎么办"的普遍困惑。这就是"世界向何处去"的问题。党的十八大以来，习近平总书记致力于为世界问题提供中国方案，高瞻远瞩、深谋远虑，透过现象看实质、透过表象看本质、透过趋势看潮流，从中看到了当今世界百年未有之大变局，从中看到了一个新机遇新挑战层出不穷的世界、一个国际体系和国际秩序深度调整的世界、一个国际力量对比深刻变化并朝着有利于和平与发展方向变化的世界，从中看到了滚滚向前的和平合作、开放融通、改革创新的历史潮流，也从中看到了世界存在的"和平赤字、发展赤字、治理赤字"等等。立足于这样的战略眼光和战略思考，习近平总书记呼吁秉持"和平、发展、公平、正义、民主、自由"的人类共同价值，提出构建人类命运共同体，提出共商共建共享的全球治理观，倡导建设持久和平、普遍安全、共同繁荣、开放包容、清洁美丽的世界等等。这些重要思想，为认识和解决事关人类前途命运的重大问题贡献了中国智慧和中国方案。

5.21世纪马克思主义、当代中国马克思主义的深刻内涵是什么？

学生：老师您好，在学习和理解马克思主义的过程中，我对于21世纪马克思主义、当代中国马克思主义这两个概念有些疑问。我想请您解释一下21世纪马克思主义和当代中国马克思主义的基本定义与马克思主义的联系与创新，以及它们的深刻内涵。我特别想知道，它们是如何在继承马克思主义基本原理的同时，又在中国特色社会主义事业的具体实践中进行创新和发展的，以及这种创新和发展对于中国特色社会主义事业的发展有什么重要意义？

书记：这个问题和上一个问题有共性，也有差异。习近平新时代中国特色社会主义思想是当代中国马克思主义、21世纪马克思主义，这是中国共产党对习近平新时代中国特色社会主义思想历史地位的一个科学界定，意义非常重大。

马克思主义是时代精神的精华，在中华民族健步走向伟大复兴的新时代背景下，中国成为21世纪马克思主义研究的中心重镇，伟大的中国样本成为21世纪马克思主义聚焦的基础样本，当代中国马克思主义——习近平新时代中国特色社会主义思想成为21世纪马克思主义的主体形态，这是历史的大趋势和理论的大逻辑。

从实践看，党的十八大以来，以习近平同志为核心的党中央团结带领全国人民砥砺奋进，创造了经济快速发展和社会长期稳定的"两大奇迹"。我们这么大一个国家，这么大的经济体量，这么悠久的文明历史，这么辽阔的国土疆域，以及多民族国家的历史现实，形成了世界级的伟大样本，走出了一条独特的发展道路。中国样本不同于以美英为代表的西方样本，西方学说解释不了中国奇迹，也不同于传统社会主义模式的苏联样本，因为他们的社会主义学说不能完全解释当今中国发生的故事。习近平新时代中国特色社会主义思想是21世纪正确解读中国奇迹的唯一科学理论。

从更大范围来看，我们都知道世界社会主义五百多年的历史，这其中经历了从空想到科学、从理论到实践、从一国实践到多国发展、从遭受严重挫折到正在逐渐走出低潮的曲折历程。20世纪80年代末90年代初，苏联解体、东欧剧变，世界社会主义步入低谷，科学社会主义备受苛责，有人认为"历史已经终结""20世纪将以社会主义失败和资本主义的胜利而告终"，还有人断言社会主义中国也将随着"多米诺骨牌"效应而轰然倒下。但邓小平指出,"只要中国社会主义不倒,社会主义在世界将始终站得住"①。今天,中国特色社会主义取得的巨大成功,谱写了世界社会主义五百多年来最精彩的华章。一个明显的事实是:世界上两条道路、两个主义、两种制度的较量正在发生有利于社会主义的深刻变化,科学社会主义的巨大能量在当代中国共产党人的手中再度被激活。

从我们的自身实践看,习近平新时代中国特色社会主义思想对发展马克思主义作出了独特贡献。习近平新时代中国特色社会主义思想是坚持"两个结合"的光辉典范,在认识和把握共产党执政规律、社会主义建设规律、人类社会发展规律方面提出了不少新论断、新命题、新理念,用鲜活丰富的当代中国实践来推动马克思主义发展,提出了很多新观点新论断,比如,人民中心论、经济新常态论、供给侧结构性改革论、现代化经济体系论、中国特色社会主义最本质特征论、"四个伟大"论、"两个伟大革命"论、新型大国关系论、人类命运共同体论等等。这些新论断、新命题、新理念都蕴含着世界观、认识论、方法论、价值论层面的突破。这些原创性理论贡献,是马克思主义中国化时代化大众化新飞跃的重要标志,也是21世纪马克思主义的重要标志。

习近平总书记指出:"当代中国的伟大社会变革,不是简单延续我国历史文化的母版,不是简单套用马克思主义经典作家设想的模板,不是其他国家社会主义实践的再版,也不是国外现代化发展的翻版。"②毫无疑问,新时代中国特色社会主义这场伟大社会革命,不同于马克思时代和列宁时代的无产阶级革命,也不同于中国新民主主义革命和中华人民共和国成立后的社会主义革命,它作为我们党领导人民进行伟大社会革命的继续,具有崭新的时代内涵。习近平新时代中国特色社会主义思想是21世纪马克思主义,具有世界意义,但这并不排斥和影响其他国家的马克思主义政党

---

① 邓小平.邓小平文选:第3卷[M].北京:人民出版社,1993:346.

② 习近平.在纪念马克思诞辰200周年大会上的讲话[N].人民日报,2018-05-05(02).

从本国实际出发在21世纪坚持和发展马克思主义。马克思主义从来没有穷尽真理，马克思、恩格斯从来没有提供现成的教条，马克思主义在不同国家、不同民族的胜利要靠各国马克思主义者了解各国情况、从本国实际出发解决各自的问题。马克思、恩格斯开创的事业是一张改天换地的蓝图，马克思主义普遍真理与各国具体实际相结合是一个永无止境的过程。

习近平新时代中国特色社会主义思想是新时代中国共产党坚持和发展马克思主义的最新理论成果，以一系列原创性战略性重大思想观点丰富和发展了马克思主义，是当代中国马克思主义、21世纪马克思主义。今天我们学习和实践马克思主义，就要深入学习贯彻习近平新时代中国特色社会主义思想，不断从中汲取科学智慧和理论力量，用以涵养正气、淬炼思想、升华境界、指导实践。

第二谈　如何认识社会主义演进之道

6. 如何准确理解"两个必然"？

学生：在上思政课时，老师给我们详细讲过"两个必然"的论断。但由于学科和专业的关系，我对有些问题依然感到有些困惑，例如，按照哲学上关于必然性和偶然性的辩证关系，"两个必然"的理论依据是什么？它与马克思、恩格斯在《共产党宣言》中的观点有何关联？在当代社会，我们如何看待"两个必然"的现实意义？它对于理解当前国际政治经济形势有何帮助？

书记：这个问题很深刻也很复杂，我们说世界正在经历百年未有之大变局，世界怎么了，人类向何处去，这是个重大深刻的命题。我们今天依然处在马克思所指明的历史时代，马克思主义对于资本主义矛盾的分析并没有过时。这是我们理解这个问题的一个基本前提。

从概念上看，"两个必然"是指从资本主义社会的发生发展和无产阶级反对资产阶级的阶级斗争中，资产阶级的必然灭亡和无产阶级的必然胜利。马克思和恩格斯在《共产党宣言》中提出："随着大工业的发展，资产阶级赖以生产和占有产品的基础本身也就从它的脚下被挖掉了。它首先生产的是它自己的掘墓人。资产阶级的灭亡和无产阶级的胜利是同样不可避免的。"① 这是由资本主义基本矛盾决定的，它"包含着现代的一切冲突的萌芽"。这一基本矛盾表现在阶级上，是无产阶级和资产阶级的矛盾；表现在生产上，是个别企业生产的有组织性和整个社会生产的无政府状态之间的对立。资本主义经济危机的爆发正是这个基本矛盾发展的结果。随着资本的积累，资本主义基本矛盾不断激化并最终否定资本主义自身。"两个必然"的理论是科学社会主义基本原理的核心。整个科学社会主义都是围绕这个核心来展开的。"两个必然"揭示了社会主义的历史必然性，为无产阶级革命指明了前进的方向。从这一点上看，"两个必然"实质上是一个"必然"，即社会主义代替资本主义的历史必然性。"两个必然"并不是说有两个不同的必然性，而是从两个不同的角度来共同揭示同一个历史必然性。资产阶级的灭亡和无产阶级的胜利，是同一个阶级斗争进程的两个方面；资本主义的灭亡和社会主义的胜利，是同一个社会发展进程的两个不同的方面。因而，讲一个必然时，实际上也包含了另一个必然。

要准确理解"两个必然"需要同时把握"两个决不会"的概念。"两个决不会"的概念是马克思随着认识的发展在1859年所写的《〈政治经济学批判〉序言》中提出的，"无论哪一个社会形态，在它所能容纳的全部生产力发挥出来以前，是决不会灭亡的；而新的更高的生产关系，在它的物质存在条件在旧社会的胎胞里成熟以前，是决不会出现的"②。这一论断意味着虽然资本主义必然为社会主义所代替，但并不等于资本主义社会将在短期内自行消亡。这是因为，从人类社会历史发展进程来看，任何社会形态的存在都有相对稳定性，从产生到衰亡都要经过相当长的时间跨度。从历史上看，奴隶制度取代原始公社制、封建制度取代奴隶制度、资本主义制度取代封建制度，都经历了很长的时期。社会主义代替资本主义是对剥

---

① 中共中央马克思恩格斯列宁斯大林著作编译局.马克思恩格斯文集：第2卷[M]. 北京：人民出版社，2009:43.

② 中共中央马克思恩格斯列宁斯大林著作编译局.马克思恩格斯选集：第2卷[M]. 北京：人民出版社，1995:33.

削制度的废除，不能期望在短时期内完成，而需要一个长期的过程。与此同时，资本主义发展的不平衡性也决定了过渡的长期性。资本主义各国间经济、政治的发展是不平衡的，特别是到了垄断资本主义阶段，垄断资本主义国家间发展的不平衡更为明显。社会主义革命有可能在资本主义链条中的某些薄弱环节，在一国或数国首先发生，而另外一些资本主义国家则可能继续存在和发展。不发达的资本主义国家若没有特殊的矛盾和革命形势，则要经过资本主义发展的较长历程，才能逐步为社会主义准备物质基础。因此，从世界范围来看，资本主义向社会主义过渡必将是一个从一些国家逐步向更多国家扩展的相当长的历史过程。此外，当代资本主义的发展，还显示出生产关系对生产力容纳的空间，说明资本主义为社会主义所代替尚需长期的过程。目前发达资本主义国家在科技、经济、军事等方面还具有显著的优势，各主要垄断资本主义国家的经济和政治合作有所加强，以跨国公司和垄断资本的国际联盟为代表的国际垄断资本势力不断扩大。与之相比，社会主义国家的经济发展水平还相对较低，社会主义自身的发展还需要走比较长的路，这意味着社会主义最终取代资本主义是一个长期的历史过程。

总之，"两个必然"和"两个决不会"是对资本主义灭亡和社会主义胜利必然性以及这种必然性实现的时间和条件的全面论述。前者讲的是资本主义灭亡和社会主义胜利的客观必然性，是根本的方面；而后者讲的是这种必然性实现的时间和条件，它告诫我们，"两个必然"的实现需要相应的客观条件，而在这个条件具备之前决不会成为现实。

全面准确地学习和把握"两个必然"和"两个决不会"，既有利于人们坚定资本主义必然灭亡、社会主义必然胜利的信心，同时也有利于人们坚持科学态度，充分尊重客观规律，在当前艰苦的实践中坚定地为实现共产主义而奋斗。必须明确的是，尽管资本主义在全世界被社会主义所取代是一个相当长的历史过程，并且这个过程可能出现这样那样的曲折，但资本主义为社会主义所取代的总趋势是必然的历史走向。事实一再告诉我们，马克思、恩格斯关于资本主义社会基本矛盾的分析没有过时，关于资本主义必然消亡、社会主义必然胜利的历史唯物主义观点也没有过时。这是社会历史发展不可逆转的总趋势，但道路是曲折的。资本主义最终消亡、社会主义最终胜利，必然是一个很长的历史过程。我们要深刻认识资本主义社会的自我调节能力，充分估计到西方发达国家在经济、科技、军事方面长期占据优势的客观现实，认真做好两种社会制度长期合作和斗争的各方面准备。

7. 如何理解跨越资本主义的"卡夫丁峡谷"？

学生：老师您好，我一直对于跨越资本主义的"卡夫丁峡谷"这个概念有些不理解。"卡夫丁峡谷"是真实存在的自然地貌吗？作为一个峡谷，它又是如何与资本主义联系起来的呢？另外，"卡夫丁峡谷"这个理论有哪些主要的观点或支持者？能否举例说明有哪些国家或地区曾试图或已经实现了跨越"卡夫丁峡谷"的目标？

书记："卡夫丁峡谷"是马克思引用的古罗马历史典故。这个典故讲的是公元前321年第二次萨姆尼特战争时期，萨姆尼特人在古罗马卡夫丁城附近的卡夫丁峡谷击败了罗马军队，并且强迫罗马战俘从峡谷中用长矛架起的形状像城门一样的"牛轭"下通过，以此来羞辱战败的军队。后来，人们就用"卡夫丁峡谷"比喻灾难性的历史经历，并引申为人们在谋求发展时所遇到的极大的困难和挑战。

关于马克思所引用的"卡夫丁峡谷"一词的含义，一般认为是指资本主义生产发展的过程以及与资本主义制度必然相联系的资本主义经济危机和灾难。所谓跨越资本主义制度的"卡夫丁峡谷"，就是指可以超越资本主义生产发展的发达阶段，由前资本主义的生产方式直接进入以公有制为基础的社会主义生产方式阶段。马克思晚年的跨越设想，虽然不是一个肯定的结论，但具有重大的理论意义和实践意义。

"卡夫丁峡谷"的历史故事演绎成"卡夫丁峡谷"问题，这来源于马克思、恩格斯在考察俄国农村公社的历史走向的时候与俄国民粹派特卡乔夫关于俄国农村公社可不可以跨越资本主义进入社会主义展开的论战。马克思最早在《给维·伊·查苏利奇的复信（初稿）》里提到"资本主义的卡夫丁峡谷"。马克思说："在俄国，由于各种独特情况的结合，至今还在全国范围内存在着的农村公社能够逐渐摆脱其原始特征，并直接作为集体生产的因素在全国范围内发展起来。正因为它和资本主义生产是同时存在的东西，所以它能够不经受资本主义生产的可怕的波折而占有它的一切积极的成果。"[1]马克思提出的"不通过资本主义制度的卡夫丁峡谷"，是指俄国农村公社在一定历史条件下，有可能在土地公有制的基础上绕开资本主义发展阶段，从而避免资本主义发展给人民带来的痛苦和灾难。[2]关于俄国如何跨越资本主义的"卡夫丁峡谷"，马克思说："如果资本主义制度的俄国崇拜者要否认这种进化的理论上的可能性，那我要向他们提出这样的问题：俄国为了采用机器、轮船、铁路等等，难道一定要像西方那样，先经过一段很长的机器工业的孕育期吗？同时也请他们给我说明：他们怎么能够把西方需要几个世纪才建立起来的一整套交换机构（银行、信用公司等等）一下子就引进到自己这里来呢？"[3]马克思在这一问题上的思路是，俄国革命适时发生并在西方先进国家取得革命胜利的无产阶级的帮助下，俄国可以不经过资本主义发展，不经历把"他们的公有制变为私有制"的过程而进入新社会。马克思在1877年就指出："如果俄国继续走它在1861年所开始走的道路，那它将失去当时历史所能提供给一个民族的最好的机会，而遭受资本主义制度所带来的一切灾难性的波折。"[4]马克思认为，俄国只要走上资本主义道路，俄国人民就势必遭受种种灾难和痛苦。恩格斯

---

[1] 中共中央马克思恩格斯列宁斯大林著作编译局.马克思恩格斯选集：第3卷[M].北京：人民出版社,2012:821.

[2] 孙来斌："对马克思提出跨越卡夫丁峡谷的辨疑"之辨疑[J].当代世界与社会主义,2001(06):82-87.

[3] 中共中央马克思恩格斯列宁斯大林著作编译局.马克思恩格斯全集：第25卷[M].北京：人民出版社,2001:456.

[4] 中共中央马克思恩格斯列宁斯大林著作编译局.马克思恩格斯选集：第4卷[M].北京：人民出版社,1995:446.

在《〈论俄国的社会问题〉跋》中明确提出，在西欧无产阶级的支持和帮助下，"那些刚刚进入资本主义生产而仍然保全了氏族制度或氏族制度残余的国家，可以利用公有制的残余和与之相适应的人民风尚作为强大的手段，来大幅缩短自己向社会主义社会发展的过程，并避免我们在西欧开辟道路时所不得不经历的大部分苦难和斗争……这不仅适用于俄国，而且适用于处在资本主义以前的阶段的一切国家"。[①]

在《给维·伊·查苏利奇的复信》(定稿)中，马克思并没有提到"卡夫丁峡谷"一词，只是说"这种农村公社是俄国社会新生的支点"。早在1877年《给〈祖国纪事〉杂志编辑部的信》里，马克思反驳那些批评家时就说："他一定要把我关于西欧资本主义起源的历史概述彻底变成一般发展道路的历史哲学理论，一切民族，不管它们所处的历史环境如何，都注定要走这条道路——以便最后都达到在保证社会劳动生产力极高度发展的同时又保证每个生产者个人最全面的发展的这样一种经济形态。"[②]马克思认为批评者对他的这种评价"会给我过多的荣誉，同时也会给我过多的侮辱"。马克思的这段话表明他非常肯定社会发展道路理论在东方落后国家发展道路上的运用与其在西方发达国家上的运用是不同的，他并不认为适应西方发达国家的社会发展模式也一定适用于东方落后国家。在最终定稿的信件中，他已经明确地提出俄国可以不通过资本主义制度的"卡夫丁峡谷"。

马克思提出的跨越"卡夫丁峡谷"理论，为开辟一条不同于西方现代化的道路提供了重要理论基础，并于20世纪在许多落后国家建立社会主义制度的过程中得到印证。中国共产党提出的中国式现代化正是我们党团结带领全国各族人民探索出的一条中国特色社会主义现代化道路，也是一条非西方的现代化新道路。中国式现代化破解了人类社会发展的诸多难题，打破了"现代化＝西方化"的迷思，创造了人类文明新形态。中国式

[①] 中共中央马克思恩格斯列宁斯大林著作编译局.马克思恩格斯选集：第4卷[M].北京：人民出版社，1995:443.

[②] 中共中央马克思恩格斯列宁斯大林著作编译局.马克思恩格斯文集：第3卷[M].北京：人民出版社，2009:466.

现代化在实践中取得了举世瞩目的辉煌成就,这条道路的成功开辟验证了马克思跨越"卡夫丁峡谷"理论设想的可行性,也给世界各国特别是广大发展中国家带来重要启示。

8. 为什么说实现社会主义是一个长期的过程?

学生:新时代以来,我们一直说:"虽然我国社会的主要矛盾发生了变化,但是我国仍处于并将长期处于社会主义初级阶段的基本国情没有变,要想实现社会主义,必须经过长期的艰苦奋斗。"为什么说实现社会主义需要很长的过程呢?比资本主义的过程要长吗?在实现社会主义的过程中,我们主要会遇到哪些障碍呢?

书记:历史上任何一次社会形态的更替,都要经历一个长期、艰巨的历史过程。我们且不说封建社会代替奴隶社会,也不说资本主义在全世界大部分范围内代替封建主义,仅仅在西欧,从1640年英国资产阶级革命到1875年法国第三共和国诞生,即资本主义制度从初步建立到基本巩固,就经历了二百三十五年的时间。其间,发生过多少次王朝复辟,进行过多少血与火的反复较量?然而,这仅仅是一种私有制代替另一种私有制、一种压迫形式代替另一种压迫形式、一个剥削阶级代替另一个剥削阶级,而且这种代替是新的生产关系在旧的社会里得到一定发展的情况下发生的。社会主义代替资本主义,则是要消灭剥削、消除两极分化,实现共同富裕,为全人类创造一个自由、平等、和谐、幸福的崭新世界。这是与传统所有制关系实行最彻底的决裂,这是开辟人类历史新纪元的壮丽伟业。由于无产阶级不曾掌握任何生产资料,社会主义生产关系无从在资本主义社会里得到发展。而资本主义生产关系却发展了几百年,整个私有制关系则发展了数千年。私有制的经济、政治、文化已经形成一种非常庞大的根深蒂固的存在,它们支配着社会生活的各个领域,影响到包括无产阶级在内的所有人的思维方式、行为方式。社会主义代替资本主义,不但要同传统所有制关系实行最彻底的决裂,而且要同传统观念实行最彻底的决裂。这既是弱小的新生事物与强大的腐朽事物的较量,也是无产阶级的先进思想与传统观念的较量。所有这一切,决定了这一伟大社会革命的激烈程度、广泛程度和深刻程度。这是封建社会代替奴隶社会、资本主义社会代替封建社会的革命所无法比拟的。如果说私有制范围内的社会更替尚且需要经过相当漫长、艰巨的历史进程,那么以消灭私有制为最终目标的社会主义事业就不能不是一个更为漫长、更为艰巨的历史进程。

十月革命以来先后诞生的一些社会主义国家,基本上都是之前经济、政治、文化落后的国家。这些国家先于发达资本主义国家进入社会主义社会,是它们所处的特殊历史条件决定的,是这些国家共产党的正确领导和无产阶级、劳动人民团结奋斗的结果,是科学社会主义的胜利,是这些国家的党和人民的光荣。但这同时又使我们的社会主义事业,不可避免地要遇到由于经济、政治、文化落后产生的一系列困难。我们必须为我们的落后、我们的贫弱、我们正在学习和应当学习的东西付出更加艰苦、更加长久的努力。更为严峻的是,怎样推进这样的经济、政治、文化建设,即怎样建设和发展社会主义事业,世界上没有现成经验可循。列宁说,建设社会主义就是"攀登一座还没有勘察过的非常险峻的高山""在这里既没有车辆,也没有道路,什么也没有,根本没有什么早经试验合格的东西!"[①]这就需要共产党人团结和带领无产阶级与劳动人民去不断地实践、认识、再实践、再认识。毫无疑问,在这个过程中,我们将遇到数不清的坎坷、盘陀路、惊涛骇浪和悬崖峭壁。

社会主义国家一诞生就面临异常严峻的国际环境,处于强大的资本主义世界的包围之中。资本的贪婪本性,霸权主义、强权政治的野心,决定国际资本主义不容许社会主义制度的存在和发展。消灭社会主义,重建资本主义的"一统天下",是它们永远也不会改变的既定政策。人们不会忘记苏维埃成立之初,英、法、美等十四国的武装干涉,也不会忘记英、美假法西斯之手消灭苏维埃的阴谋以及德国法西斯的入侵。国际资本主义对社会主义的颠覆,如果说二战以前主要以武力进攻为主,二战以后则主要以"和平演变"为主。概括起来,"和平演变"的阴谋手段和方法主要有两

[①] 中共中央马克思恩格斯列宁斯大林著作编译局.列宁选集:第4卷[M].北京:人民出版社,2012:637-638.

种：一是以压促变，即通过施加军事、政治压力，进行经济、科技方面的所谓"援助"，迫使一些社会主义国家屈从它们的政治意图。如此层层加码、渐渐推进，最终达到改变共产党的性质、改变社会主义制度的目的。二是以乱促变，即通过金钱收买、政治影响、文化渗透，培植社会主义国家内部的反共反社会主义的政治势力，制造思想混乱、政治混乱、经济混乱和社会混乱。待时机成熟，便公开插手，夺取政权，复辟资本主义制度。东欧剧变、苏联解体，就是在这样的国际背景下发生的。国际资本主义"和平演变"的政治战略之所以能在一些地方得手，从总体实力看，是敌强我弱。经过数十年的艰苦奋斗，社会主义国家的建设和发展都取得了举世瞩目的巨大成就，落后面貌显著改善，综合国力明显增强，大大缩小了与发达资本主义国家的差距。但从经济、科技、军事和物质文化生活水平来看，发达资本主义国家仍然比我们这些发展中社会主义国家要高得多。东欧剧变、苏联解体以后，国际社会主义运动出现低潮；国际资本主义则因为科技革命、自我调节和在国际市场上攫取的巨大利润，而暂时在一定程度上缓解了它的阶级矛盾和社会矛盾，获得了新的发展。本已缩小的社会主义与资本主义两种力量的差距，又因为这些历史变化被进一步拉大。完全可以预料，敌强我弱的国际政治态势在一个相当长的时间内不会发生根本的改变。随着经济全球化进程的加快，科技革命日新月异的迅猛发展，社会主义将面临越来越严峻的挑战。社会主义国家与西方敌对势力在渗透与反渗透、颠覆与反颠覆方面的斗争将是长期的、复杂的，社会主义在世界范围内的实现将是一个长期的过程。[1]

---

[1]《求是杂志》课题组.社会主义事业的长期性艰巨性——四论社会主义发展的历史进程[J].求是,2000(24):5-10.

第三谈　什么是中国特色社会主义发展之道

9."举什么旗、走什么路"为什么是决定国家和民族前途命运的重大问题？

学生：老师您好，我一直不明白为什么"举什么旗、走什么路"被视为决定国家民族前途命运的重大问题。它是如何影响一个国家的发展方向、社会稳定和民族未来的？在不同的历史时期和国际环境下，其重要性是如何体现的？我们又如何确保在面临众多选择和挑战时，能够做出符合国情、顺应时代潮流的正确选择呢？

书记：在探讨国家与民族的前途命运时，一个核心且至关重要的议题便是"举什么旗、走什么路"。"举什么旗、走什么路"代表着国家的发展方向、关系着国家的兴盛衰亡，是决定国家民族前途命运的重大问题。在我国，只有举起中国特色社会主义旗帜，才能够最大限度地统一思想、凝聚共识，汇集社会各阶层、各利益群体的智慧和力量。只有在中国特色社会主义伟大旗帜指引下坚持走中国特色社会主义道路，才能够实现中华民族的伟大复兴。

在我国，高举中国特色社会主义这面旗帜、沿着中国特色社会主义道路前进，不是偶然的，而是历史发展的必然和人民的正确选择。回望鸦片战争以来的历史，中华民族历经磨难，命运多舛，曾面临过亡国灭种的危机。多少有识之士和有志之士为救亡图存苦苦求索，无论是封建统治阶级追求的自强求富、农民阶级试图建立的太平天国、资产阶级改良派的维新变法，还是资产阶级革命派向西方学习的宪政共和，最终都没能完成民族独立、人民解放、国家富强的历史使命。十月革命一声炮响给中国送来了马克思列宁主义。马克思主义在中国的传播和中国共产党的成立，是中国历史上的大事件。从此，中国革命的面貌焕然一新。中国共产党坚持以马克思主义为指导思想，带领中国人民经过二十八年浴血奋战，最终建立了中华人民共和国，一个由人民当家作主的社会主义的崭新国家屹立在世界东方。站起来的中国人民从此沿着社会主义道路开始了实现中华民族伟大复兴的历史征程。

那么在经济文化落后的国家如何建设社会主义呢？这个问题在马克思主义经典作家那里没有明确的现成的答案，中国共产党人也清醒认识到苏联建设社会主义的经验我们只能借鉴，不能照抄照搬。虽然我国在探索社会主义建设的道路上经历了一些曲折，但这种艰辛探索和各领域取得的建设成就，为中国特色社会主义提供了宝贵经验、理论准备和物质基础。党的十一届三中全会以来，我们党恢复和确立了解放思想、实事求是的思想路线，在深刻总结正反两方面历史经验和正确认识我国国情的基础上，提出把工作重心转移到经济建设上来的重大决定，做出实行改革开放的历史性决策，深刻揭示社会主义本质，确立了社会主义初级阶段基本路线，成功开创了中国特色社会主义事业。"走自己的道路，建设中国特色社会主义"就是我们得出的结论。

正是高举中国特色社会主义伟大旗帜，党的几代领导集体带领全国各族人民接力发展，在"什么是社会主义、怎样建设社会主义""建设什么样的党、怎样建设党""实现什么样的发展、怎样发展"等关乎中国特色社会主义前途命运的重大问题上取得了重大进展。党的十八大以来，中国特色社会主义进入新时代，以习近平同志为核心的党中央围绕"新时代坚持和发展什么样的中国特色社会主义、怎样坚持和发展中国特色社会主义""建设什么样的社会主义现代化强国、怎样建设社会主义现代化强国""建设什么样的长期执政的马克思主义政党、怎样建设长期执政的马克思主义政党"三大时代课题,以更加鲜明的旗帜、更加饱满的精神状态、更加坚定的历史使命感,发表了一系列重要讲话,形成了一系列治国理政新理念新思想新战略。这些新理念新思想新战略是马克思主义中国化最新理论成果,是中国特色社会主义新的发展阶段实现新的奋斗目标的基本遵循。

习近平总书记在参观《复兴之路》展览讲话时首次提出"中国梦"。他指出:"实现中华民族伟大复兴,就是中华民族近代以来最伟大的梦想。"[1] 如今,我们已经全面建成小康社会,实现了第一个百年奋斗目标,正满怀信心、意气风发地朝着全面建成社会主义现代化强国、实现第二个百年奋斗目标前进。在这个关键时期,我们必须高举中国特色社会主义伟大旗帜,把"两个一百年"奋斗目标与中国特色社会主义的前途命运紧密联系起来,用中国特色社会主义旗帜凝聚民心民力,激励当代中国人为实现中华民族伟大复兴的中国梦而努力奋斗。改革开放四十多年来,中国发展取得的成就举世瞩目,综合国力大幅提升,人民生活水平显著提高,国际影响力不断增强,中国正在走向世界舞台的中心。中国发展取得的所有成绩和进步的最根本的原因就在于始终高举中国特色社会主义伟大旗帜、始终坚持中国特色社会主义道路。历史证明:只有中国特色社会主义才能救中国,只有中国特色社会主义才能发展中国。

习近平总书记指出:"坚持和发展中国特色社会主义是一篇大文章……现在,我们这一代共产党人的任务,就是继续把这篇大文章写下去。"[2] 这是以习近平同志为核心的党中央做出的庄严承诺。中国共产党人想带领全国各族人民把这篇大文章写好、写精彩,高举中国特色社会主义

---

[1] 习近平. 习近平著作选读:第1卷[M]. 北京:人民出版社,2023:63.
[2] 中共中央党史和文献研究院. 十八大以来重要文献选编(上)[M]. 北京:中央文献出版社,2014:114.

伟大旗帜是必然要求、坚持中国特色社会主义道路是必由之路。中国特色社会主义的美好发展前景同时也坚定了我们高举中国特色社会主义伟大旗帜的信心和决心，让我们勇于面对中国特色社会主义发展道路上的许多具有新的历史特点的伟大斗争，使中国特色社会主义理论体系在实践中与时俱进，开拓创新。只有高举中国特色社会主义伟大旗帜、坚持中国特色社会主义发展道路，才能够实现中华民族伟大复兴的中国梦，实现国家富强、民族振兴、人民幸福。

10. 为什么说中国特色社会主义是从实践中走出来的？

学生：老师您好，我想了解一下为什么我们说中国特色社会主义是从实践中走出来的，而不是单纯的理论构想或者模式移植。它在中国特有的历史背景和国情下，是如何通过实践不断探索和发展，最终形成中国特色社会主义道路的？

书记：这个问题很重要。党的十九届四中全会指出："中国特色社会主义制度是党和人民在长期实践探索中形成的科学制度体系。"这一论断不是凭空而来，而是基于中国共产党28年浴血奋战经验以及中华人民共和国成立70年来取得的非凡成就提出的；是中国共产党在新民主主义时期、社会主义建设时期开始孕育，在中国特色社会主义开创与发展时期不断探索、总结、提炼得来的。我们党在革命、建设、改革的伟大实践中，经过反复比较和总结经验教训，把马克思主义基本原理同中国实际和时代特征结合起来，坚持独立自主地走自己的路，最终在改革开放时期开创了中国特色社会主义道路，之后不断迎来中国特色社会主义事业的伟大飞跃。

新民主主义时期，党开始探索适合中国国情的道路和民主制度。在土地革命时期，中国共产党深化和拓展了对中国国情的认识，以毛泽东同志为主要代表的中国共产党人，用实际行动证明那种理论脱离实际、照搬照抄外国经验的教条主义或由一个远离中国的国际指挥中心来指挥中国革命的做法都是错误的，开创了一条农村包围城市、武装夺取政权的中国革命新道路，把中国革命推向了新阶段。在抗日战争时期，中国共产党根据当时的实际，进行了参议会制度模式的实践和探索。其主要特征为：在民主集中制的基础上，由边区人民按普遍、直接、平等和无记名投票的选举原则选举各级参议会。在政权机关中实行"三三制"，即共产党员、党外进步分子和中间派各占三分之一。这一时期的施政保证了团结最大多数群众共同抗日目标的实现。在解放战争时期，中国共产党根据形势的变化选择了人民代表会议制度模式。在当时历史条件下，中国共产党以建立民主联合政府为目标，号召海内外各界爱国人士联合起来，组成民主统一战线，粉碎国民党反动派发动的内战。这一制度对组织动员群众支援解放战争、推翻国民党统治起到了巨大的推动作用。

社会主义基本制度的确立为中国特色社会主义制度的创新和发展提供了重要前提。1954年召开的第一届全国人民代表大会通过了我国的第一部宪法，这部宪法比较完备地规定了我国根本和基本制度，确立了社会主义政治体制。"三大改造"的完成标志着社会主义基本制度的建立，完成了历史上最深刻、最伟大的社会变革，中国从新民主主义社会进入社会主义初级阶段。建国之后的二十七年时间里，毛泽东同志在完成了新民主主义革命，进行了社会主义改造、确立了社会主义制度的前提和基础上，基于中国经济文化落后的基本现状，对适合中国国情的社会主义建设道路进行了一系列开创性的探索。其探索的理论成就主要集中在《论十大关系》《关于正确处理人民内部矛盾的问题》及党的八大所制定的一系列正确的方针政策中，如提出了中国现代化的战略目标、步骤及实现现代化的基本方针，提出了中国的工业化道路问题、社会主义社会的矛盾问题、社会主义的长期性和阶段性问题等。毛泽东同志在无任何先例的探索中提出的许多富有创造性的思想，为改革开放后我们党探索中国特色社会主义道路、形成中国特色社会主义理论体系、完善中国特色社会主义制度提供了宝贵经验、理论准备、物质基础。[①]

改革开放和社会主义现代化建设的伟大实践为中国特色社会主义奠定了深厚的实践基础。党的十一届三中全会以后，以邓小平同志为主要代表的中国共产党人，做出把党和国家工作中心转移到经济建设上来、实行改革开放的历史性决策，确立社会主义初级阶段基本路线，明确提出走自己的路、建设中国特色的社会主义，开创了中国特色社会主义新局面。党的十三届四中全会以后，以江泽民同志为主要代表的中国共产党人，坚持党的基本理论、基本路线，在严峻考验面前捍卫了中国特色社会主义，开创全面改革开放新局面。党的十六大以后，以胡锦涛同志为主要代表的中国共产党人，成功在新的形势下坚持和发展了中国特色社会主义。自改革开放以来，中国共产党领导全国各族人民，以经济建设为中心，坚持四项基本原则，坚持改革开放，不断推进社会主义现代化建设。在这一过程中，中国共产党领导全国各族人民紧密结合中国国情、坚持人民当家作主和依法治国的有机统一，注重发挥市场经济的积极作用，同时加强国家的宏观调控，以实现经济持续健康发展和社会全面进步，积累了丰富的实践经验，并不断进行总结和反思，逐步形成了包括邓小平理论、"三个代表"重要思想、科学发展观等在内的中国特色社会主义理论体系，不断完善中国特色社会主义制度，为中国的发展提供了科学的理论指导。党的十八大以来，以习近平同志为核心的党中央带领全国各族人民坚持统筹推进"五位一体"总体布局、协调推进"四个全面"战略布局，统筹伟大斗争、伟大工程、伟大事业、伟大梦想，推动中国特色社会主义进入新时代。全面深化改革把中国特色社会主义推向新的发展阶段。在习近平总书记关于制度建设的一系列重要论述指导下，我国明显加快了建章立制的步伐，涉及改革发展稳定、内政国防外交和治党治国治军方面的一系列法律法规相继颁布实施。可以说全面深化改革、推进国家治理体系和治理能力现代化这一战

[①] 梁宁．中国特色社会主义制度是党和人民长期实践探索的伟大成果 [N]．西藏日报．2019.12.02(6)．

略目标的确立为中国特色社会主义制度的健全和完善奠定了实践基础。

综上所述，中国特色社会主义是中国共产党领导全国各族人民在以马克思主义为指导、植根中国大地的长期革命、建设和改革实践中逐步形成的，是当代中国发展进步的根本方向。中国特色社会主义的提出和发展，都是紧密围绕中国的实际情况，以实践为基础，不断摸索、总结、升华的结果。因此，我们可以毫不夸张地说，中国特色社会主义是从实践中走出来的。中国特色社会主义源于实践，又指导实践，在未来的发展中，我们应继续坚持在实践中丰富和完善中国特色社会主义，不断探索和创新，为实现中华民族伟大复兴的中国梦而努力奋斗。

11. 中国特色社会主义为什么不是国家资本主义？

学生：老师，我想请教一个问题。我们学习了中国特色社会主义，我了解到它和国家资本主义有一些相似的特征，比如在经济上强调国家对关键行业的控制和干预，但为什么它被认为不是国家资本主义呢？我希望能够更清楚地理解这个区别。

书记：中国特色社会主义是中国共产党领导下的社会主义建设道路，它是在长期实践中逐步形成和发展的，具有鲜明的中国特色。然而，国际金融危机以来，西方媒体和一些学者频频使用"国家资本主义"一词来指称以中国为代表的新兴经济体。他们将国家资本主义看作专制政府通过国家权力和财产私人所有制的结合，为了实现自己的利益而推动经济增长；认为国家资本主义是使中国、俄罗斯、巴西等新兴经济体成功的一种资本主义经济发展模式，它有别于英、美等国家的民主资本主义模式，是当前西方遇到的所有经济问题的根源，是当今世界最大的威胁之一。

目前，中国是世界第二大经济体、多个领域位居世界第一，对世界经济增长的贡献率稳居第一位。中国以一种不同于西方自由市场经济的模式取得举世瞩目的巨大成就，这使得西方社会面临一种模式认同的困境：如果承认中国模式，就意味着西方长期奉行的西方资本主义是人类社会唯一正确的发展道路的理念是错误的，意味着西方道路和西方制度之外还存在着其他有效的发展道路和制度；如果不承认中国走的是社会主义发展道路，那么中国奉行的又是一种什么模式？最终，西方国家发现了"国家资本主义"的旧标签，将中国发展看作实行资本主义的结果，并将中国的发展模式树立为自己的对立面，即国家资本主义与自由资本主义的截然对立。西方国家将中国特色社会主义说成国家资本主义，其实质是要将中国模式纳入资本主义或国家威权主义的谱系，从而否定中国特色社会主义道路和制度，否定中国特色社会主义民主政治及其优越性。

然而，历史上的国家威权主义，在体制上是封闭的系统，统治者或统治集团为了一己之私，依靠国家强制力进行统治，缺乏责任性和回应性，限制政治参与和公民权利。而今天的中国，不仅实现了经济的快速发展，极大改善了人民的生活水平和福祉，也建立了一个开放、平等的民主政治体系，走出了一条中国特色社会主义道路。[①]下面，我们将从多个方面探讨中国特色社会主义并非国家资本主义的原因。

首先，我们需要明确国家资本主义的含义。国家资本主义是指国家政权对企业进行干预，通过国有化、计划经济和行政命令等手段来调控经济发展的一种经济体制。然而，中国特色社会主义与此有着本质的区别。中国特色社会主义坚持公有制为主体、多种所有制经济共同发展的基本经济制度。公有制经济在国民经济中占主导地位，但并非完全排斥其他所有制形式。相反，它鼓励、支持和引导非公有制经济的发展，形成了多元化的经济结构。这种多元化的经济结构使得中国特色社会主义更加灵活和包容，能够更好地适应市场经济的需求。与此同时，中国特色社会主义实行的是社会主义市场经济体制。这意味着市场在资源配置中起决定性作用，政府主要通过宏观调控和提供公共服务来引导经济发展。这与国家资本主

---

① 陈尧.中国特色社会主义不是国家资本主义[J].红旗文稿.2018(23):9-12.

义中政府直接干预企业运营的模式截然不同。在社会主义市场经济中，企业拥有更多的自主权和经营权，能够根据市场需求进行灵活调整。

其次，中国特色社会主义注重发挥社会主义制度的优越性，注重公平正义，以实现共同富裕和社会和谐稳定为目标。中国特色社会主义通过改革开放政策吸引大量国内外投资，促进了经济的快速增长和科技创新的同时也强调以人为本，关注民生福祉，缩小贫富差距，推动教育、医疗等公共服务的均衡发展，努力提高人民的生活水平。这与国家资本主义中可能出现的社会阶层分化和贫富差距扩大现象形成鲜明对比。

最后，中国特色社会主义在实践中不断探索和完善，形成了具有中国特色的社会主义理论体系和实践经验。这一理论体系坚持马克思主义基本原理与中国实际相结合，不断推动理论创新和实践发展。同时，中国特色社会主义还积极借鉴其他国家的成功经验，结合本国国情进行消化吸收，为自身的发展注入新的活力。中国特色社会主义的发展道路也为其他发展中国家提供了有益的借鉴，它展示了如何在坚持社会主义基本原则的前提下，根据时代条件和国家实际情况进行创新和调整。这种灵活性和实用性使得中国特色社会主义在世界社会主义运动中独树一帜，为其他国家提供了可借鉴的经验。

综上所述，中国特色社会主义与国家资本主义在多个方面存在显著差异。中国特色社会主义是在坚持社会主义基本原则的前提下，根据时代条件和国家实际情况进行的创新和探索。它注重发挥市场经济的优势，同时强调政府的宏观调控和公共服务职能，以实现经济社会的全面协调可持续发展。这种独特的发展模式不仅推动了中国经济的快速发展，也为世界社会主义运动注入了新的活力和动力。

因此，我们可以明确地说，中国特色社会主义是中国共产党领导下的独特的、符合中国国情的发展道路，它不是国家资本主义，而是具有鲜明的中国特色和时代特征。当然，我们也要看到，中国特色社会主义的发展是一个长期而复杂的过程，在这个过程中还面临诸多挑战和问题。但无论如何，我们都不能简单地将其归结为国家资本主义。相反，我们应该深入理解和把握中国特色社会主义的丰富内涵和实践经验，坚持解放思想、实事求是的原则，保持清醒的头脑，积极寻求解决方案，坚定继续沿着这条道路前进的信念，勇于改革创新，不断完善和发展中国特色社会主义制度，为推动其持续健康发展贡献智慧和力量。只有这样，我们才能更好地适应时代发展的要求，满足人民群众对美好生活的向往和追求，实现中华民族的伟大复兴。

12. 中国特色社会主义为什么不是一种"全新的社会主义"？

学生：老师，有一个问题我不是很清楚。我们都知道，中国特色社会主义是在中国大地上生长出来的，它深深植根于中国的历史和文化传统。那么，为什么我们不说它是一种"全新的社会主义"呢？是因为它与传统社会主义有着深厚的联系吗？还是因为它在某些方面有所创新和发展，但仍然属于社会主义的范畴？

书记：习近平总书记鲜明指出："中国特色社会主义是社会主义而不是其他什么主义，科学社会主义基本原则不能丢，丢了就不是社会主义。"[①] 这段话掷地有声，一语中的，深刻回答了一个重大问题。

随着中国特色社会主义事业的不断推进和深入，一种观点认为它是一种"全新的社会主义"，这似乎赋予了中国特色社会主义一种前所未有的特质，将其与传统社会主义模式割裂开来。然而，当我们深入剖析中国特色社会主义的内涵和实质时，会发现它并非一种"全新的社会主义"，而是在坚持科学社会主义基本原则的基础上，结合中国实际和时代特征进行的创新和发展。

马克思、恩格斯和空想社会主义者的一个重大区别，就是反对对未来社会主义和共产主义社会的"样子"做具体想象，认为描述得越具体就会

[①] 习近平. 习近平谈治国理政：第 1 卷 [M]. 北京：外文出版社, 2018:22.

越荒谬。马克思、恩格斯只是依据人类社会发展的客观规律,对未来社会做出了原则性的预测和设想。比如,无产阶级是社会主义革命和建设的领导阶级,只有无产阶级才能领导广大劳动人民实现社会主义和共产主义的伟大目标;人民是国家的主人,国家的一切权力属于人民;在生产资料公有制基础上组织生产,满足全体社会成员的需要是社会主义生产的根本目的;对社会生产进行有计划的指导和调节,实行按劳分配原则;合乎规律地利用和改造自然;通过大力发展生产力,使社会主义高度发展,最终实现向人的自由而全面发展的共产主义过渡;等等。这些原则,描绘的是未来社会的一般特征,是社会主义制度的基础和核心,为后人建设社会主义指出了前进方向,确立了基本遵循,也是社会主义区别于其他社会制度的重要标志。马克思、恩格斯同时反复强调,对这些原则的运用,随时随地都要以具体的历史条件为转移,不能教条式地对待。既要坚持基本原则不偏离方向,又要结合具体实际来运用和发展,这正是马克思主义理论品格的鲜明反映。

改革开放以来,中国共产党坚持解放思想、实事求是的思想路线,自觉而坚定地以科学社会主义基本原则为中国特色社会主义理论和实践的根本指导思想。比如,在政治制度上,实行共产党领导的人民当家作主的制度;在经济制度上,实行公有制和按劳分配的制度;在文化制度上,实行马克思主义指导的先进文化制度,等等。中国特色社会主义在发展过程中遵循了社会主义的生产关系与生产力相适应的规律、上层建筑与经济基础相适应的一般规律等,使得社会主义制度在中国得到了有效的发展和完善。说中国特色社会主义是"社会主义""科学社会主义",不是自诩的、"贴牌"的,而是以鲜活的现实社会制度为明证的,这叫拿事实说话。同时,中国共产党又根据中国实际和时代特征赋予其鲜明的中国特色,不断推进理论创新和实践创新,创造性地坚持和发展科学社会主义。比如,在政治制度上,人民当家作主的人民民主,是以工农联盟为基础的人民民主专政的国体和以人民代表大会制度为根本政治制度的政体形式来实现的；在经济制度和体制上，公有制和按劳分配的制度，是以公有制为主体、多种所有制经济共同发展，按劳分配为主体、多种分配方式并存和社会主义市场经济体制的形式来实现的；在文化制度上，马克思主义的指导地位，是以中华优秀传统文化、革命文化、社会主义先进文化繁荣发展的形式来实现的；等等。所有这些，都没有离开社会主义的共性，但又都具有亮丽的中国特色和时代特征。对照科学社会主义基本原则，中国特色社会主义既没有丢掉老祖宗，又别开生面；既不是僵化教条"照着讲"，也不是另起炉灶"另外讲"，更不是改旗易帜"反着讲"，而是继承发展"结合讲""接着讲""创新讲"，一脉相承，与时俱进，立足中国大地，践行和创新科学社会主义原则。① 在科学社会主义基本原则基础上，形成了包括邓小平理论、"三个代表"重要思想、科学发展观在内的中国特色社会主义理论体系和习近平新时代中国特色社会主义思想，成为推动社会主义现代化建设的指导思想和强大动力，丰富了科学社会主义的理论体系。

中国特色社会主义在继承和发展科学社会主义精髓的基础上，又积极借鉴和吸收了世界社会主义的有益经验以及人类文明的一切优秀成果，使得中国特色社会主义既具有科学性又具有时代性，既符合社会主义的一般规律又符合中国的特殊国情。同时，中国特色社会主义的成功实践不仅推动中国现代化建设取得了举世瞩目的成就，也为世界社会主义事业的发展提供了新的经验和启示，证明了社会主义制度具有强大的生命力和广阔的发展前景。

综上所述，中国特色社会主义不是一种"全新的社会主义"，而是在坚持科学社会主义基本原则的基础上，结合中国实际和时代特征进行的创新和发展。这种创新和发展使得中国特色社会主义既具有社会主义的共同特征，又具有鲜明的中国特色和时代特征。我们应该正确理解和把握中国特色社会主义的本质和内涵，坚定走中国特色社会主义道路的信心和决心。

---

① 《求是》编辑部. 毫不动摇坚持和发展中国特色社会主义 [OL].[2019-04-01]. https://baijiahao.baidu.com/s?id=1629596637033379938&wfr=spider&for=pc.

未来,中国特色社会主义将继续在继承中发展、在发展中创新,为实现中华民族伟大复兴的中国梦而不懈努力。同时,中国特色社会主义也将继续为世界和平与发展做出更大的贡献。

13. 为什么说改革开放前后两个历史时期不能相互否定?

学生:老师,我对于改革开放前后两个历史时期有一些困惑。它们看起来在思想指导、方针政策和实际工作等方面都有很大的区别,是否可以说它们是相互否定的呢?同时,它们又都是我们党领导人民进行社会主义建设的实践探索,是否存在某种内在联系或者连续性?我该如何正确理解和评价这两个历史时期的关系呢?

书记:以党的十一届三中全会为标志,我们党领导人民进行社会主义建设有改革开放前和改革开放后两个历史时期。然而,在探讨改革开放前后两个历史时期的关系时,有的人将其割裂开来、对立起来,甚至认为两个时期是相互否定的,这是完全错误的。我们必须明确的是,这两个时期都是中国社会主义建设的重要组成部分,各自承载着特定的历史使命和时代特征。它们之间并非孤立存在,而是相互衔接、相互联系的。因此,我们不能简单地将这两个时期割裂开来,更不能否定其中某个时期。

虽然改革开放前后两个历史时期面临的具体任务、历史条件、发展环境有很大的不同,但它们的本质都是中国共产党领导人民进行社会主义建设的实践探索。改革开放前的历史时期,我们党面临的主要任务是完成新民主主义革命和社会主义革命,建立社会主义基本制度。在这一时期,我们党领导人民进行了艰苦卓绝的斗争,取得了新民主主义革命的胜利,建立了中华人民共和国,完成了社会主义改造,初步建立了社会主义基本制度。而在改革开放后的历史时期,我们党面临的主要任务是解放和发展社会生产力,推动社会主义现代化建设。在这一时期,我们党领导人民进行了改革开放的伟大实践，逐步建立了社会主义市场经济体制，推动了经济社会的快速发展。这两个时期都始终坚持社会主义方向，都致力于实现中华民族的伟大复兴，二者紧密联系、一脉相承。习近平总书记强调："对改革开放前的历史时期要正确评价，不能用改革开放后的历史时期否定改革开放前的历史时期，也不能用改革开放前的历史时期否定改革开放后的历史时期。"[1]这一重要论断，集中体现了我们党对于这个重大政治问题的根本立场和鲜明态度，为正确认识改革开放前后两个历史时期的关系指明了方向。

改革开放前的历史时期，我们党领导人民进行了社会主义革命和建设，为改革开放后的历史时期奠定了坚实的基础，提供了宝贵的经验和教训。中国特色社会主义是在改革开放历史新时期开创的，但也是在中华人民共和国已经建立起社会主义制度并进行了二十多年建设的基础上开创的，不是零起点，更不是抛开历史另起炉灶。面对中华人民共和国成立前遗留下的"一穷二白"烂摊子，我们白手起家，建立起比较完整的独立的工业体系和国民经济体系，建立了人民代表大会制度、公有制等社会主义制度，为改革开放后的快速发展打下坚实物质基础，为当代中国一切发展进步奠定了根本政治前提和制度基础。从"以苏为师"到"以苏为鉴"，我们党带领人民毅然开始独立进行社会主义探索，在未知中开拓，在曲折中前进，积累了正反两方面的重要经验。可以说，如果没有社会主义革命和建设积累的重要思想、物质、制度条件和宝贵经验，改革开放很难顺利推进，也不可能取得后来那样巨大的发展成就。

改革开放后的历史时期是对改革开放前历史时期的坚持、改革和发展。我们党领导人民在总结改革开放前的社会主义实践探索经验的基础上，不断推进改革开放和社会主义现代化建设，取得了举世瞩目的成就。

---

[1] 中共中央文献研究室.十八大以来重要文献选编（上）[M].北京：中央文献出版社,2014:112.

马克思说过:"人们自己创造自己的历史,但是他们并不是随心所欲地创造,并不是在他们自己选定的条件下创造,而是在直接碰到的、既定的、从过去承继下来的条件下创造。"① 我们党在改革开放前的社会主义建设实践中提出了许多诸如经济发展规划等正确主张,当时由于种种原因没有真正落实,改革开放后才得到真正贯彻,并不断发展和完善。党的十一届三中全会以来,我们党重新确立解放思想、实事求是的思想路线,做出实行改革开放的历史性决策,开创和发展了中国特色社会主义,不但把社会主义大旗举住了、举稳了,更是创造出彪炳史册的发展奇迹。从粮票、布票到股票、债券,从吃大锅饭到种责任田,从计划经济到市场经济,小到衣食住行,大到体制机制,改革开放孕育成就了社会主义从理论到实践的伟大创造。特别是党的十八大以来,中国特色社会主义进入新时代,党和国家事业取得了一系列历史性成就、发生了一系列历史性变革,实现了第一个百年奋斗目标,全国各族人民正满怀信心、意气风发地朝着第二个百年奋斗目标进军。中国的国际影响力不断提升,中国故事、中国声音在世界广泛传播,中国特色社会主义的旗帜在世界高高飘扬,我们正步伐坚定地走向世界舞台的中心。如果没有我们党果断实行改革开放,并在牢牢把握正确方向的前提下坚定不移地推进改革开放,社会主义中国就不可能有今天这样的大好局面。

正确处理改革开放前后两个历史时期的关系,不只是一个历史问题,更主要的是一个政治问题。这个重大政治问题处理不好,就会产生严重政治后果。苏联为什么解体?苏共为什么垮台?一个重要原因就是全面否定苏联历史、苏共历史,否定列宁,否定斯大林,搞历史虚无主义,导致严重的思想混乱、政治混乱。最终,偌大一个党就作鸟兽散了,苏联偌大一个社会主义国家就分崩离析了。一段时期内,国内外敌对势力拿中国革命

---

① 中共中央 马克思恩格斯列宁斯大林著作编译局. 马克思恩格斯选集:第 1 卷 [M]. 北京:人民出版社,2012:669.

史、新中国历史来做文章，竭尽攻击、丑化、污蔑之能事，根本目的就是要搞乱人心，煽动推翻中国共产党的领导和我国社会主义制度。对于这些错误思想和错误观点，一定要认清其历史虚无主义的本质，认清其险恶的政治用心，坚决抵制和反对。我们必须坚持历史唯物主义和辩证唯物主义的思维，尊重历史事实，全面客观看待历史现象，才能正确把握历史规律、对历史做出正确的评价。坚持改革开放前后两个历史时期不能相互否定，是对党的历史的尊重和珍惜，也是正确认识和处理两个历史时期关系的必然要求。我们应该认识到改革开放前后两个历史时期都存在着优点和不足之处，都存在着经验和教训。只有坚持正确的历史观，分清主流和支流，坚持真理，修正错误，从正反两个方面来总结历史经验，吸取历史教训，才能不断把党和人民事业推向前进。

改革开放前后两个历史时期不能相互否定。我们应该充分肯定这两个时期在中国社会主义建设历史进程中的重要地位和作用，正确处理它们之间的关系。将二者贯通起来，才能回答好"我们从哪儿来、往哪儿去"的问题，更加坚定地沿着中国特色社会主义道路走下去，早日实现中华民族的伟大复兴。

14. 如何理解"世界上没有放之四海而皆准的发展模式"？

学生：作为学生，我们都有向别的同学请教学习方法的经历。那么，为什么各国在发展过程中不能使用相同的发展模式呢？中国应该采取怎么样的发展模式，又该用什么样的态度来对待其他国家的发展模式呢？

书记："放之四海而皆准"一词，源于西汉戴圣的《礼记》，意思是指某种理论、学说具有普遍价值，无论在什么地方都正确，都适用。习近平总书记多次强调："世界上没有放之四海而皆准的发展模式。"[1]这句话包含

---

[1] 习近平. 习近平谈治国理政 [M]. 北京外文出版社, 2014:292.

两层含义：一是世界各国的发展模式多样化，不能套用同一种模式，我们坚持走中国特色社会主义道路；二是中国将积极参与全球治理，尊重世界文明多样性，倡导各国加强交流互鉴。具体可以从以下四个方面理解。

第一，世界是普遍联系和永恒发展的，但这种普遍性和联系性并不意味着所有事物都遵循完全相同的发展模式。正如世界上没有两片完全相同的树叶，每个事物都有其独特的发展环境和内在规律，这决定了世界上每一个国家的发展模式都具有不可复制性。一个国家选择什么样的政治制度，必须与这个国家的国情和性质相适应。邓小平同志曾深刻指出："我们评价一个国家的政治体制、政治结构和政策是否正确，关键看三条：第一是看国家的政局是否稳定；第二是看能否增进人民的团结，改善人民的生活；第三是看生产力能否得到持续发展。"[1] 放眼世界，我们可以看到，没有完全相同的政治模式，即使社会制度相同的国家，在政治体制上也有很大的差异。就拿西方国家来说，美国实行的是总统制，英国、日本是内阁制，法国是半总统制。即使同一类型的政治体制，其权力架构和运行也存在这样那样的差别。如英国、日本、德国同样是议会内阁制，但它们还是各有特点。可以说，世界上根本没有也不可能有一种放之四海而皆准的政治发展道路和政治发展模式，也没有一成不变的政治发展道路和政治发展模式。因此，不能以某一种政治发展道路和政治发展模式为标准来评判其他国家政治实践的优劣。任何一国都不能脱离本国国情和实际，盲目照搬他国政治制度和模式。[2] 中国特色社会主义道路是近代以来中国社会发展的必然选择，符合中国的国情和人民的根本利益。

第二，从矛盾普遍性和特殊性的关系来看，发展模式作为一种普遍性的存在，必然包含着特殊性的矛盾。这些矛盾在不同的国家、地区和文化

---

[1] 邓小平. 邓小平文选：第 3 卷 [M]. 北京：人民出版社, 1993:213.

[2] 吴珺，何民捷，苏起. 世界上没有放之四海而皆准的发展道路和发展模式 [N]. 人民日报, 2009-04-20(007).

中表现为不同的形式和内容，因此无法简单地套用一种发展模式来解决所有问题。所谓"一花独放不是春，百花齐放春满园"，这意味着不同的国家有着不同的发展模式，应相互交流合作。世界是一个地球村，各国相互依存、休戚与共，不仅要走好适合本国的发展道路，更离不开与他国的交往合作。习近平总书记指出："一个国家的发展道路合不合适，只有这个国家的人民才最有发言权。中国尊重文明多样性，倡导交流互鉴。中国愿同各国加强治国理政经验交流，在交流中取长补短，共同进步。"同时，中国也表明了推动构建新型国际关系、推动构建人类命运共同体的积极态度，"要秉持相互尊重、公平正义、合作共赢，摒弃传统的以强凌弱的丛林法则，走出一条对话而不对抗、结伴而不结盟的国与国交往新路""建设持久和平、普遍安全、共同繁荣、开放包容、清洁美丽的世界"[1]。

第三，真理既具有绝对性，又具有相对性，它们是同一客观真理的两种属性，这是真理问题上的辩证法。任何真理都是绝对性和相对性的统一，二者相互联系、不可分割。马克思主义所揭示的人类社会发展的普遍规律，是放之四海而皆准的科学真理。但是，世界上没有放之四海而皆准的发展道路和发展模式。青年大学生应正确认识真理的普遍性与特殊性、绝对性和相对性问题，从而树立正确的真理观。

第四，正因为没有放之四海而皆准的发展模式，各国在发展过程中需要在尊重各国的国情和差异的同时，不断进行探索，根据自身的实际情况进行创新和实践，找到适合自己的发展道路。这种创新不仅是必要的，而且是推动社会进步和发展的重要动力，具体而言：一是要认识到一个国家的发展模式不是静态的，而是需要随着时代的变迁、社会的发展和科技的进步而不断调整和完善的，同一个国家在不同的发展阶段也可能采用不同的发展模式，以适应新的历史条件和挑战。二是要避免盲目照搬。盲目照

---

[1] 中共中央党史和文献研究院.习近平关于中国特色大国外交论述摘编[M].北京：中央文献出版社,2019:50.

搬他国的发展模式可能导致水土不服，甚至产生消极影响，增加社会不稳定因素。各国在发展过程中需要根据自身的实际情况进行探索和创新，通过不断尝试和实践，找到适合自己的发展道路，进而形成具有本国特色的发展模式。三是要在创新的同时尊重文明多样性，加强交流互鉴。世界上存在着多种不同的文明和文化，每种文明都有其独特的价值和发展路径，尊重文明多样性意味着承认不同文明之间的平等和差异，避免以一种文明为标准来评判其他文明，通过交流互鉴，促进不同文明之间的相互理解和合作，共同推动人类社会的进步和发展。四是发展模式需要适时评估与调整。一个好的发展模式应该是能够持续推动经济增长、改善人民生活、促进社会稳定的，每个国家都需要定期对自己的发展模式进行评估和调整，以适应新的历史条件和挑战。在评估和调整的过程中，需要充分考虑国内外环境的变化、人民的意愿和利益诉求以及未来发展的趋势和潜力。

第四谈　如何理解中国共产党建设之道

15. 中国共产党为什么和西方政党不一样？

学生：我注意到，在世界各地的政治体制中，政党扮演着重要的角色。在不同的国家，政党也往往各有千秋。在观察中国和西方国家时，我发现它们的发展道路和政治制度存在显著的差异。那么，中国共产党和西方政党有哪些不同的特点？为什么中国共产党会强调"为人民服务"的宗旨，西方政党的利益核心又是谁呢？

书记：政党不是凭空产生的，每一个政党的产生，都是一定时期的理论思潮影响政治的结果。除一些空想的理论思潮外，无论这个理论是否科学，都会在一定程度上自觉或不自觉地参与和影响政治。马克思主义认为，现代政党是阶级斗争发展到一定历史阶段的产物，是一定的阶级、阶层或集团的活跃分子，基于共同的意志，为了共同的利益，采取共同行动，以期取得并维持政权，影响国家机器运作而建立的政治组织。这决定了政党本身就是个政治工具，为理想它是革命的，为现实它是功利的，为私利就是排他的。可以说，现代西方政党是各个不同利益集团在非暴力民主制度框架下进行利益协调和博弈的媒介。最早的资产阶级政党是17世纪70年代英国的辉格党和托利党，最早的无产阶级政党是马克思、恩格斯

1847年在伦敦创立的以《共产党宣言》为纲领的共产主义者同盟。

从政党的产生来看，政党根源于西方，西方政党政治则发源于宗派。就西方政党而言，从经济上看，是西方国家从自给自足的农业经济发展到工业经济的产物；从政治上看，是西方国家代议制民主发展的结果；从文化上看，是西方国家民主政治思想发展的现实体现。而就中国共产党而言，《中共中央关于党的百年奋斗重大成就和历史经验的决议》指出："十月革命一声炮响，给中国送来了马克思列宁主义。五四运动促进了马克思主义在中国的传播。在中国人民和中华民族的伟大觉醒中，在马克思列宁主义同中国工人运动的紧密结合中，一九二一年七月中国共产党应运而生。"[①] 这一重要论述，不仅阐明了中国共产党产生的外部原因，而且阐明了中国共产党产生的内在条件；在阐述内在条件时，不仅阐明了中国共产党产生的思想基础，而且阐明了中国共产党产生的阶级基础，十分全面而又精准地阐明了中国共产党成立的历史条件和历史过程。可以说，西方政党是资本主义不断发展的产物，与资本主义经济发展密切相关。考察美、英、法三国政党政治的历史演变，可以看出，社会成员代表各自集团利益在政党政治框架下进行利益博弈，始终以资产阶级的阶级利益为政党活动的出发点和落脚点。而我们党自成立之日起，就把"人民"二字铭刻在心，把坚持人民利益高于一切鲜明地写在自己的旗帜上。在风雨如磐的革命岁月，党领导人民打土豪、分田地，是为人民根本利益而斗争；领导人民开展抗日战争、赶走日本侵略者，是为人民根本利益而斗争；领导人民推翻国民党反动统治、建立中华人民共和国，是为人民根本利益而斗争。可以说，中国共产党一经诞生，就把为中国人民谋幸福、为中华民族谋复兴确立为自己的初心使命。

从政党的现实实践来看，西方政党两党或多党轮流执政的体制，致使上台执政的政党，无论在竞选前的承诺说得多么美好，上台执政后大部分

---

① 中共中央关于党的百年奋斗重大成就和历史经验的决议[M].北京：人民出版社,2021:4.

承诺都兑现不了，也不具备兑现的条件，其执政行为大都受背后的资本家、财阀控制。资本通常在选举时，就在想方设法扶持自己的代理人，以保证其选举获胜上台后，能控制和影响其决策行为。不同政党背后有不同的资本集团，政治上的竞争本质上是资本集团之间的竞争。因此，西方政党无论哪一个上台执政，都会为支持其竞选上台的资本集团服务。中国共产党在执政历程中，虽然在不同时期的中心工作和侧重点有所不同，但在实践中始终坚持为广大人民群众谋求幸福。中国共产党始终把坚持人民至上作为开展工作的重大原则，所有的决策和行动都是为了满足人民群众对美好生活的向往，这是在实践层面中国共产党与西方政党最根本的区别。

从利益层面看，马克思曾说，人们奋斗所争取的一切，都同他们的利益有关。[1] 同样的逻辑，任何政党的活动，都与其利益密切相关。资本利益至上是西方政党的基本立场。西方政党利益的实现形式尽管多种多样，但其本质上还是资本利益，资本的局限性决定其控制的政党所代表的只能是少数人的利益。而对中国共产党来说，党的利益与人民利益是高度统一的。中国共产党是来自人民、为了人民的政党，且始终代表最广大人民群众的根本利益，没有任何自己的特殊利益。

初心易得，始终难守。中国共产党为什么和西方政党不一样？最根本的原因就是，中国共产党从中华民族的历史中走来，在中华民族伟大复兴的历史坐标中定位自己的初心使命，从而自觉地肩负起民族独立、人民解放和国家富强、人民富裕的历史任务。

"与天下同利者，天下持之；擅天下之利者，天下谋之。"与西方政党始终代表资产阶级利益不同，始终坚守为民初心的中国共产党，得到的是亿万人民发自内心、付诸行动的拥护和支持。我们党一路走来，爬坡过坎、披荆斩棘，不断从胜利走向胜利，关键在于紧紧依靠人民，人民群众

---

[1] 中共中央马克思恩格斯列宁斯大林著作编译局.马克思恩格斯全集第1卷[M].北京：人民出版社.1956:82.

的无穷智慧和力量是党和国家事业发展的坚实根基。

16. 党的全面领导和以人民为中心为什么是统一的?

学生：老师，我们在学习政治时，经常听到"以人民为中心"的说法，那么党的全面领导是如何体现这个"中心"，又是如何确保人民的利益得到最大化的？这两者之间是如何相辅相成、实现统一的？

书记：中国共产党的百年奋斗史业已证明，正是心中始终铭记着"人民"二字，我们党才获得了深厚的执政土壤与不竭的动力源泉，我们党的各方面工作才能顺利深入推进。人是目的性存在物，只有时刻牢记既定目标，始终理性地把握和校准目标，行动才能坚定而执着。坚持党对一切工作的领导和坚持以人民为中心，是新时代中国特色社会主义的基本方略，在新时代中国特色社会主义的伟大实践中体现出高度的统一性，充分彰显了中国共产党领导和中国特色社会主义制度的显著优势。在新时代中国特色社会主义伟大实践中，党的全面领导和以人民为中心的根本执政理念，形成了高度统一的理论逻辑和实践基础。这种统一性不仅体现了党的性质和宗旨，也贯穿于党的执政理念和领导实践中，对于推动中国特色社会主义伟大事业不断向前发展具有重要意义。我们可以从以下几个方面具体讨论这个问题。

坚持党的全面领导与坚持以人民为中心相统一的理论逻辑：党的领导是根本政治保证，离开了党的领导，中国特色社会主义事业就会失去主心骨；以人民为中心是价值引领，背离了以人民为中心的根本立场，中国特色社会主义事业就会失去力量之源。坚持党的领导与坚持以人民为中心的统一性，其理论逻辑的基础就在于我们党的性质与宗旨。中国共产党自诞生之日起，就能够摆脱以往一切政治力量追求自身特殊利益的阶级局限，成为中国工人阶级的先锋队，同时是中国人民和中华民族的先锋队，代表中国最广大人民的根本利益。中国共产党来自人民、根植人民，为人民而生、因人民而兴，具有与生俱来的鲜明的人民性。这决定了我们党在治国理政的过程中，能够自觉做到想人民之所想、急人民之所急、解人民之所困、做人民之所盼，能够时刻与人民同呼吸、共命运、心连心。在党的七大报告中，毛泽东同志强调："我们共产党人区别于其他任何政党的又一个显著的标志，就是和最广大的人民群众取得最密切的联系。全心全意地为人民服务，一刻也不脱离群众；一切从人民的利益出发，而不是从个人或小集团的利益出发；向人民负责和向党的领导机关负责的一致性。这些就是我们的出发点。"① 全心全意为人民服务，既是中国共产党的根本宗旨，也是我们党一切工作的根本出发点和落脚点。无论走过再长的路，走到再远的未来，"人民"都是中国共产党人的辞典中永恒的关键词。同时，实现人民的利益，离不开党的坚强领导。没有党强有力的领导，为中国人民谋幸福、为中华民族谋复兴就是一句空话。

坚持党的全面领导与坚持以人民为中心相统一归于人民利益的时代彰显：历史唯物主义认为，人民是历史的主体和创造者，是推动社会发展进步的根本力量。人民的历史主体地位，要由代表其根本利益的马克思主义执政党的领导地位来体现。"人民对美好生活的向往，就是我们的奋斗目标。"② 习近平总书记这一铿锵有力的话语，从根本上回答了中国共产党人"为了谁"的问题，是立党为公、执政为民的生动体现。中国特色社会主义进入新时代，人民期盼有更好的教育、更稳定的工作、更满意的收入、更可靠的社会保障、更高水平的医疗卫生服务、更舒适的居住条件、更优美的环境，要实现这一切，须臾离不开党的坚强领导。党得到人民的拥护和支持，就有了执政兴国的牢固根基，就有了事业发展的不竭动力；人民在党的正确领导下，就有了明确的奋斗方向，就有了

---

① 毛泽东选集：第3卷 [M]. 北京：人民出版社, 1991:1094-1095.

② 习近平. 人民对美好生活的向往就是我们的奋斗目标 [N]. 人民日报, 2012-11-16(04).

维护自身利益的根本保证。

坚持党的全面领导与坚持以人民为中心相统一的实践基础：一百多年来，我们党始终把人民对美好生活的向往作为奋斗目标，以永不懈怠的精神状态和一往无前的奋斗姿态，团结带领人民取得了革命、建设和改革的历史性成就。以人民为中心的根本立场，在历史中生成，在实践中得到检验。"从石库门到天安门，从兴业路到复兴路，我们党近百年来所付出的一切努力、进行的一切斗争、作出的一切牺牲，都是为了人民幸福和民族复兴。"① 回顾一百多年的奋斗历程，中国共产党人始终保持着"功成不必在我"的精神境界和"功成必定有我"的历史担当，"一张蓝图绘到底，一任接着一任干"，始终坚持着以人民为中心的根本立场，在推进社会主义建设事业中表现出惊人的战略定力。在实现中华民族伟大复兴的实践中，坚持党的全面领导与坚持以人民为中心相统一，是党和国家成就辉煌事业、走向兴旺发达的坚实保障。

在新的历史起点上推进中国特色社会主义伟大事业，必须把坚持党的领导与坚持以人民为中心更好地统一起来，通过实现好、维护好、发展好最广大人民的根本利益来体现党的先进性。只有始终把最广大人民的根本利益作为我们党一切工作的出发点和落脚点，尊重人民主体地位，着力解决人民群众所需所急所盼，让人民共享发展成果，才能充分激发人民群众创新创造的伟大力量。坚持党的全面领导与坚持以人民为中心，两者统一于中国特色社会主义伟大实践，共同推进中国特色社会主义事业不断创造新的辉煌。

17. 如何理解党的政治建设对党的思想建设、组织建设、作风建设、纪律建设、制度建设具有统领作用？

学生：老师，在学习到"党的建设"内容时，有一个问题一直困扰着我。您能解释一下为什么党的政治建设对党的思想建

---

① 习近平. 习近平谈治国理政：第3卷[M]. 外文出版社, 2020: 538.

设、组织建设、作风建设、纪律建设以及制度建设具有统领作用吗？政治建设对其他各项建设的统领作用具体体现在哪些方面？在当今社会，党的政治建设对其他各项建设的统领作用有哪些现实意义？

书记："坚持以党的政治建设统领党的建设各项工作"，是习近平总书记关于党的建设的重要思想的重要内容，抓住了新时代党的建设的根本性、关键性问题，创新发展了马克思主义建党学说。以党的政治建设统领党的思想建设、组织建设、作风建设、纪律建设、制度建设，充分体现了新时代党的执政规律和建设规律的不断深化，党的政治建设取得了重大历史性成就。下面我们分别说一下这几个方面。

党的政治建设对思想建设的统领作用：党的百年发展历程表明，政治方向是政治建设的根本问题，决定着党的建设的取向和质量，体现着信仰的引领、思想的指引、行动的指南。党的政治建设为思想建设提供了正确的方向指引。思想建设是党的基础性建设，其核心任务在于筑牢中国共产党人的精神支柱和政治灵魂。在这一过程中，党的政治建设起了至关重要的作用。以政治建设统领思想建设，要求思想建设必须紧紧围绕坚定政治信仰、强化政治意识来展开，确保党在思想上、政治上始终与党中央保持高度一致。坚定政治信仰是思想建设的核心所在，通过加强党的思想建设，使广大党员牢固树立共产主义远大理想和中国特色社会主义共同理想，不断坚定理想信念，增强"四个自信"，为党员干部提供奋进的精神动力，也为全党团结奋斗提供坚实的思想基础。

党的政治建设对组织建设的统领作用：党的政治建设对组织建设的统领作用主要体现在选拔任用干部方面，即在干部选拔任用过程中，始终突出政治标准，把政治素质作为衡量干部是否合格的首要标准。这就要求我们在选拔干部时，不仅要看其业务能力和工作业绩，更要看其是否有坚定的政治立场、正确的政治态度和合格的政治表现。通过党的政治建设引领党的组织建设，能够确保我们选拔出的干部政治上靠得住、工作上有本事、作风上过得硬、人民群众信得过。这样的干部队伍将更有力地推动党的事业不断向前发展，为实现第二个百年奋斗目标、实现中华民族伟大复兴的中国梦提供坚强的组织保证。

党的政治建设对作风建设的统领作用：作风建设事关党的形象，直接关系到党在人民群众中的形象和威信。党的政治建设对作风建设的统领作用主要体现在保持党同人民群众的血肉联系上。通过加强党的政治建设，我们能够引导广大党员干部始终坚持人民立场，把人民群众的利益放在首位，切实解决好人民群众最关心最直接最现实的利益问题。同时，党的政治建设始终要求我们坚决反对形式主义、官僚主义、享乐主义、奢靡之风等不良作风。这些不良作风严重损害了党的形象和威信，破坏了党群关系。通过加强党的政治建设，我们能够引导广大党员干部树立正确的政绩观和群众观，真正做到为民、务实、清廉。

党的政治建设对纪律建设的统领作用：党的纪律是党的生命线，是维护党的团结统一、确保党始终成为中国特色社会主义事业坚强领导核心的重要保障。习近平总书记指出："党的纪律是刚性约束，政治纪律更是全党在政治方向、政治立场、政治言论、政治行动方面必须遵守的刚性约束。"[1] 在党的纪律规矩中，政治纪律和政治规矩是最根本、最重要的。而党的政治建设对纪律建设的统领作用就主要体现在严明党的政治纪律和政治规矩上。通过加强党的政治建设，我们能够引导广大党员干部严格遵守党的政治纪律和政治规矩，确保全党在政治上能够保持高度一致。同时，对于违反政治纪律和政治规矩的行为，我们将坚决予以查处，绝不姑息迁就。这种严明的纪律要求为全党树立起了明确的行为准则，确保了党的团结统一和行动一致。

---

[1] 中共中央文献研究室：习近平关于全面依法治国论述摘编[M].北京：中央文献出版社,2015:117.

党的政治建设对制度建设的统领作用：党的政治建设为制度建设提供了方向和指导。中国共产党是在以党纲党章为核心的制度基础上建立发展起来的，制度治党是党自我建设的成功经验，党对制度建设的全局性认识也是一以贯之的。以习近平同志为核心的党中央着手解决大党独有难题、健全全面从严治党体系，推动党的制度建设走向集成化，探索制度功能在新时代党的建设新的伟大工程的有效发挥路径。制度建设是党的建设的重要保障，它关乎党的组织结构和运行机制。以党的政治建设统领制度建设，就是在制定和完善党的各项制度时，必须充分考虑党的政治目标和政治原则，确保制度设计与党的政治建设相契合。同时，通过加强党的政治建设，我们能够提高全党对制度重要性的认识，增强遵守和执行制度的自觉性。

创业难，守业更难。党的二十大全面擘画了实现中国式现代化的宏伟蓝图，中国共产党可以说是使命重大、任务艰巨。而要完成使命任务，中国共产党就必须全面提高党的建设质量，其关键就是以政治建设统领党的各方面建设。中国共产党成立一百多年来，始终高度重视并一以贯之地推进党的政治建设，形成了优良传统，积累了宝贵经验。把政治建设摆在首位，统筹推进党的各项建设，不仅体现了新时代共产党人对党的建设规律的认识达到新的高度，更为新时代新征程百年大党开创党的建设新局面提供了根本遵循。对此，我们既要深刻理解党的政治建设的内涵，又要充分认识把党的政治建设摆在首位的重大意义和党的政治建设对于党的各方面建设的统领作用，深刻理解其理论依据和实践依据。只有如此，我们才能增强推进党的政治建设的自觉性和坚定性，使我们党永葆先进性和纯洁性，从而为实现第二个百年奋斗目标和中华民族伟大复兴的中国梦提供坚强的政治保证。

18. 为什么说党的建设新的伟大工程是进行伟大斗争、推进伟大事业最终实现伟大梦想的根本保证？

学生：为什么要特别强调"党的建设新的伟大工程"对于实现"伟大梦想"的重要性？老师上课时常说到"党的建设新的伟大工程是进行伟大斗争、推进伟大事业、最终实现伟大梦想"的根本保证，这背后的理论逻辑又是什么？

书记：把党的建设作为一项伟大工程来推进，是我们党的一大创举，是我们党领导人民进行伟大社会革命的重要法宝。从诞生之日起，我们党就高度重视自身建设。1939年，毛泽东同志为《共产党人》撰写发刊词，第一次将党的建设称为"伟大的工程"。习近平总书记在党的十九大报告中强调："伟大斗争，伟大工程，伟大事业的，伟大梦想，紧密联系、相互贯通、相互作用，其中起决定性作用的是党的建设新的伟大工程。"[1] 党的建设新的伟大工程，是引领伟大斗争、伟大事业，最终实现伟大梦想的根本保证。党和人民的事业发展到什么阶段，党的建设新的伟大工程就要推进到什么阶段。一方面，没有中国共产党的领导，伟大斗争、伟大事业、伟大梦想就是水中月、镜中花，就无从谈起、无法实现。另一方面，我们在新时代建设伟大工程，又要结合进行伟大斗争、推进伟大事业、实现伟大梦想的实践来进行，确保党始终成为时代先锋、民族脊梁和坚强核心。

首先，从实现伟大梦想的角度来看，党的建设新的伟大工程为中华民族伟大复兴提供了坚强的领导核心，为新时代不断开创中华民族伟大复兴新局面提供了根本保证。实现中华民族伟大复兴，是近代以来中华民族最伟大的梦想。中国共产党一经诞生，就始终把为人民谋幸福、为民族谋复兴确立为自己的初心使命，就义无反顾肩负起实现中华民族伟大复兴的历

---

[1] 习近平. 决胜全面建成小康社会 夺取新时代中国特色社会主义伟大胜利——在中国共产党第十九次全国代表大会上的报告 [M]. 北京：人民出版社, 2017:17.

史使命，并围绕这个主题完成了各个时期的历史任务。完成新民主主义革命、成立中华人民共和国，中国人民站了起来。完成社会主义革命、确立社会主义基本制度，为当代中国一切发展进步奠定了根本政治前提和制度基础。进行改革开放新的伟大革命、开辟中国特色社会主义道路，使中国大踏步赶上时代。可以说，中国共产党一百多年的历史，既是一部革命、建设和改革的奋斗史，也是为中华民族伟大复兴奋斗不息的历史。在新时代实现伟大梦想，迫切需要坚定不移推进党的建设新的伟大工程，以党的坚强领导和顽强奋斗，激励全体中华儿女不断奋进，勠力同心实现中华民族伟大复兴。

其次，在进行伟大斗争的过程中，党的建设新的伟大工程提高了党的全面领导和长期执政能力，使我们党能够更好地应对复杂多变的国内外环境。新时代有新的历史特征，新时代有新的主要矛盾，因此，新时代伟大斗争亦有许多新的历史特点。党要领导新时代伟大斗争，就必须把握这些新特点、解决这些新矛盾，团结带领人民有效应对重大挑战、抵御重大风险、克服重大阻力、解决重大矛盾。不难想象，新的伟大斗争涉及的领域和内容是多方面的：不仅要与一切削弱、歪曲、否定党的领导和我国社会主义制度的言行做斗争，与一切分裂祖国、破坏民族团结和社会和谐稳定的行为做斗争，而且要与一切损害人民利益、脱离群众的行为做斗争；不仅要更加自觉地投身改革创新时代潮流，坚决破除一切顽瘴痼疾，而且要更加自觉地防范各种风险，坚决战胜一切在政治、经济、文化、社会等领域和自然界出现的困难与挑战。这些没有现成经验可供借鉴，必须发扬斗争精神，提高斗争本领，夺取斗争新胜利；必须始终加强和改善党的领导，进一步增强党的政治领导力、思想引领力、群众组织力、社会号召力，确保我们党永葆旺盛生命力和强大战斗力。

再次，从推进伟大事业的角度来看，党的建设新的伟大工程为中国特色社会主义事业提供了坚实的政治保障。新时代推进中国特色社会主义伟大事业，迫切需要毫不动摇推进党的建设新的伟大工程。中国特色社会主义是改革开放以来党的全部理论和实践的主题，是党和人民历尽千辛万苦、付出巨大代价取得的根本成就。随着中国特色社会主义事业不断向前推进，我国经济社会发生重大变化，社会主要矛盾已经转化为人民日益增长的美好生活需要和不平衡不充分的发展之间的矛盾，人民群众对美好生活的需要日益广泛，不仅对物质文化生活提出更高要求，而且在民主、法治、公平、正义、安全、环境等方面的要求日益增长。在新时代推进伟大事业，迫切需要坚持和完善党的领导，以人民为中心，把人民对美好生活的向往作为奋斗目标，更好解决我国社会出现的各种问题，更好实现各项事业全面发展，更好发展中国特色社会主义事业，更好推动人的全面发展、社会全面进步；迫切需要坚定不移推进党的建设新的伟大工程，始终保持政治定力，既不走封闭僵化的老路，也不走改旗易帜的邪路，统筹推进"五位一体"总体布局，协调推进"四个全面"战略布局，不断开创伟大事业的新局面。[①]

"行百里者半九十。"中华民族伟大复兴的中国梦，绝不是轻轻松松、敲锣打鼓就能实现的，必须做好付出更为艰巨、更为艰苦的努力的准备。伟大梦想与伟大斗争、伟大工程、伟大事业是一个紧密联系、相互贯通、相互作用、有机统一的整体。伟大梦想指明方向，伟大斗争开创新局，伟大工程提供保证，伟大事业凝聚力量，其中起决定性作用的是新时代党的建设新的伟大工程。在新时代，我们要坚持以自我革命引领社会革命，把伟大梦想与伟大斗争、伟大工程、伟大事业贯通起来理解、结合起来把握、协同起来推进。

19. 党为什么要强调坚持自我革命？

学生：在学习党的历史和理论时，我注意到党始终在强调"自我革命"这个概念。我很想知道，为什么党会如此重视自我革

[①] 唐洲雁.履行历史使命,伟大工程起决定性作用[N].人民日报,2018-01-03(07).

命？它对于党的发展和建设有什么特别的意义吗？在我看来，自我革命需要很大的勇气和决心，那么党是如何克服各种困难，确保自我革命得以持续推进的？

书记：自我革命的提法最先用来指在全面深化改革中要以自我革命的气魄推进改革，以自我革命的勇气解决党自身存在的问题。经受"四大考验"，应对"四种危险"，加强党的建设必须同一切弱化先进性、损害纯洁性的问题做斗争。因此，就必须以自我革命的政治勇气着力解决党自身存在的突出问题，不断增强党自我净化、自我完善、自我革新、自我提高能力。自我革命事实上是自我警醒、自我否定、自我反思、自我超越的一种积极的、主动的革命性行为。从哲学意义上讲，自我革命的本质是"主体在主动意义上和自觉意义上的自我扬弃，即事物发展过程中的'否定之否定'"①。

中国共产党的自我革命是自己对自己的革命，其本质是重新规定自己的现代性。通过自我革命，不仅避免"被革命"，更是强化了中国共产党的领导力量。中国共产党作为中国的领导党和执政党，党的自我革命包括两层含义：一是在推进国家治理体系和治理能力现代化背景下全面深化改革必须要发扬党的自我革命精神，因为改革也是一场革命，要求领导改革者必须具有自我革命的精神，既勇于冲破思想观念的障碍，又勇于突破利益固化的藩篱；二是在一党长期执政下推进全面从严治党必须解决好自我监督问题，执政党必须有正视问题的自觉和刀刃向内的勇气，彻底根除当前党的建设中存在的各种突出问题，建设世界上最强大的政党。②自我革命作为新时代党的建设的一个重大命题，对于新时代全面推进国家治理体系和治理能力现代化，深入推进全面从严治党，具有十分重要的理论意

---

① 曲青山.曲青山党史论集（下卷）[M].北京：中国人民大学出版社,2017:1031.
② 赵绪生.论新时代中国共产党的自我革命[J].中共中央党校学报,2018,22(05):81-88.

义、历史意义和现实意义。

首先,自我革命是体现党的本质属性和践行宗旨的根本要求。马克思主义政党的本质属性是批判性和革命性,批判性和革命性内在地要求马克思主义政党必须有自我革命的勇气。

中国共产党的建立及其领导的新民主主义革命和社会主义革命,是无产阶级世界革命的重要组成部分。中国共产党天然具备了马克思主义政党批判性和革命性属性,继承了马克思主义政党自我革命的优良传统。"不忘初心、牢记使命"就是不忘我们是共产党人,不忘我们是革命党,要始终保持革命精神。中国共产党领导人民夺取全国政权要发扬革命精神和开展革命斗争,在长期执政条件下依然要发扬革命精神进行建设,以新时代改革创新的革命精神投入改革开放和现代化建设的实践中。在对外开放和发展社会主义市场经济条件下领导国家建设,我们党作为领导党和执政党要始终保持自我革命精神,不断开创改革开放和现代化建设的新局面。①马克思主义政党是为最广大人民谋取利益的政党,完全不为自己谋取私利,总是把人民群众的利益作为考虑问题的根本出发点。中国共产党自我革命的勇气源于党的性质和根本宗旨,源于无私无畏的人民立场和情怀。正如习近平总书记所指出的:"不谋私利才能谋根本、谋大利,才能从党的性质和根本宗旨出发,从人民根本利益出发,检视自己;才能不掩饰缺点、不回避问题、不文过饰非,有缺点克服缺点,有问题解决问题,有错误承认并纠正错误。"②

其次,自我革命是传承优良传统和弘扬政治优势的经验总结。中国共产党的历史,本质上就是一部自我净化、自我完善、自我革新、自我提高的自我革命史。我们党能够从幼稚走向成熟、能够始终赢得人民的信任,就在于我们党是一个善于总结历史经验的党,是一个善于依靠自身力量纠

---

① 赵绪生. 论新时代中国共产党的自我革命[J]. 中共中央党校学报,2018,22(05):81-88.

② 习近平. 习近平著作选读:第1卷[M]. 北京:人民出版社,2023:577-578.

正自己的错误的党。勇于自我革命，是中国共产党区别于世界上其他政党的显著标志和独特政治优势。正如习近平总书记所指出的："我们党为什么能够在现代中国各种政治力量的反复较量中脱颖而出？为什么能够始终走在时代前列、成为中国人民和中华民族的主心骨？根本原因在于我们党始终保持了自我革命精神，保持了承认并改正错误的勇气，一次次拿起手术刀来革除自身的病症，一次次靠自己解决了自身问题。"[1] 回顾中国共产党的百年奋斗历史，党领导人民取得了伟大的成就，同时也经历过艰难险阻和困难曲折。我们党之所以能一次次转危为安、化险为夷，最根本的还在于我们党始终保持了自我革命精神，显示出中国共产党勇于自我革命的精神品格，彰显了中国共产党不同于其他政党的独特政治优势。

最后，自我革命是解决改革难题和化解政党危机的根本途径。新时代推进全面深化改革，完善中国特色社会主义制度、推进国家治理体系和治理能力现代化，必须以自我革命的勇气破解当前全面深化改革难题。全面深化改革是党领导人民进行的一场伟大的社会革命。在全面深化改革问题上，一些思想观念障碍和利益固化的藩篱，可能更多地来自体制内而非体制外。因此，要破解当前改革发展中面临的各种难题，化解改革发展中的风险和挑战，全党必须有强烈的历史使命感和责任感，一定要有自我革命的勇气和胸怀，拿出壮士断腕、背水一战的决心，敢于向积存多年的顽瘴痼疾开刀，敢于触及深层次利益关系和矛盾，以积极主动精神全面深化各领域改革，推动中国特色社会主义制度的自我完善和发展。

中国改革开放不能脱离世界经济政治发展的大环境，中国共产党的领导和建设同样不能脱离世界范围的政党政治发展进程。在当今世界范围内，无论是西方发达国家还是很多发展中国家，政党政治出现了前所未有的危机，政党不再是政治生活的唯一核心，政党组织社会、凝聚共识、产生领袖、治理国家的功能都出现了严重的问题，导致政党政治出现了以

---

[1] 习近平. 习近平著作选读：第 1 卷 [M]. 北京：人民出版社, 2023:577.

"核心危机"为主要表征的政党危机。中国共产党作为中国特色社会主义事业的领导核心,党的领导水平和执政能力决定了中国改革开放和现代化建设的方向和成效。一个时期以来,党内政治生活中出现了一些突出问题,党的领导弱化、党的建设缺失,管党不严、治党不力,不仅严重损害党内政治生态和党的团结统一,而且严重影响党和人民事业的发展。面对党内存在的突出问题,如果听之任之,任其乱起来和烂下去,党就会有走向失败的危险。要么"被革命",要么"自我革命",这是摆在中国共产党人面前的两种选择。党的十八大以来,以习近平同志为核心的党中央坚定地选择了自我革命,通过全面从严治党去除党内存在的"商业性""腐败性""消极性"问题,努力探索跳出历史周期率的治国理政新路,避免重蹈长期执政的大党老党管党治党失败的覆辙。[1]

历史是最好的教科书。为何中国共产党百年来历经千锤百炼而依然朝气蓬勃,而世界上一些曾被人熟知的大党却凄然走下执政舞台,其中奥秘就写在了中国共产党坚持真理、修正错误,坚持不懈地进行自我革命的伟大历程中。中华民族伟大复兴的曙光初照,我们党需要增强自我革命的自觉与自信,始终保持在推动中华民族伟大复兴道路上的激情活力与昂扬斗志。

20. 如何理解先进性和纯洁性是马克思主义政党的本质属性?

学生:在学习马克思主义政党理论时,我时常会想:为什么老师和课本都始终强调先进性和纯洁性是马克思主义政党的本质属性呢?这背后有着怎样的深意和原因?这意味着只有具备了这两个属性,一个政党才能被称为马克思主义政党,还是这两个属性在马克思主义政党的成长和发展过程中起到了特别关键的作用?

---

[1] 赵绪生.论新时代中国共产党的自我革命[J].中共中央党校学报,2018,22(05):81-88.

书记：先进性和纯洁性是马克思主义政党的本质属性，是党存在、发展和壮大的根本条件，也是区别于其他任何政党的鲜明特质。1847年，马克思、恩格斯创立了世界上第一个按照科学社会主义原则建立起来的先进的无产阶级政党——共产主义者同盟。在为之起草的《共产党宣言》中，他们鲜明地指出了共产党的性质，共产党人没有任何同整个无产阶级的利益不同的利益，"强调和坚持整个无产阶级共同的不分民族的利益"，"始终代表整个运动的利益"[①]。列宁在建立和巩固新型无产阶级政党的过程中也特别强调，"只有以先进理论为指南的党，才能实现先进战士的作用"[②]"我们的任务是要维护我们党的坚定性、彻底性和纯洁性。我们应当努力把党员的称号和作用提高、提高、再提高"[③]。马克思主义政党之所以高度重视保持党的先进性和纯洁性，从根本上说是为了永葆党的政治本色和生机活力，从而更好地肩负起自己的历史使命和政治任务。

实践反复证明，马克思主义政党是代表无产阶级利益在反对资产阶级的斗争的过程中逐步形成的组织，从革命性上讲，它是无产阶级的先锋队组织。马克思主义政党的先进性绝非一日之功，而是在其长期的历史实践过程中形成的，并被社会舆论和人民群众所广泛认可的优秀品质，更是马克思主义政党能够始终获得最广大人民群众支持的重要保证。在历史的长河中，许多执政党在执政后又丢失了政权，就是因为其失去了先进性和纯洁性。而马克思主义政党生存和发展的根本性问题也在于保持先进性和纯洁性。正如马克思、恩格斯在共同制定的《共产主义者同盟章程》中对加入同盟所规定的条件一样：具有革命毅力并努力进行宣传工作，承认共产主义，服从同盟的一切决议，保守同盟的一切机密。盟员如果不能遵守这

---

① 马克思恩格斯.共产党宣言[M].北京：人民出版社,2018:41.

② 中共中央马克思恩格斯列宁斯大林著作编译局.列宁选集：第1卷[M].北京：人民出版社,2012:312.

③ 列宁.列宁全集：第7卷[M]北京：人民出版社,2013:272.

些条件即行开除。由此可见，马克思主义政党建立者们在建党之初就十分重视纯洁性的问题。

中国共产党自成立之日起，就是按照马克思主义建党原则建立的工人阶级政党。党的先进性和纯洁性不是空洞抽象的，也不是说教性的，要靠千千万万党的基层组织和共产党员的先进性和纯洁性来体现。党的先进性和纯洁性不是静止的，也不可能一劳永逸，其内容和要求随着时代的前进、随着党和人民事业的发展而发展。今天，中国共产党已经成为世界上最大的马克思主义执政党，大就要有大的样子，同时大也有大的难处。把这么大的一个党管好很不容易，把这么大的一个党建设成为坚强的马克思主义执政党更不容易。但只要我们不断清除一切损害党的先进性和纯洁性的因素，不断清除一切侵蚀党的健康肌体的病毒，就一定能够把党建设成为始终走在时代前列、人民衷心拥护、勇于自我革命、经得起各种风浪考验、朝气蓬勃的马克思主义执政党。[1]习近平总书记深刻指出："我们党作为百年大党，如何永葆先进性和纯洁性、永葆青春活力，如何永远得到人民拥护和支持，如何实现长期执政，是我们必须回答好、解决好的一个根本性问题。"[2] 这一根本性问题也正是我们党必须时刻保持解决大党独有难题的清醒和坚定的出发点和落脚点。

---

[1] 郑文涛. 必须时刻保持解决大党独有难题的清醒和坚定[N]. 光明日报, 2023.1.12(06).

[2] 习近平. 牢记初心使命，推进自我革命[OL].[2019-08-01]. http://www.qstheory.cn/dukan/qs/2019-08-01/c_1124820947.htm.

第二篇

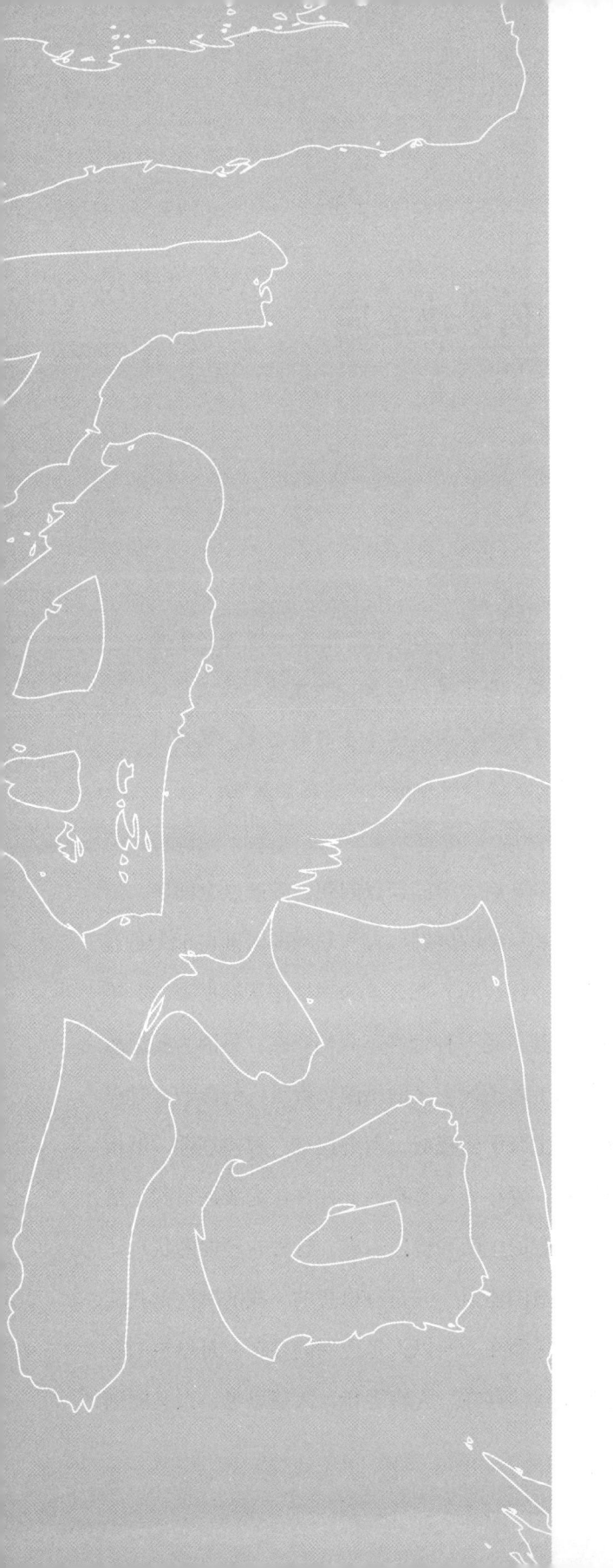

励志成长

第五谈　大学，如何尽快适应

21. 如何认识大学？

学生：作为大一新生，刚刚进入大学，感觉一切都非常新奇。大学和高中差异非常大，高中像集训营，而大学到底是什么样的，我目前的感觉还非常模糊，面对这个全新的起点，总感觉无所适从。老师，我们到底应该如何看待大学这段经历呢？

书记：如何认识大学，这是开启大学的起点问题，破解这个问题，需要先明确一个前提和共识：人和动物的区别。人和动物的区别在于人是有理性的、人是能思想的、人是能创造的。那么人的理性是从哪里来的？笛卡尔认识论讲"我思故我在"，这就是一种理性。我们存在，是因为我思故我在，不是神使我在。但是当下后现代主义的思潮对青年人的影响太过深刻。后现代主义主张非理性、主张解构权威、消解权威、解构理性、解构体系。现在青年人深受其影响，青年人没有理性，往往认为放逐自我、活在当下、寻求绝对自由才是理想的生活和价值追求，这种非理性的状态让青年人丧失了思考的能力、创造的能力。人是有思想的，我的属性是我能思考，我的一切是因为我的思考而在。所以人是理性的存在，是思想的存在，又是创造的存在，还是实践的存在。人有理智，人能思考，人又能创造，并能付诸实践，这是人的举动，也是人的一种本质。

在这个前提下，我们来探讨大学的意义才是可能的，也是科学的和必要的。大学肩负着培养社会主义建设者和接班人的重大任务，要想培养建设者和接班人，教育者和受教育者首先必须是理性的、会思考的、能创造的，没有这个前提，大学的人才培养也就无从谈起。

大学是一个舞台，是年轻人梦寐以求的地方，是梦开始的地方。大学也是一个非常重要的平台，这个平台会为你提供成长所需要的宽广视野。当然，平台只是起点，是进入社会的通道，而人生的道路很长，你想成为什么样的人很重要。就像蔡元培先生说的："所谓大学者，非仅为多数学生按时授课，造成一毕业生之资格而已也，实以是为共同研究学术之机关。"基于此，我们再来理解现代意义的大学，理解像陕西师范大学这样的大学。

《大学》是中国古代四书之一，开篇第一句写道："大学之道，在明明德，在亲民，在止于至善。""大学之道"的那个"道"，本意就是道路，在中国古代哲学里指宇宙万物的本原，是规律，是大道。大道是最抽象的"一"，是世界所有道理的"一"，是太极，"一"之后才有无数。《道德经》里讲："道可道，非常道。"大学之道，是最抽象的，最至上的道理，那是什么？是"明德"。明德是什么？明德就是你要成为一个什么样的人。习近平总书记号召青年争做有理想、敢担当、能吃苦、肯奋斗的新时代好青年，这就是德的维度要求，彰显光明美好的品德就是在明明德。"在亲民"，是给谁干？是给自己奋斗还是给社会、给人民奋斗？给自己奋斗可以满足低层次的需求，就是生理需求、安全需求、社交需求和尊重的需求，但一辈子只为了满足低层次的需求，那境界就低了。人还应该有自我实现的需求和自我超越的需求。

陕西师范大学是西部唯一一所教育部直属的师范大学，八十年来始终扎根中国大地办教育，一代又一代"陕西师大人"怀抱教育报国之志，用理想、信念和情怀扛起西部教育的大旗，以对国家、民族和人民的赤胆忠诚和无私奉献，铸就了"西部红烛两代师表"精神。按照今天的标准来理解，红烛精神不一定是要燃烧自己，才能照亮别人。新时代的"红烛"是可以在做好自己的同时，尽可能多给社会做贡献，照亮自己也照亮别人。我们扎根西部服务基础教育，我们把学生当亲人，用心培养数十万教育工作者，实际上就是"亲民"。你们毕业后扎根西部，从受教育者转化成教育者，成为基础教育领域的骨干，为国家培养一批又一批的新生力量，这就是用行动践行"亲民"。

现在概念问题逐渐清晰了，"在明明德"指你是谁，"在亲民"指你为了谁。"在止于至善"如何理解？至善是最高的善。最高的善是什么？是爱智慧、爱智。追求至善，需求真、求善、求美。真必须是科学，善必须是真言和仁义，求真、求善然后才是完美。大学在止于至善，即在于实现合乎事理和合乎意愿的统一。有的同学写论文逻辑不合理，数据合不上，全是弄虚作假，这不能称为"善"。大学不是糊弄人的地方，大学秉持科学精神，必须求真。大学蕴含科学家精神，必须学习，没有知识体系，没有技术手段，怎么能出真！如果同学们做的数据是假的，不学无术，那么谈"止于至善"，必然是假善、伪善。有了真，才有善，才是真善。没有真善，就是伪善，伪善一是非科学，二是昧良心。真善才是美，止于至善是真，真里面蕴含着知识体系、道德体系。

按照中华民族传统文化思想，我们是这样理解大学的，而如果用习近平新时代中国特色社会主义思想来理解大学，会更加深刻。大学是梦开始的地方，大学是伟大而崇高的地方，但也是零起点的地方，这就意味着你选择的方向不能错，方向稍微偏离，会南辕北辙。"天下大势，浩浩汤汤；顺之者昌，逆之者亡。"在这个意义上，青年人要顺应时代发展潮流，成为做出巨大贡献、人民敬仰的人，这样，任何时候你都不会被历史所抛弃。

22. 如何理解大学与梦想的关系？

学生：在中小学阶段，我的目标就是考入理想大学，如今，我凭借着自身努力来到大学，却突然发现指引我前进的目标不再清晰、明确。我变得有些茫然，只是盲目地跟随着周围同学们的步伐在学习，或者说被动地对环境做出反应，我甚至不知道上大学对我而言究竟意味着什么。那么，大学与梦想之间有什么关系呢？

书记：这个问题很现实，也很普遍。大学是多少年轻人梦寐以求的地方，是人生一个非常重要的平台，是梦开始的地方。在中学阶段，你们是被动努力，为梦学习，那时候考上大学就是你们最切实的梦。现在到了大学，专业跟职业相关，跟社会分工相关，可能会决定你们要入哪一行。所以说大学是梦开始的地方，就是因为你们进入大学，就要开始思考将来你们要干什么，思考这一生你们要干什么，人生要出彩的是什么。

梦是一种心理暗示，是一种预言性的东西，是未来的一种召唤，与现实是有一定距离的，如果没有距离，今天讲一讲明天就实现了，那是神话！梦是一种高于现实的理想化状态，这种理想状态与现实之间有一定的差距，但是它是切实的、可预期的、可达到的合理构想，是在充分分析自身和周围环境的基础上，既基于现实又超越现实、既体现自身美好愿望又尊重客观现实对未来的美好构想，是依靠个人的实践力量可以实现的理想图景。[1] 比如中国梦，就是中华民族的伟大复兴。伟大复兴可能是在2035

---

[1] 刘子婧，李忠军."理想的意图"变成"理想的力量"——《费尔巴哈论》相关论断的思想政治教育学解析[J]. 社会主义核心价值观研究,2022,8(04):52-62.

年、2050年，也可能是在更远的将来，它是未来，是未来的一种召唤。所以我说大学是梦开始的地方，在这个地方，你要理性、你要思考、你要创造、你要实践。

有了梦之后，我们怎么实现从河的此岸到彼岸？毛泽东形象地指出："我们的任务是过河，但是没有桥或没有船就不能过。不解决桥或船的问题，过河就是一句空话。"大家也都知道，过河，要么有桥，要么有船，如果没有桥，没有船，那就是虚幻的。现实主义的梦从此岸到彼岸，必须有构建条件，要有造桥的东西，要有做船的东西，所以我们的梦如果实现了就是条件的实现。你要成为科学家，就得有成为科学家的条件，这样的条件是天生的吗？是老天爷给的吗？不是！那是自己创造了成为科学家的条件。刚才发言的其他同学有谈到要考博士、谈到未来找工作的，读博士是要靠条件的，找工作是要靠条件的，你将来成就你自己也必须是靠条件的，所以从唯物主义者来讲，从此岸到彼岸是条件学说，从现在到未来是条件学说，马克思主义理论就是条件学说。条件从哪里来呢？我前面已经讲过人和动物的区别，你有理性、有思考、有实践、有创造，你必须要自己创造条件。所以大学是梦开始的地方，是从此岸走向彼岸，不断创造条件的地方。

首先，你必须去思考，弄清楚你要为什么而奋斗，是为自己奋斗还是为社会、为人民奋斗。为自己奋斗，其实很简单，吃饱穿暖就行，但如果一辈子就是为了自己吃饱穿暖住房子这些事奋斗，层次就有点低了。如果在让自己过得很好之后，能够为社会做更多的贡献，层次就高一点了。我讲这些，就是说你们首先要让自己活得好好的，照亮自己，也照亮别人，不是动不动就牺牲自己，是要你把自己的电充足，然后更好地为人民服务，为社会做更多的贡献。你们必须从党性、人民性的角度去思考自己的奋斗目标。马克思从少年时代就树立了崇高理想和远大抱负，他的一生是胸怀崇高理想、为人类解放不懈奋斗的一生，是不畏艰难险阻、为追求真理而勇攀思想高峰的一生。这是广大青年应该学习的。习近平总书记指出："广大青年要肩负历史使命，坚定前进信心，立大志、明大德、成大才、担大任，努力成为堪当民族复兴重任的时代新人。"青年一代只有把人生理想融入国家和民族的事业中，敢于立志，立大志、立远志、立恒志，把个人的志向追求融入共产主义远大理想、中国特色社会主义共同理想和中华民族伟大复兴的中国梦中，与这个伟大时代同向同行、同频共振，才能最终成就一番事业。

其次，你必须去实践，弄清楚你缺的是什么。辩证唯物主义条件论认为，一切事物的存在和发展都是有条件的。马克思主义认为这种条件的具备是要具体问题具体分析的，只有投身实践，才能根据自己的情况创设成就自己的条件。樱桃好吃树难栽，幸福生活不会从天而降，梦想不会凭空实现。一方面，必须处理好志存高远与脚踏实地的关系，切忌好高骛远、眼高手低、急功近利。"天下难事必作于易，天下大事必作于细"，要立足当下、脚踏实地、埋头苦干，坚持一步一个脚印，从小事做起、从琐事做起、从身边事做起，把远大志向落实到具体的实践活动中去。正如习近平总书记在同各界优秀青年代表座谈时强调的："广大青年要牢记'空谈误国、实干兴邦'，立足本职、埋头苦干，从自身做起，从点滴做起，用勤劳的双手、一流的业绩成就属于自己的人生精彩。"另一方面，必须正确处理苦和乐的关系，坚持吃苦在前，享乐在后，学会在吃生活之苦中锤炼品德，吃学习之苦中提升本领，吃成长之苦中磨砺斗志，吃竞争之苦中担负重任。从此岸到彼岸的过程绝不会一帆风顺，可能会有风高浪急和惊涛骇浪，但必须顺应时代发展潮流，主动肩负时代责任，以理想者、担当者、吃苦者、奋斗者的姿态，创造条件，实现梦想！

23. 如何理解新环境的影响？

学生：学习动力是一个一直困扰我的问题。高中时，有老师不停地催促我们完成各种作业和学习任务，这对于我这种自律性很差的人来说是非常有效的。但在大学里面，老师不会要求我们每天晨跑、固定地做一些事情，更多的是让我们自主自愿地去学习。巨大的学习环境的差异，导致我还没有完全适应大学生活，还没有掌握大学正确的学习方法，甚至到现在还有大学混四年的想法。在这种环境变化的背景下，我们该如何调整自己的生活或者学习节奏呢？

书记：从大家的角度来讲，个人必须努力，这是你们成长成才的内因，也是决定性因素。从学校的角度来说，学校要形成一种合力育人的氛围，这是助力大家成长成才的外因，也是影响性因素。从唯物辩证法的视角来看，事物的发展是内外因共同作用的结果，内因是事物发展的根据，它是第一位的，它决定着事物发展的基本趋向；外因是事物发展的外部条件，它是第二位的，它对事物发展起着加速或延缓的作用。大家的成长成才就依赖于个人的努力和学校提供的条件这两个方面。个人的层面你们得负起责任，学校的层面学校得负起责任。我们学校一定要营造这样一种氛围，办好一所学校就是要培养好学生，各个部门、各个环节都要围绕同学们的成长办事，把事干好了就是对国家有了贡献，就是对大家的家人有所交代。我们和大家座谈，有不同年龄不同学段的，了解得更多更能给大家助力。但是这一切的基础还在于大家，你要是不好好学，谁帮忙都不行。但是只要你想飞，我们给大家的保障就是帮助大家插上翅膀，这是我们老师应该做好的事情。学习成长的过程，个人的努力和外部的环境是双向互动的，人创造环境，同样，环境也创造人。学校这个层面大家放心，我们来推动，尽可能让大家有条件。在这个基础上，我更想和大家强调的是从同学们自身出发的起决定作用的内因。

从同学们自身来说，怎样才能融入新环境健康成长？首先，我认为"种子"非常重要，这个"种子"就是你自己对于人生和世界的理解和把握，从马克思主义理论的角度来说，就是得先坚定自身的理想信念。你想成为什么样的人？作为学生，对于人生的追求不能局限于"三餐有汤""碎银几两"，还是要有自身的担当。作为陕西师范大学的学生，你们中的百分之八十毕业后都将服务于基础教育，从幼儿园、小学、初中到高中，你们担负着重大的责任与使命，你们有没有创新思维、有没有民族担当、有没有精神境界，这不仅影响个人，还关乎一批又一批学生。作为"国家战队"，你们要引领方向，有使命感和责任感，成为有信念的种子，有一个学生你们就种下一颗种子，有一百个学生你们就种下了一百颗有信念的种子，这就是今天大家要学习的原因，教育本质上就是"一棵树摇动另一棵树、一朵云追逐另一朵云、一个灵魂唤醒另一个灵魂"。"天下大势，浩浩汤汤，顺之者昌，逆之者亡"，我们要与民族同呼吸，与国家共命运，只有确立了崇高的理想信念，才会有正确的方向和强大的精神支柱，才能向着这个目标去努力、去奋斗，如果没有方向，任何风吹雨打都可能把我们打垮。当然这个理想信念并非空洞的、抽象的，而是具体的、实践的。在大学中，要敢于迈出第一步，将立志高远和始于足下相结合，在实践的过程中不断坚定学术追求、培养意志品质、规划未来职业、平衡学习与生活、持续学习以实现自我提升。

其次，要认识到，任何一个成就的取得一定是克服重重困难和不利条件的结果。把握"难"和"进"的辩证关系，在困难中前进对于你们来说非常重要。当你步入一个新的环境，肯定有不适应，也会有很多困难，这些困难具有两面性，一半是痛苦，一半是机遇。习近平总书记到梁家河插队时，床铺上有跳蚤，吃的是难以下咽的野菜团子，还要喂牲口、干农活，但他没有被困难打倒，他不仅克服了生理上的劳累病痛、吃不饱穿不暖的困境磨难，而且注重自身的持续性学习，他干完活就埋头苦读。苦难和汗水让他贴近了父老乡亲，坚持读书让他在困境中实现了精神的升华。作为新时代的年轻人，大家不要害怕吃苦，不要畏惧困难，"庭院里跑不出千里马，温室里长不出万年松"，在狭小的空间、安逸的环境中培养不出优秀的人才。你们要像总书记说的，"刀在石上磨，人在世上练"，要经风雨见世面。所有的困难经历都是财富，所有事物的成长发展都是对不利因素进行克服的过程，矛盾双方相生相长，事物的发展总是波浪式前进和螺旋式上升的。如果不懂这些，就会总是以"自我"为中心，以最简单的原始直觉、原始反应为基础，只顾眼前利益，那人生也就不会有什么辉煌的色彩。大家要学会从克服困难中找到新的必然，这需要依靠自己的实力，要有对人生的深刻理解，要有崇高的精神高度，要有克服困难的人格品质。人生路上的"娄山关"和"腊子口"需要你们勇敢去闯，从接受困难到克服困难，这样你埋下的种子才能发芽。

第三，"内卷"还是"躺平"不应该成为一道人生难题。大家都是以不相上下的高考成绩来的陕西师范大学，从一年级到二年级，从本科毕业到研究生毕业，一年两年，五年十年，从开始有差异到差异巨大。同样的教育环境，同样的条件，为什么产生了差异？我认为主要原因在于一些同学在自我认知上不接受身份角色的转变，拒绝承担身份转变后应该承担的责任。大学就是一个小型的社会，但一些同学进入大学以后，没有实现功能独立、态度独立以及情感独立，还停留于高中的学习和生活模式。有的同学在初入大学竞选班委时受到挫折和打击，就缩回去，而有的人甚至没有迈出一步，从一开始就缩在壳里，沉浸在舒适区里，这就是大家口中的

"躺平"。"躺平"是一种装鸵鸟式的、自欺欺人的放纵而非放松。与此相对立的另一种极端的状态就是"内卷"，"内卷"是选错方向、选错方式，做过度甚至毫无意义的努力。青春可以有短暂的"躺平"来缓解焦虑的压迫，也可以有片刻的"内卷"来争取梦想的实现，但青春绝不能在遇到困难挫折时便轻易放弃，长久"躺平"，也绝不应陷入消耗大量时间、精力却没有提高整体水平的陀螺式恶性循环般的"内卷"之中。比起这两个状态，我更欣赏努力和放松。人们应该为了追求美好的生活而努力奋斗、抛洒汗水，同时也要劳逸结合、适度放松，做到持续发力从而厚积薄发。作为大学生，"内卷"和"躺平"绝不是非黑即白、非此即彼的选择，我们绝不"内卷"也绝不"躺平"，而要规划好人生，心无旁骛，不被世俗规则所牵绊，不去做没有意义的比拼，朝着理想进发，既不成为时代高速发展、无序竞争的帮凶，沦为"内卷"者，也不自甘平庸、消极处事，成为被压力击垮的败者，被人定义为"躺平"者，我们要做戴着镣铐跳舞的舞者，把握分寸，当努力则努力，该休息则休息，将自己雕刻成为自己理想中的模样，摒弃无意义的世俗比拼，掌握真正有价值的本事本领，做到"不闻不若闻之，闻之不若见之，见之不若知之，知之不若行之"。

24. 如何看待大学的竞争？

学生：老师，我们经过高考，从全国各个不同的地方来到大学，感觉大学和高中完全不一样。高中时，高考是所有人的指挥棒，大家都埋头苦学，刷题考试，作息都差不多，一门心思把分数考高一些就可以。到了大学后，我们突然觉得很迷茫，很多事情都需要自己做决定：要不要参加学生组织、要不要参加社团、要不要学习新技能、学习时间应该投入多少……大学里的选择和机会很多，大家都跃跃欲试，但到处充满了竞争。就像我和舍友,平日里关系很好,但是也经常会成为竞争对手,我很苦恼,我该如何处理和同学的关系,如何面对竞争?

书记:风景很重要,看风景很重要,和谁一起看风景比前两点更重要。上学很重要,上大学很重要,和谁一起上大学更重要。"蓬生麻中,不扶而直",你周边的人是啥样,你就是啥样,水有多高,船就有多高。你们要心怀国之大者,心有大我,要用非常开放的情怀和胸怀去看待竞争。同学之间一定有竞争,但是竞争不是第一性的,朋辈成长才是第一性的。

读万卷书不如行万里路,行万里路不如高人指路,和高水平的人在一起,你的成长也会加速。同学们,你们从这里走出去时,本科就是你的最低学历,你周围的人也都是本科学历。我们的学校就好比少林寺,能走出去的,都是高手,跟高手们同步成长的话,离开的时候,你也是高手,因为你们源出一脉。所以大学是什么样的?大学是无私的,大学是开阔眼界的,大学是朋辈共同成长的地方。同学们要是用这样的大格局、大情怀去看待竞争,那么你们的未来必不会差。

古语云:"泰山不让土壤,故能成其大;河海不择细流,故能就其深。"席勒也曾说过:"任何天才都不能在孤独的状态中发展。"所以同学们,我想叮嘱大家的是,千万不要上了大学,就把自己封闭起来,与同寝室舍友都不交往,更不和别人交往,习惯性地用自己的尺度来衡量事情,这样就失去了宝贵的成长机会了。大学是一个开放和包容的环境,同学们可以在这里结识新朋友、拓展人际关系、探索世界和接触不同的文化。在多样性的环境中与不同背景的同龄人交流互动,互相竞争、启发、激励和支持,共同进步,非常重要,正如苏霍姆林斯基所说:"朋友之间经常暗暗展开竞赛,这种竞赛既能增强取得胜利的信心,又能增进友谊。"

大学不是天堂，不可能有天上掉馅饼的好事。大学是条件学说，而且是有极其严肃的竞争的条件学说。现在大学的住宿条件、生活条件都很好，同学们不用吃生活上的苦，但你们要吃竞争的苦。同学、朋友之间不停地互相"挤压"，不是有你没我，是人家上去你没有上去，是人家在前面你赶不上。在一所高水平大学里，处处都是优秀的竞争者，不能一件事上竞争失败了，就一蹶不振。难道人外不可以有人吗？山外不可以有山吗？同学们从高中到大学，随着见识的增长，你会觉得与之前走的路都不一样了，世界都在你心中。我们来自五湖四海，你不必非得从哪里来，但大家到这里一定是同向同行。在这种大格局概念下，你们心中要有大爱，爱校、爱党、爱社会主义、爱国、爱人类。你心中有爱，心里才能有动力，就像我前面说过的，人有思想、有理性、有创造、有实践，加上爱，就有了情感态度和价值体现，你就更能理解朋辈成长，更能理解五湖四海，更能理性看待竞争。

大学里的竞争不可避免，但它不仅仅是追求标准化的成功，更是与优秀的同龄人互相学习和成长。竞争本身是个好事儿，是对自我消极状态的一种大刀阔斧的改变，让自己去有意识地寻求成长。在竞争中要学会错位增长，发挥自己的优势。就像同学们说的那样，大学里的选择和机会很多，你们在竞争过程里要多尝试，不行就换一个，再不行再换一个。用毛主席的话说叫"东方不亮西方亮，黑了南方有北方"。大家不要用自己劣势跟别人优势去比，必须找到自己的竞争优势，错位竞争。你本优秀，要一点点发现你的优秀，不优秀不可能到这里来上大学。你要坚信行行出状元。在大学竞争中，过分追求同质化的成功往往容易造成资源浪费和竞争"内卷"，你们应该发挥自己的优势，而不是被迫适应某种标准化的评价体系，盲目追求某种标准化的成功。大学应该是一个展现和发展自我优势的平台，你们要培养自己的核心竞争力，把自己变得更强大，就像《孙子兵法》里说的那样，"善战者，先为不可胜"。通过错位增长，每个人都有机会在自己擅长的领域取得成功，同学们应该意识到这点并发掘自己的潜能。在这个过程中，要有自信，要坚持，不断挖掘和发展自己的特长，发挥自己的优势，并有意识地在特定领域深耕。这不仅能够提高个体在特定领域的竞争力，也有助于形成多元化的人才结构，推动整个社会的创新和进步。大学办学的目的之一就是为社会主义建设培养不同领域的人才。

大学充满了竞争，充满了历练，充满了磨砺，是一个魔力场，不是温柔富贵乡。我们要时刻面对竞争，政治家、科学家、企业家、教育家，哪一个不是经历磨砺成功的？我们也一定要用良好的心态全面、理性地看待竞争，明白这大学是五湖四海朋辈成长的地方。三百六十行，行行出状元。我们要心怀大爱，科学选择，珍惜任何磨砺自我的机会，按照自己的节奏和路径，选择适合自己的成长道路。无论选择怎样的道路，重要的是相信自己并坚持努力，为未来的发展打下坚实的基础，成为对社会有用的人才。

25. 如何直面大学期间的挫折与失败？

学生：我来自一个比较落后的小县城，到大城市，我最直观的感受就是好多新鲜事物我不了解，我特别想主动尝试，但又害怕别人异样的眼光。我鼓起勇气参与班干部竞选，结果我跟其他同学差距很大，大城市的同学比我经历丰富，表达能力也更强。我尝试主动参与各种活动，但又没有什么特长，每次都很受挫。开学以来，每一次尝试都失败了，我现在很难过，我不知道怎样重塑信心。

书记：马克思主义认为，事物的发展都是波浪式前进和螺旋式上升的过程，是一个长期、曲折、复杂的进程，虽然道路是曲折的，但前途一定是光明的。辩证唯物主义认为事物是对立统一的，有成功就有失败，失败是成功之否定，螺旋式上升就是否定之否定，这是一个必然过程。人类的认识是有局限性的，挫折和失败就是由认识的局限性决定的，每个人都必须通过实践不断深化认识。我前面讲过，大学是梦开始的地方，是为实现此岸到彼岸创造条件的地方，是完善认知、能力、情感的地方，这注定大学不是一马平川、一帆风顺的，它有苦难，有苦难就一定有辉煌，这是事物发展的规律，同学们一定要有这个认识。

中国共产党建党百年历程，就是一段从苦难走向辉煌的历程，其中没有哪一次成功是轻轻松松获得的。邓小平同志说过："为什么我们过去能在非常困难的情况下奋斗出来，战胜千难万险使革命胜利呢？就是因为我们有理想，有马克思主义信念，有共产主义信念。"[①] 习近平总书记也讲过："中华民族伟大复兴，绝不是轻轻松松、敲锣打鼓就能实现的。""全党必须准备付出更为艰巨、更为艰苦的努力。"[②] 同学们作为新时代中国特色社会主义事业的建设者和接班人，必须要有这样的认识：不付出艰苦卓绝的努力，不可能到达成功的彼岸，要坚信有苦难必有辉煌。所有的挫折与失败，克服了就是财富，没有克服就可能会变成灾难，这是我们克服一切困难、挫折和失败的认知前提。

遇到挫折和失败是必然的。习近平总书记说，"刀在石上磨，人在事上练"，要经风雨见世面，"一个人也好，一个政党也好，最难得的就是历经沧桑而初心不改、饱经风霜而本色依旧"。同学们来自天南海北，成长背景各不相同，能来到我们这所大学的都是非常优秀的。但进入一个新环境，在刚开始的竞争中遭遇挫折和失败是正常现象。只是干部选不上，没

---

① 邓小平. 邓小平文选，第3卷[M]. 北京：人民出版社，1993:110.
② 中国共产党第十九次全国代表大会文件汇编[M]. 北京：人民出版社，2017:12.

有其他同学特长多，没有其他同学经历多，就从此一蹶不振，"逐渐丧失了直面现实的勇气，挣脱现实的意识与改变现实的能力"[①]，那就真的成为你的灾难了。毛主席在长征等革命艰难时期写下许多诗词，为什么？那是一种精神，就是越艰难的时候越要怀揣"太阳"。同学们在成长的过程中也要如此。成长一定是一个艰难磨砺的过程，大学不是人的天堂，是知识的天堂，它是苦难的，是磨人意志和练人心智的地方。所有事物成长发展的过程都是克服不利因素的过程，矛盾双方相互依赖、相互转化，事物的发展总是波浪式前进和螺旋式上升的。如果认识不到位，就会陷入悲伤，总是"以自我为核心，以最简单的原始直觉、原始反应为基础"，只顾眼前利益，那人生也就不会有什么辉煌的色彩。

战胜挫折和失败也是必然的。我们要在困难中不断前进、不断成长，在这个过程中，必须要有坚定的信念。毛主席十七岁出韶山求学时写下诗句："孩儿立志出乡关，学不成名誓不还。埋骨何须桑梓地，人生无处不青山。"这就是理想信念。从梦想到理想再到信念，不成功决不罢手，这就叫坚定职守。习近平总书记在梁家河七年，闯过了"跳蚤关、饮食关、生活关、劳动关、思想关"五大关，没有被困难打倒，不仅克服了各种困难，而且坚持学习、埋头苦读。经历艰难生活的磨炼，让他在困境中实现了精神的升华。"千淘万漉虽辛苦，吹尽狂沙始到金。"同学们都看过《西游记》，中国传统文化里的人生哲学都蕴藏其中，唐僧师徒四人，经历九九八十一难，一路向西，最终取得了真经。人生不如意者，十之八九，大学是梦开始的地方，不是做梦的地方，我们要有西天取经的坚定执着，要有挖井出水和钉钉子的精神，认准了就坚定向前。在坚持理性思考的前提下，寻找切合自己的未来，理性地看待挫折和失败，一点点地发现自己

---

① 李忠军，杨科.思想政治教育学视角的马克思恩格斯批判思想论析[J].思想理论教育导刊,2022(01):17-26.

的优秀，不断磨炼自己，错位成长，扬长避短！那么当下所经历的挫折和失败都将是人生财富。

大学充满竞争、充满历练、充满魔力，绝不是一帆风顺的地方，甚至可能是经历苦难的地方。没有苦难，就没有辉煌，同学们要有这样的认识和心理准备，要勇敢实践，勇于克服困难，练就撑得住事儿的心理状态，逐渐实现由"认识自己"到"成为自己"的转变。

第六谈　大学，如何快乐学习

26. 大学期间应获得哪些知识和能力？

学生：我现在大二了，常听到学长、学姐说到找工作的时候，一些很好的用人单位对毕业生的能力要求特别高，除了要学好专业的知识之外，更多的还需要所谓的非专业技能，比如时间管理能力、沟通协调能力、语言表达能力等等，有的还要会开车、会做一手好PPT、会写新闻，这些能力是我们在大学期间一定要掌握的吗？哪些是用人单位特别看重的呢？我们如何才能锻炼出来？

书记：针对大学期间的能力提升话题，我认为要弄清楚"为什么要提升能力""提升哪些能力"以及"怎么提升能力"三个问题。接下来我分别来和大家谈一谈。

首先，树立"有用于世"的学习观，是能力提升的意识前提。也就是说，只有在先进、积极、正确的观念引领下，我们的能力才能得到实质性的提升。习近平总书记指出，广大青年要爱国爱民，从党史学习中激发信仰、获得启发、汲取力量，不断坚定"四个自信"，不断增强做中国人的志气、骨气、底气，树立为祖国为人民永久奋斗、赤诚奉献的坚定理想。所以，爱国作为人世间最深层、最持久的情感，也应是大学生提升能力最充沛的内驱力。而爱国先爱党，只有深入了解中国共产党的百年奋斗历程，才能唤醒人内心最深处的国家认同与民族自信，使能力提升的动力源源不断、目标坚定不移、过程稳健踏实，最终收获累累硕果。进一步讲，在立足于远大格局的学习观指引下，能力提升也将不仅"为自己"，更是"为社会""为国家"。我校的史念海先生就是如此，他将己身所学运用于国家建设之中，以"念天下"的胸怀考究学问，既实现了自身价值，又为国家和社会做出了巨大贡献。我想，同学们也应以史念海先生等伟大先驱为榜样，将自身能力提升与中华民族伟大复兴的宏伟理想相统一，肩负时代责任，体现使命担当。

其次，专业素养、实践技能、生活技艺及兴趣爱好是能力提升的四个核心维度。其一，专业素养的培育是专业知识积累由量变到质变的过程。大学阶段的学习，不再是宽泛地汲取各类知识，而需要同学们基于所学专业，在不同学科领域进行深度挖掘，强调对专业知识的把握更精准、更透彻。大学是进入社会前最后的试炼期，个人对专业知识的掌握程度会直接影响其能创造的社会价值。诸如我们的同学都是师范生，在走向工作岗位后，专业知识的储备会成为教学质量的保证。拥有深厚学识和独到见解的老师，会更受学生欢迎，也能更深层次地影响到新一代青年的未来发展。这对于社会乃至国家来说，都是至关重要的。其二，实践技能的习得深植于日常学习、生活之中。或许大家都曾在脑海中对所学专业知识展开充分的演绎，构建了一个又一个逻辑严谨的模型、框架。但不要忘记：实践没有止境，理论创新也没有止境。如果说书本上的理论是前辈的智慧结晶，那实践中的经验则是你们继续挖掘智慧的最肥沃土壤。作为新时代大学生，不能仅将学习的过程限制于书本之中，要打开视野、迈开步子，将思维放诸广袤的中国土地之上，在生动的社会实践中，让知识"活"起来。其三，生活技艺的锻炼是创造美好生活的助益。生活技艺既包括刷锅洗碗、擦地缝补等家务，也涵盖种田收麦、筑房修路等工农业生产，实际上就是人通过劳动满足自己生存和生活需求，使自己获得主体性的过程。我想，对于个人而言，能力提升的最迫切需要往往来自对美好生活的追求，而满足美好生活需要的关键，正蕴藏在劳动之中。所以，生活技艺归根到底是寻找和实现个人幸福的能力。其四，兴趣爱好的培养是形塑个人气质的关键。素质包括德、智、体等方面，也包括智商、情商等。如果说上述的三个能力维度更强调智商的提高，那兴趣爱好则更关注情商锻炼。我们的生活中往往充满了荆棘，常需要在充满困难和未知的丛林中勇毅前行。面对节奏愈发加快、压力愈发增大的社会态势，生活的挑战不仅存在于现实层面，也会涉及心理层面。要应对复杂的问题，只靠理论知识是不够的，更需要我们学会与他人联系、沟通及交往。其中，培养自身的兴趣爱好是切实可行的：体育和文艺都能够让我们拓宽视野、塑造气质，敏锐感知世界的多面向，努力达至与自然共处、与社会共生、与个体共情的"天人合一"境界。

最后，要注重在理论学习与社会实践相结合中，综合提升上述四维能力。从横向来讲，就是要与时俱进地平衡四维能力的提升重点。（一）专业素养是基础。学习专业知识必须勇攀高峰。其中，重要的是提高学习的自主性，始终保持对世界的好奇与对科学的敬畏，大胆假设，谨慎求证，打下深厚的理论根基。（二）实践技能是重点。"认识从实践开始，经过实践得到了理论的认识，还须再回到实践去。"[1] 要实现知识的有效转化，必须以问题意识为导向，探索理论世界与现实世界的关系，从实践中发现可研究的、有价值的问题，再以科学理论指导问题的解决。（三）生活技艺是抓手。把简单的事做好、做精，也是一种智慧。刷锅擦地看似简单，实际也蕴藏着规律和方法，需要在学习和生活中反复练习。更值得强调的是，生活技艺的练习也是学会发现生活之美的渠道，在点滴中做好积累，"小思考"能推动"大智慧"。（四）兴趣爱好是关键。毛泽东同志以"好"增智的

---

[1] 毛泽东选集：第1卷[M]. 北京：人民出版社，1991:292.

方法给我们提供了良好思路。他一生酷爱读书，从书海中汲取智慧、指导实践。百看不如一试，要想找到适合自己的兴趣爱好，就要去大胆尝试，在真实体验中感悟趣味，培养出与自身职业相协调的兴趣爱好。从纵向来讲，就是要将四维能力的提升融入终身学习之中。二十大报告将建设"全民终身学习的学习型社会、学习型大国"[①]，作为一项重要的发展战略。学习无止境，大学阶段的教育与其说是教给同学们知识，不如说是予以大家一种体察世界、社会与民情的更高、更广的视角。而随着时间、空间与技术的改变，终身学习的内涵会更加丰富，要想成为一名合格的终身学习者，不仅要树立终身学习的自我意识，还要具备与时俱进地思考与提取信息的能力。综上所述，大家要立志成为具备良好专业素养、扎实实践技能、娴熟生活技艺与健康兴趣爱好的优秀青年。

总而言之，大学生的能力提升在意识、内容和行动上要认准"一个观念、四个维度、两个向度"的中轴线，切实锤炼自身本领，时刻牢记习近平总书记对青年人的谆谆教诲：用脚步丈量祖国大地、用眼睛发现中国精神、用耳朵倾听人民呼声、用内心感应时代脉搏。

27. 如何克服外在干扰，提升学习动力？

学生：大学生活并没有想象中轻松惬意，除了学业，还有许多其他事务需要应对，外在干扰会影响学习效率，还会导致自信心受挫，学习动力降低。此外，作为师范生，平时和身边的同学交流时，我们偶尔也会觉得现在学习的科目难度较大，以后回家乡教书，所学的知识已经足够，因而在学术钻研上兴趣不足，那我们应该如何克服干扰，提升学习动力呢？

---

① 习近平.高举中国特色社会主义伟大旗帜　为全面建设社会主义现代化国家而团结奋斗：在中国共产党第二十次全国代表大会上的报告[M].北京：人民出版社,2022:34.

书记：这个问题很重要。学习是学生的首要任务，是立身做人的永恒主题，也是报国为民的重要基础。学习动力问题不仅关系学生个人成长成才，也是高校学风建设的重要内容，是落实立德树人根本任务的重要保障之一。习近平总书记强调："青年人正处于学习的黄金时期，应该把学习作为首要任务，作为一种责任、一种精神追求、一种生活方式，树立梦想从学习开始、事业靠本领成就的观念，让勤奋学习成为青春远航的动力，让增长本领成为青春搏击的能量。"①

我们自己和身边的同学在大学某个阶段或多或少都会存在学习兴趣降低、缺乏学习动力的问题，这是正常现象，但也要予以重视，不能听之任之，要想办法克服身边的各类干扰，消除杂念，提升学习能力并保持良好的学习状态。学习动力不强，间歇性迷茫，究其根源还是有一些问题没想清楚，没有搞清"为何学、学什么、怎么学"。

为何学，就是要弄清学习的目的，以目标牵引驱动。我们都听过周恩来总理"为中华之崛起而读书"的故事，在立下宏伟志向后，周总理始终牢记读书报国之志，与无数志同道合的仁人志士克服千难万险，最终建立了中华人民共和国。学习就是要"把学到的知识回馈社会，做一个对社会有用的人，做一些对社会有用的事"②。实践证明，学习目的直接决定了学习动机的强弱与境界的高下。我们很多同学克服不了干扰，不能静下心学习，绝大多数是因为没搞清楚自己为什么学习，或者是把自己学习的目的定义得比较狭隘、功利，一旦遇到困难挫折，便止步不前。《论语》中讲："取乎其上，得乎其中；取乎其中，得乎其下；取乎其下，则无所得矣。"干任何事情，都应首先立好标准，而将标准立得高一些，落实的质量也可能好一些。"当代中国青年是与新时代同向同行、共同前进的一代，生逢

---

① 习近平. 论党的青年工作 [M]. 北京：中央文献出版社. 2022:19.
② 黄玥，高蕾，董博婷等. 青年的朋友习近平 [N]. 人民日报, 2024-05-04(01).

盛世，肩负重任。"我们只有将个人学习目标与民族复兴伟业紧密联系在一起，将个人理想融入时代主题，让个人"成才梦"融入民族"复兴梦"，才能保持奋发向上的学习状态、秉持不怕困难的学习精神，不断激励自己在学习中向下扎根、向上生长，克服懒于学习、疏于学习等惰性，将学习变成一种习惯和追求，变"要我学"为"我要学"、变"浅层学"为"深入学"。

身处一个信息爆炸的时代，面对层出不穷的新知识、新情况、新事物，弄清楚"学什么"也很重要。大学是一个打基础、扩充知识面的阶段，我们要充分认识知识的广度与深度，不断拓宽学习的视野，增强知识更新的紧迫感，做到"如饥似渴学习，既扎实打牢基础知识又及时更新知识，既刻苦钻研理论又积极掌握技能，不断提高与时代发展和事业要求相适应的素质和能力"[1]。我们不仅要学习文化知识，学习实践技能，更要摸索出一套适合自己的学习方法，培养终身学习的能力。大学毕业只是告别学校，不是告别学习，我们要保持学习动力，活到老，学到老。此外，不能简单地将现阶段学习的知识对标以后的工作，将来工作所用的知识不是上大学能全部掌握的，现在所学的知识将来工作也不一定都能用上，但是，功不唐捐，腹有诗书气自华，你所下的功夫、流的汗水，你所学的当下认为无用的知识，总有一天会派上用场，因此把这个基础打牢打结实非常重要。很多同学以后是要当老师的，教师如果不及时更新知识，疏于学习，仅靠"吃老本"是难以胜任教书育人这一神圣职责的，也不能为学生树立终身学习的榜样。

列宁曾提出："我们一定要给自己提出这样的任务：第一是学习，第二是学习，第三还是学习。"[2] 他认为只有通过刻苦钻研、掌握科学文化知识，并学以致用，坚持理论联系实际，才能体现知识的价值，这就涉及

---

[1] 习近平. 论党的青年工作 [M]. 北京：中央文献出版社.2022:20.
[2] 中共中央马克思恩格斯列宁斯大林著作编译局. 列宁选集，第4卷 [M]. 北京：人民出版社,2012:786.

"怎么学"的问题。如果学了知识不去用，那学与不学就没有什么区别，你无非变成一个"行走的书柜"，茶壶煮饺子倒不出来。只有把学到的知识最终落在行动上，解决了问题，才能说达到了学习的目的，将知识变为自己的一部分，这才算是做到了融会贯通。反过来，学是为了用，我们生活中总会不断遇到新问题、新困难，要想解决这些问题和困难，就需要不断学习，带着问题学，这个过程中，因为目标明确，将不再漫无目的、枯燥乏味、充满压力。我们会充分享受学习、乐于学习，也会产生无尽的学习动力，这就是"学用相长"所蕴含的哲理，是正确的学习观、科学的方法论。

28. 如何将学习兴趣发展为人生志业？

学生：常听老师们说，兴趣是最好的老师。我希望我以后的工作是我感兴趣并愿意终身从事的。但我发现，现实中很多同学对自己所学的专业并没有强烈的热爱，只是亦步亦趋地学习。即使有的同学对所学专业感兴趣，网络等对他们的干扰也很大，让他们无法始终保持初心。那我们如何把喜欢的专业和兴趣转化为未来的职业、事业呢？如何保持终身学习的习惯呢？

书记：将学习兴趣发展为人生志业，我们首先要搞明白兴趣到底是什么。兴趣是指我们在日常学习生活实践中，在不受其他外界因素影响的情况下，主动去探索研究某一事物内在本质及规律的积极心理。因此，由自身兴趣所主导的大学学习，具有较强的指向性、稳定性和主观能动性，能使青年学生产生强大的精神动力，并通过学习将其转化为精神生产。大学的教学模式不同于高中，知识能力的获取更加依赖于自学或主动学习，且由于填报志愿、分数高低等因素，青年学生无法确保当前所学专业与其初衷一致，即使一致，也可能由于学习环境、学习方法、学习思路的变化而导致原始兴趣消减，这就需要同学们主动培养和提升学习兴趣。要想达到此目标，首先需要大家对所学专业形成良好的认同，此认同除了需要教师对专业内容、未来前景等进行细致讲解外，更需要大家在个体精神层面保持内化的认同。从自身而言，大家需要在进入校园后对所学专业保持好奇，因为兴趣作为较为个性化的精神生活，其寻找、养成的过程主要是以个体自身的好奇心为起点的，大家可以依托于现在开设的通识教育课程，逐步寻找感兴趣、好奇的知识点，然后在此基础上以点带面，以自己的思维对所学专业形成系统认知，从而形成精神需求并保持较为积极的情绪。在保持此情绪基础之上，可以增强专业认知、学术思维上的开放性和主动性，提升进一步学习相关专业信息知识、参与特定文化活动的欲望。通过信息的不断搜集、专业文化活动的广泛参与，大家的精神需求得到满足，意识到所学专业知识以及参加学术活动的价值，便会以更加积极的情绪在未来学习生活中循环实践，并结合自身求知需求确定探索方向，形成对此专业内化的价值认同，从而形成自身在精神层面个性化的、稳定的、深度的专业学习兴趣。

将专业兴趣与未来职业、事业联系起来，实际上就是将学习兴趣转换为人生志趣。兴趣是志趣的基础，实现从兴趣向志趣的跨越，首先要做到的是将主观上的兴趣同客观的学习相结合。青年学生在经过大学校园的学习后将走向工作岗位，如果想要从事自身感兴趣的工作，就必须将"你喜欢的事"有效转换为"你擅长的事"，这就需要你们在大学期间将学习兴趣点和学习内容有机结合，在系统掌握专业知识的基础上，刻苦钻研和练习，真正实现所学知识入脑入心。例如师范生可能就是因为想从事教师行业才选择了我们学校，但在未来做就业选择时，"热爱教育事业"只是最基本的条件，要想实现就业目标，就必须具备良好的教学能力，能够有效地实现价值输出，这就需要在大学期间掌握教学方法论的同时，具备教学的能力，这才是你们在学校学习成效的最直观体现。

其次，要做到学习实践化。学习的目的是主体在总结客观事物规律的基础上，通过思考，实现从模仿到创新的跨越，进而改造客观世界。毛泽东在《中国革命战争的战略问题》一文中就指出："读书是学习，使用也是学习，而且是更重要的学习。"① 如果青年学生在学校的学习仅仅停留在理论形态，而缺乏实践形态的学习，那学习内容就是不完整的。因此大家在学习的时候，要紧密联系实际，通过实践来验证和深化理论知识。实践不仅是获得和巩固知识的途径，也是将兴趣转换为志趣的桥梁，所以我们不断完善师范生实习、社区实习、大力开展寒暑假社会实践，真正把学习内容渗透到物质生活实践之中。

再次，要想将学习兴趣发展为人生志业，需要保持终身学习的态势。一方面，随着社会不断发展、技术不断进步，人们的物质生活需要已基本满足，进而会转向追求精神需要。习近平总书记指出："满足人民过上美好生活的新期待，必须提供丰富的精神食粮。"② "中国式现代化是物质文明和精神文明相协调的现代化。"③ 学习作为人类社会精神生产的主要实践活动，对于满足主体日益增长的精神文化需要具有至关重要的作用。另一方面，你们在漫长的职业生涯中，都有可能会面临能力不足、本领恐慌的问题，解决此问题的根本办法也是学习。如何实现终身学习，尤其是在脱离校园、走向社会后如何持之以恒地保持学习动力，这是我们要思考的问题。我建议大家从以下几个方面入手：一是要坚定理论信仰，提高理论素养。马克思主义是我们立党立国的根本指导思想，与时俱进是其重要的理论品质，它伴随着时代形势、社会实践的发展而发展的。要培养终身学习的能力，我们就要坚定对马克思主义的理论信仰，不断去发现和认识人类

---

① 毛泽东选集：第 1 卷 [M]. 北京：人民出版社，1991:181.
② 中国共产党第十九次全国代表大会文件汇编 [M]. 北京：人民出版社，2017:35.
③ 习近平. 高举中国特色社会主义伟大旗帜　为全面建设社会主义现代化国家而团结奋斗：在中国共产党第二十次全国代表大会上的报告 [M]. 北京：人民出版社，2022:22.

社会发展的规律,在时代变化中不断用发展的眼光来看待出现的种种问题和现象,并不断通过实践学习的方式提升、完善自己的能力体系,进而能够始终适应新环境、处理新问题,将人生志业贯穿始终。二是要坚定人民立场。人民群众是历史的创造者,是实践的主体,我们党自成立以来就十分重视在人民群众中汲取智慧和力量,并产生了"只有落后的干部,没有落后的群众"的观点。进入中国特色社会主义新时代,习近平总书记也强调:"在人民面前,我们永远是小学生,必须自觉拜人民为师,向能者求教,向智者问策。"[①] 在未来的职业生涯中,我们所会面临的问题,也一定是产生于人民不断的实践之中,因此,要终身学习,必须要坚持以人民为师的学习立场,将书桌搬到田间地头,把论文写在祖国大地,通过学习学习再学习、实践实践再实践,掌握客观规律,解决人民困难。三是要坚持创新的态度。习近平总书记在二十大报告中强调:"必须坚持科技是第一生产力、人才是第一资源、创新是第一动力。"[②] 通过创新,才能够不断推进生产力发展,而创新来源于我们对客观实践和科学规律的不断学习,因此只有始终坚持学习,才能够推动我们的青年同学在未来的生活和工作中始终具有创新动力。

29. 如何把学习成效转化为实践能力和求职技能?

学生:在大学里,老师们经常说,学习成绩不是衡量一个学生的绝对标准,要真正提高,要实现以学促干,就要在学习过程中把总结经验、观照现实和推动实践结合起来,把学习成效转化为求职优势、工作动力和实际能力。作为新时代大学生,我们该

[①] 习近平. 习近平谈治国理政:第1卷[M]. 北京:外文出版社,2014:27.

[②] 习近平. 高举中国特色社会主义伟大旗帜 为全面建设社会主义现代化国家而团结奋斗:在中国共产党第二十次全国代表大会上的报告[M]. 北京:人民出版社,2022:33.

如何将在校园内的学习成效"变现"为未来工作的实际能力，实现人生抱负？

书记：将学习成效转化为实践能力和求职技能，这是我们青年学子必须思考和面对的一个现实问题。因为从学习的整个过程，从学习初衷、学习对象、学习目的来看，学习是通过人的主观意志，将自身主观能动性与客观物质性相统一的实践活动。总的来说，当前各个领域的学习研究成果都是在解释世界的客观现象或探究客观规律，其最终目的是改造世界。完整的学习由理论学习和实践学习所构成，不渗透到实践的学习是不完整的学习，在理论学习中所形成的主观认识，只有渗透到实践过程中，才能真正形成有意义的认识，也只有将其运用于实践之中，我们才真正达到了学习的目的。所以，在校期间的学习成绩与你们未来的工作能力并不完全正相关，最关键的还是在于能否顺利实现学习成绩向实践效能的正向转化。如何将学习成效转化为未来的工作技能和能力？我觉得大家可以先思考清楚三个问题："为什么学""学什么""怎么学"，只有把握住这三个问题的内涵要求和理论逻辑，我们的学习才能做到有的放矢。

首先，搞清楚"为什么学"的问题，是从思想上激发你们自己的主动性。习近平总书记在纪念五四运动100周年大会上的讲话中明确指出："中国青年是有远大理想抱负的青年！中国青年是有深厚家国情怀的青年！中国青年是有伟大创造力的青年！无论过去、现在还是未来，中国青年始终是实现中华民族伟大复兴的先锋力量！"[1]你们作为新生代的代表者，未来会是中华民族伟大复兴的中坚力量，在未来学习工作生活中要牢记为中国人民谋幸福、为中华民族谋复兴的使命担当。因此，"为什么学"，一是要为自己而学，只有在通过学习锤炼自身过硬本领、涵养良好道德情操的基础上，我们自身所具备的知识和技能才可以真正发挥作用，也只有将学

---

[1] 习近平.在纪念五四运动100周年大会上的讲话[M].北京：人民出版社，2019:5.

习真正看作自身的一种内在需要,才能实现自身的自由全面发展。二是要为国家和人民学,"青年的人生目标会有不同,职业选择也有差异,但只有把自己的小我融入祖国的大我、人民的大我之中,与时代同步伐、与人民共命运,才能更好地实现人生价值、升华人生境界。离开了祖国需要、人民利益,任何孤芳自赏都会陷入越走越窄的狭小天地"。你们作为新时代青年,只有将个人发展目标与国家发展大势相融合,将学习成果运用于推动国家富强、社会进步的实践中,才能够从根本上、从思想上激发你们高度的使命感和责任感,才能够真正实现学习成效向实践成效的转换。

其次,搞清楚"学什么"的问题。《习近平新时代中国特色社会主义思想学习纲要》一书中明确指出:"学习应该是全面的、系统的、富有探索精神的,既要抓住学习重点,也要注意拓展学习领域。"[1] 要形成全面的知识体系,一要认真学习马克思主义。马克思主义是我们党的看家本领,只有学会用马克思主义的立场、观点、方法去看待问题,我们才能对事物本质有正确的认知,从而有针对性地开展学习。二要学党史、新中国史、改革开放史、社会主义发展史。习近平总书记指出:"历史总是向前发展的,我们总结和吸取历史教训,目的是以史为鉴、更好前进。"[2] 我们只有了解了我们当前所处的环境,总结前人的智慧、经验、教训,才能够对当前所处历史阶段形成明确认知,才能把握住未来历史发展大势,才能够清楚认识到我们肩上所承担的历史重任,才能够以高度的历史责任感和明确的目标导向推进我们的学习,推动我们的实践。三要学习专业科学知识。只有在明确学习目的、学习责任的基础上,我们才能够认清自身所承担的学习任务。推动国家发展、增进民生福祉从来不是靠喊口号,必须有扎实的

---

[1] 中共中央宣传部. 习近平新时代中国特色社会主义思想学习纲要 [M]. 北京:学习出版社,人民出版社,2019:252.

[2] 习近平. 在纪念毛泽东同志诞辰120周年座谈会上的讲话 [M]. 北京:人民出版社,2013:13.

专业基础才能够实现。"共和国勋章"获得者袁隆平通过自身扎实的专业知识，让我们把饭碗牢牢握在自己手中，希望同学们也能够通过刻苦学习，用自己的专业知识解决国家所面临的困难，应对风险挑战。

最后，搞清楚"怎么学"的问题。学习最终的成效需要由实践来检验，大家思考的也是如何将学习成效转化为工作能力，因此我们在学习过程中一是要坚持以问题为导向，带着对现实的思考进行学习。习近平总书记指出："要坚持干什么学什么、缺什么补什么。"[①] 我们要以问题为导向，在明确自身禀赋的前提下，积极寻求解决问题的办法，明确自己想要什么、想干什么、想达成什么样的目标，以此确定自己的学习主题，并内化成自身学习动力。二是要重视调查研究。我们要想切实提升学习实效、培养工作技能，就必须要搞清楚社会需要什么、岗位要求什么的问题，否则我们的学习只会成为无根之木、无源之水。在学习中熟练掌握和运用调查研究技能，既能够让我们通过调研来检验所学技能，也是我们获取新知识、找寻新方向的途径。三是要持之以恒。青年学子要真正把知识变为能力，需要把课堂所学、课后所想、社会所见吃透，这才是学知识长能力，若没有持之以恒的坚持是做不到这些的。同时，随着实践的不断发展，你们一定会对知识内容有更高的需求，这也需要你们持之以恒地坚持学习。

30. 如何克服学习的功利化倾向？

学生：老师好！我以前一直觉得，把学习或者学习成绩当作工具、当作目的是不对的，这违背了学习的初衷和目的。但周围的人，比如亲朋好友在我高考填报志愿时"群策群力"地帮我挑选"热门"专业，觉得读热门专业将来会有更好的收入和更好的

[①] 中共中央党史和文献研究院、中央"不忘初心、牢记使命"主题教育领导小组办公室．习近平关于"不忘初心、牢记使命"论述摘编[M]．北京：党建读物出版社，中央文献出版社，2019：214．

生活。比如有些同学，学习就是为了取得高分成绩，以后好考研、保送研究生或找个好工作。慢慢地，我在学习时也会下意识地考量哪些理论学习和实践活动对我将来的考研、就业更有利。请问该如何认识和克服这种学习的功利化倾向？

书记：学习的功利化，实际是学习观的问题。学习观不是一个小问题，而是一个有哲学、心理学、教育学三重意蕴的"大问题"，要回答这个大问题，我想你们要想清楚这几对关系：近和远、大和小、道和器。

近和远，我指的是从个人发展层面来说，眼前的发展和将来的发展之间的关系问题。蔡元培说，"教育者，非为已往，非为现在，而专为未来"，我们要好好辨一辨这"近和远"的关系。有的同学谈到，作为师范生要着重努力学习教师教学方面的技巧，而其他的学业内容对自己的职业发展没有太大助益，因此投入的时间精力就少一些，我觉得这是没有考虑清楚"近和远"的关系。获得教师的教席只是你个人职业生涯的第一步，但要成为一名好老师，成为一个有"教育家精神"的好老师、成为一个承袭"西部红烛两代师表"精神的陕西师范大学培养的好老师，不能仅仅满足于当上职业教师。实际上要成为一名合格的职业教师，必须不断广泛涉猎新知识，开拓新领域，只掌握僵化的教学技巧和基础性的知识，你的教学必定是一潭死水，不会引起学生的兴趣和共鸣，你的教师生涯不会走得更远。问渠哪得清如许，为有源头活水来，我们的先贤朱子在近千年之前就给出了我们答案：广泛地涉猎和积累，你才能有更坚实的基础，从而获得更广阔的视野和更长远的发展。

大和小，我指的是个人"小我"和家国"大义"之间的关系问题。习近平总书记2014年五四青年节与北大师生座谈时说："现在在高校学习的大学生都是20岁左右，到2020年全面建成小康社会时，很多人还不到30岁；到21世纪中叶基本实现现代化时，很多人还不到60岁。也就是说，实现'两个一百年'奋斗目标,你们和千千万万青年将全过程参与。有信念、有梦想、有奋斗、有奉献的人生,才是有意义的人生。"[1]话语虽然朴素,却将这沉甸甸的实现"两个一百年"奋斗目标的接力棒传到了青年人的手里,掌握了知识、掌握了改变世界武器的青年人手中。我们的国家好比一棵大树,你们好比大树上的小树叶,小树叶努力吸收阳光雨露,大树才能根基稳固,生长壮大。大树生长壮大,小树叶才会获得更多的养分,更加茂盛,更有机会接触阳光,汲取更多能量。可见,"学习不学习不仅仅是自己的事情,本领大小也不仅仅是自己的事情,而是关乎党和国家事业发展的大事情"[2]。你们要将学习的目的、动力融入国家富强、民族振兴的伟业之中,去审思,去锚定,去"中流击水",无惧"浪遏飞舟"。

道和器,我是想让你们思考受教育的意义究竟是什么。我们常说"形而上者谓之道,形而下者谓之器",功利性学习,追求的实际就是"器",就是渴望以学习为器物、为手段,来获得现实的"实惠"。那"器"究竟是不是学习或者教育的最终目的?我觉得这只是目的之一,而且是最低级的目的。以学习获得谋生的手段,争取社会资源,这种需求,从马斯洛需求层次的角度来讲,是生存的需求,是最低级层面的需求,是一种缺陷需求。而人的一生最高的需求是"自我实现"的需求,这是一种增长性需求,这种需求意味着人有不断追求实现自己的能力或者潜能的倾向。而每个人作为一个独特的个体,实现能力和潜能的方式和形式是不同的,这也就意味着你无法从"器"的层面,从书本中具体的知识里去寻求自我实现的答案。那么自我实现的密匙究竟是什么?是受教育。教育是给予教育对象发展自己的能力的机会,人之所以受教育,不仅是为了学习知识,更是为了

---

[1] 习近平.青年要自觉践行社会主义核心价值观:在北京大学师生座谈会上的讲话[M].北京:人民出版社,2014:14.

[2] 习近平.习近平在中央党校建校80周年庆祝大会暨2013年春季学期开学典礼上的讲话[N].人民日报,2013-03-03(01).

完善人格和充实精神生活，这就是教育之"道"，是知识之上的智识，是终身发展的能力。要获得这种能力，我希望大家抛却庸俗学习观，像拔节孕穗的小麦苗一样，扎根学习，汲取各种养分。大家要"勤于学习、敏于求知，注重把所学知识内化于心，形成自己的见解，既要专攻博览，又要关心国家、关心人民，关心世界，学会担当社会责任"[①]。

最后，借总书记的一句话寄语大家："大学阶段，'恰同学少年，风华正茂'，有老师指点，有同学切磋，有浩瀚的书籍引路，可以心无旁骛求知问学。此时不努力，更待何时？"[②]

[①] 习近平.青年要自觉践行社会主义核心价值观：在北京大学师生座谈会上的讲话[M].北京：人民出版社,2014:10.

[②] 习近平.青年要自觉践行社会主义核心价值观：在北京大学师生座谈会上的讲话[M].北京：人民出版社,2014:10.

第七谈　大学，如何玩转社交

31. 如何才能克服"社恐"？

学生：我有一个困惑，就是由于害羞、自卑等原因，在与人交往时显得特别紧张，甚至会面红耳赤、语无伦次、词不达意。在人较多的公共场合或者集体活动中，我更是手足无措，心感恐慌，就是我们常说的"社恐"。网络时代信息爆炸，我很容易从各种平台上看到大量优秀朋辈的高光时刻，从而更加觉得自己碌碌无为。自我认知出现偏差，导致我更加不自信，更加不敢社交。我应该如何认识并克服"社恐"呢？

书记："社恐"一般是对社交活动、社交场合、社交联系、社交表现等感到害怕和恐惧，进而逃避的一种自我保护行为。带着"社恐"的标签有时比公开对抗人际交往更能获得安全感，可以缓解因社交引发的压力和精神焦虑，促进社交负面情绪的释放，但"社恐"的人一般在处理个人与他人、个人与集体、个人与社会的关系中都不积极，长此以往不利于个人成长和身心和谐发展。

马克思主义认为，人的本质是"一切社会关系的总和"，在社会关系中才能够形成人的本质，"人类社会的历史既是生产的历史，又是交往的历史，首先是生产的历史，而生产本身又是以个人彼此之间的交往为前提的"。当下社会环境给你们带来了很多机遇，但也带来了各种竞争与挑战。对你们来说，从进入学校开始，学习压力、社交压力等就已经出现并将以不同的形式长期存在，我们必须认识到人与人之间这种集体的交互、严密的交互是客观存在的，人在社会交往、社会关系中持续生产也是客观存在的事实，这是我们理解交往的重要性以及克服"社恐"的必要性的理论依据。

我们可以发现，"社恐"的人并不是完全断绝个人与外界的联系，而是在倾向于以独处这种形式让自己处于封闭的物理空间，以此回避周遭的打扰。随着科学技术和互联网的发展，一些人在网络上表现活跃，通过互联网构建个人的"社交圈"，也有部分人在自己创造的舒适圈中追求"慎独"，这些都不是完全意义上的"社恐"。在克服"社恐"前，我们需要认识到，遇到让自己自卑、紧张、恐慌的事情想要逃避都是正常的，但要尝试悦纳自己，不要给自己过高的期待或精神内耗。对于当前的你们来说，在交往交互中获得成长是非常重要的，要加强自己的思想淬炼、政治历练、实践锻炼、专业训练，在理论学习和多元实践中学有所获，不断充盈内心，收获成长与自信，提升社交能力，进而在人际交往中告别"社恐"，更加淡定从容。

32. 网络时代如何走出"不愿交往"的误区？

学生：我身边有的同学容易自我封闭，常常独来独往，缺乏与他人交往的愿望和兴趣，但是他们跟好朋友和认识的同学是能够正常交往交流的。身处互联网时代，在线上与人交往可能更轻松容易，因此部分同学存在可以线上沟通就绝不线下见面的情况，对此我常常思考，网络时代我们应该如何处理"不愿交往"这种行为，又该如何看待线上与线下交往、虚拟与真实交往的关系呢？

书记：在探讨网络时代如何走出"不愿交往"的误区前，我们需要关注当前一部分大学生"不愿交往"的原因。大学时期的社会交往是随着交往范围、交往形式、交往环境等的变化而不断扩大的，有的是"宿舍—班级—年级—学院—学校—社会"这种由小范围到大范围交往带来的扩大，有的是"线下—线上"交往方式带来的扩大。在这一过程中，网络时代诞生的"数字社交"增加了"不愿交往"的大学生开展交往的可能性，网络表情符号自带的社交功能和网络匿名属性为社交恐惧者带来了"社交补偿"，缓解了社交带给他们的焦虑和压力，让他们在网络中实现互动体验，减少了现实世界中交往困难带来的负面体验，强化了他们的社交行为，并使他们从互联网平台中获得情感支持，甚至展现出"擅长交往"的媒介形象。正是网络时代媒介形式的多样性增加了社交的舒适度，也反向引发"不愿交往"的大学生更加倾向于选择数字社交平台开展交往活动，不愿参加线下面对面的交往交互。他们享受着网络带来的交往便利，经营着信息获取、情感支持、自由表达等个人虚拟交往圈。

面对数字技术构建的虚拟世界，我们要清楚地认识到这对"不愿交往"的大学生在现实生活中的交往实践带来的影响。媒介化、数字化的交往方式迎合了青年大学生的需要，但"信息茧房"效应对大学生社交行为的消极影响也是客观存在的。因此我们要以辩证的眼光看待虚拟与现实的社交。虚拟空间和现实空间都是空间，虚拟空间的交往也是交往，但我们要看到现实空间的重要性，不能因过度享受虚拟交往的舒适而忽略客观世界真实生活的交往价值，更不能回避现实世界。

还需要特别注意的一点是，线上的虚拟交往与线下的真实交往作为不同的社交形式，它们之间既有共性又有差异性，面对面交往除了具备实现社交的基本目的外还具有特殊的社会功能，这样单一的功能是线上交往所不能替代的。真实世界的交往能够挖掘、传递更多的内容与反馈，这些内容和反馈可以通过眼神、表情、姿势等表现出来，为参与交往交互的主体带来更加强烈、真实的交往情感体验，注入更多正能量。在了解了不同形式交往的共性与差异后，我们更要避免线上线下交往的"割裂"，即使数字社交能够满足基本的交往需求，线下的见面与陪伴仍是不可或缺的。

对于"不愿交往"的学生，无论是线上还是线下交往，都要努力迈出第一步，并辩证地掌握好真实与虚拟交往之间的平衡。从理论层面看，人和动物的区别在哪里呢？马克思将交往与生产实践紧密联系在一起，人们把社会交往建立在生产实践基础之上，这是动物交往所不具备的。在现实世界中，一切社会交往行为都是人们改造客观世界的对象化活动。社会的发展也是随着生产力和交往的发展而不断发展变化的。因此，作为新时代青年，要在网络时代努力走出"不愿交往"的误区，以积极的交往交互、蓬勃的精神状态和良好的综合素质面对时代"大考"。

33. 网络时代的社交怎样才能更从容？

学生：在学生时代，我们常不可避免地因为不善于良好有效沟通而与同学、朋友、老师、家长产生冲突和矛盾。有时候，我会因为一些无关紧要的小事情和他人争吵，导致双方关系紧张。有时候我会感到紧张和拘谨，不知道如何打开话题、融入群体。如何妥善处理这些矛盾，维护和谐的人际关系，是我经常感到困惑的问题。我希望能够依托网络时代的平台资源，学会更好地和人沟通，理解他人，化解矛盾，保持良好的人际关系，让自己在人际交往中更加自信、从容。

书记：在探讨从容自信地对待社会交往之前，我们需要先了解社交过程中的冲突矛盾。矛盾意味着"对立"的关系，在马克思对社会的分析中，他提出，"一切历史冲突都根源于生产力和交往形式之间的矛盾"。毛泽东同志在《矛盾论》中对矛盾进行了系统阐释，其中包含了一个概念，就是矛盾的转化问题，我们可以把它应用于处理人际交往的矛盾当中。每个人与社交对象的关系也是矛盾的存在，要想保持良好的人际关系，形形色色的交往问题是亟待妥善处理且不能回避的，我们要努力抓住产生这些问题的关键，用理性的思维与宽广的胸怀理解和对待它们，妥善化解它们，实现对立面的转化，从而促进良好社会交往的发展，维护人际关系的和谐。

想要从容地处理人际交往，我们必须关注到每个人本身。马克思对人性的认识既包括共性也包括个性，成长环境、社会关系、生产方式等的不同决定了人和人之间存在差异，基于这个原因，每个人的思考方式、生活交往方式也是不同的。我们需要寻找人际关系中共性与个性的统一，充分意识到我们不能要求他人与自己完全相同，学会尊重彼此的个性差异，在网络社交和现实社交中都以包容的态度接纳和对待每个人，这样就能更好地融入一个群体，社交问题也就有了迎刃而解的可能性。

从现实经验来看，交往距离在社交中是客观存在的，想要建立良好的人际关系就要正确认识交往的距离问题。人与人的交往不是无限亲密的，不难发现，基于人和人之间思想认识、接受能力、行为习惯等的差异，人们在日常社交中都会保持一定的距离"底线"。但这种交往的距离感不是排斥性的而是吸引式的，人们可以通过把控距离来保持人际交往的平衡。比如，在家里，和父母亲人沟通交流时，有些话可以说，有些话却不会说；在学校里，和关系好的朋友会缩短交往距离，说"悄悄话""知心话"等等，而对于不熟悉的同学则不会采取相同的交往方式。所以你们在社交中要正确判断与他人的交往距离并选择合适的交往方式和交往行为，同时还要根据交往距离的变化不断进行调整，以减少或避免冲突、矛盾的发生。

从更高站位的视角来看，党的十八大以来，习近平总书记从人类共同命运和整体利益出发，提出了构建人类命运共同体的重大理念。全球视野下的人类命运共同体理念映射出了"真、善、美"辩证统一的价值诉求。大学生之间的交往也蕴含了人类命运共同体的逻辑内涵，那就是作为社交主体的大学生与客观世界之间的统一性。同时，社交确实伴随着各式各样的问题，有时需要寻求一种良好的沟通方式去解决，并逐渐在化解问题的过程中获得良好的人际关系，而通过人际交往获得成长和发展也是在大学里进行社交的重要目的之一，这个目的也常常与"和谐""幸福"紧密关联。因此，无论是线上还是线下的社交，都需要关注和解决求真、向善、尚美的辩证统一问题。"真"就要求大家保持本真，做厚道人，真诚待人；"善"就要求大家存善心善意、与人为善，做人做事完善；"美"就要求大家以对美好未来的向往推动营造和谐的人际关系，更好地融入社会，在社会交往中自信且从容地描绘个人成长发展的美好蓝图。

34. 如何建立健康的人际交往心理品质？

学生：在与同学相处的过程中，我有时会因为一些小事情而情绪波动，导致与同学之间关系紧张。例如，当听到同学们议论自己时，我往往会感到不舒服和焦虑。我希望能够学会更好地管理自己的情绪，避免因为情绪问题而影响人际关系。那么，面对多种社会交往关系时，应该怎样建立健康的心理防御机制，有效地缓解压力，维护自己的心理健康呢？

书记：人是社会性动物，正如马克思所言："人的本质不是单个人所固有的抽象物，在其现实性上，它是一切社会关系的总和"。你们是"00后"大学生，都是在新时代下良好的社会环境和家庭环境中渐渐成长起来的，进入大学之后，面临着新的环境、新的社群。初步接触社会关系的你们，思想、行为还在逐渐成熟和定型中，自我调节和自我控制能力还不是很强，如何树立正确的人际交往观念、如何做好人际交往中的心理调适，便成为一个重要问题。大学生的人际交往能力与心理健康是不可分割的，良好的心理状态能够促进人际交往能力的提高，糟糕的人际关系对你们的心理健康会有很多负面影响。

当前一些大学生由于无法掌握有效处理人际交往问题的方法，缺乏交往技巧，经常出现沟通不畅、交流失败的问题。比如有的同学无法克服自己的狭隘心理和唯我心理，害怕别人无法共情自己而不与人敞开心扉真诚交往，容易猜忌别人，敏感而易怒，深藏于内心的负面情绪经过长时间的酝酿，最后会以歪曲的形态爆发出来，表现为不愉快、敌视等；再比如有些同学虽然没有心理上的交往障碍，但由于个人成长背景、价值观的差异，而无法正确理解和感知他人的情绪，或是无法通过正确的途径将自己的情感传递给他人，而导致沟通不畅，由此引发焦虑、抑郁等心理问题。

人际交往能力是大学生社交能力的重要组成部分，健康的人际交往心理品质需要从心理机制、主体认知、行为意识、交往技巧等方面进行培养。

一是要提高心理素质，培养正确交往心态。人与人之间的交往，是思想、能力、知识及心理的整体作用，哪一方面的欠缺都会影响人际关系的质量，所以保持良好的心理状态在人际交往中非常重要，要多学习人际交往心理相关知识，接纳人际关系的不完美，把握住生活的主要节奏，善于发现导致交往困境的心理因素。当交往心理失常，导致人际交往出现问题时，要通过查阅相关的学科知识，运用科学方法来调整心态，敢于直面矛盾，理性处理问题，尽快摆脱交往困境，比如，可以主动向辅导员、老师、朋辈等寻求帮助，或者向大学生心理健康指导中心寻求心理疏导。

二是要理性看待事物，提升为人处世格局。形成以友善和互助为导向的关系是形成其他一切良好道德交往关系的基础，所以要以平等、友善、真诚的道德原则对待一切人际交往行为。每一个人的生活经历、思维模式、心理特点、处事方式都不尽相同，所以在日常交往中难免会遇到会产生一些矛盾，甚至发生一些争论。在不违背原则的前提下，要尽量以宽广的胸怀去接受不同的声音，以平和的心态去包容别人的过错，善于站在他人的角度思考问题，尝试从其他人的角度去看待问题，尊重其他人的人格和价值观。

三是要善用交际技巧，融入实践互助环境。心理学家们发现，以帮助或相互帮助开端的人际关系，不仅容易建立良好的第一印象，而且可以迅速缩短人与人之间的心理距离，使良好的人际关系迅速建立起来。你们可以定期参加学校、学院、班级的社会实践活动或者志愿服务工作，学会在实践活动中发现他人身上的闪光点，促进与他人之间的沟通和交流，在交往中感受自己价值的同时，也让别人感受到自己的价值。

四是要增强情感沟通，保持人际交往舒适度。要想确保交往的有效性、舒畅性和长期性，就要提高交往情感的捕捉能力，尽量在掌握对方的性格特点和心理状态的基础上展开交往，同时根据具体情境来调整自己的情绪，使得自身情感和行为收到比较理想的交往效果。

每个人都有内心的情感需要，大家可以通过交往发展健全自我意识，形成健康个性，交往双方可以发现彼此的优点与缺点，并相互学习和改进，全面地认识自己和发展自己，从而促进健康的人际交往心理品质的建立。

35. 如何平衡学习与社交的关系？

学生：作为学生，我们在大学里的主要任务就是学习，但是，社交也是我们成长中不可或缺的一部分，因此我常常感到困惑的是如何平衡学习与社交的关系。如果过度投入社交活动，可能会影响学习；如果太过专注于学习，又可能会错失社交和与人建立良好关系的机会。因此，我希望能够找到一个平衡点，让自己既能够保持良好的学习成绩，又能够发展健康的社交关系，我应该怎么做呢？

书记：解决如何平衡学习与社交的困惑，我想我们首先应该明确社会交往的必要性和重要性，再去辩证统一地看待学习与社交相互区别的一面和相互联系的一面，将二者有机统一起来，实现和谐发展。

关于社会交往的必要性问题，马克思运用辩证唯物主义和历史唯物主义的立场、观点、方法指出，"人的本质不是单个人所固有的抽象物，在其现实性上，它是一切社会关系的总和"。在此基础上，马克思提出人要生存就必须进行物质生产活动，而要进行物质生产活动，就必须结成一定的生产关系。生产不会是一个人去进行的生产，即便是鲁滨逊独自一人在野外求生，也是用前期在社会中通过社会交往学习到的生存技能和知识经验来实现的。所以人不交往不行，没有一个人是孤立的。关于社会交往的重要性问题，我认为大学时期，想实现真正的成长，社会交往极其重要。人类社会能发展到今天，得益于严密的分工，因为一个人的力量太过渺小。例如，世界史是各民族、国家通过开拓商路、航海实现普遍交往，打破孤立隔绝的状态，进入相互依存、相互联系的世界整体化状态的历史，其在普遍交往前的历史不是世界的历史，只是局部地区的历史；比如，学科发展需要学科之间的交往，绝不能闭门造车，竖起专业壁垒，如果没有进化论，也不会出现对神学的否定和近代哲学的发展，没有化学的突破也不会有生命科学的繁荣，各学科是相互联系、相互促进的；再比如，很多同学毕业后要走上讲台，成为一名人民教师，要和不同的学生、家长、同事深度交往，如果我们不重视社交能力的培养，只重视知识的学习，工作之后讲不出来、不会讲，讲出来学生和家长听不进去，也很难成为优秀的教师和教育家。所以大家想要实现成长进步，就必须重视社会交往，认识到社会交往的必要性和重要性会帮助我们明确社交的方向，树立积极的社交心态，有助于我们找到学习与社交的平衡点。

大家通过社会交往可以拓展人际关系，实现学业进步和个人成长，也能满足情感需求。而通过学习，大家可以获取知识、提高素质能力以实现更好的生存和发展，也为自己未来的幸福生活打下基础。学习的过程也是进行社会交往的过程。想平衡学习与社交的关系，说明你发现了二者之间的对立。比如，比较频繁地和朋友一起逛街、吃饭，每次可能至少要花五个小时，人生有多少个五小时？如果过度投入这样的社交活动，那必然会挤占学习时间，耽误学业。再者，若加入的是不健康的社交圈子，其行为和价值观可能对大家产生负面影响，所以你所困惑的学习与社交难以平衡的问题实际上是学习与不良社交、无效社交之间的矛盾。如果克服了这个矛盾,就是把对立转化成了统一,实现了发展。

  总而言之,我们可以借助学习和社交,用实践不断积累经验去提高对人际交往的认识、提升自己的能力,怀着真善美与人相处,同时坚定自身理想信念,在大学这个阶段确立远大的人生目标、制订详细的大学规划、保持执着的前进定力,很多细小的人际问题就会迎刃而解。总之,学习和社交一体两面,不仅是大学生要思考和处理的问题,也值得所有人辩证地去思考其关系。

第八谈　大学，如何面对网络生活

36. 如何看待网络热点、网络话题？

学生：科技发展日新月异，网络为我们了解不断变化和发展的世界提供了便利。各种社交平台的发展，使某一个事件"火"起来的时间越来越短，继而成为"热搜"，我的一些朋友、同学也热衷于对事件进行转发或评论。但是一些"热点"事件往往会一次又一次地反转，让我无法辨别在网络上看到的信息的真假，也不知道像朋友和同学那样发表自己看法的行为是否正确，那以后我看到这种热点话题应该如何对待呢？

书记：你问的这个问题具有普遍意义。近年来，随着全媒体的不断发展，新兴网络媒体的广泛应用，作为互联网原住民的青年学生群体也多通过网络媒体平台了解时事热点、实现话语表达、进行社会交往，但与此同时，青年学生在媒介文化消费和媒介信息生产中也暴露出诸多问题，在面对全媒体时代海量、多元的媒介信息时，存在选择能力、理解能力、思辨能力、创造能力不足等现象。青年学生是互联网阵地的最大基数，而青年学生又有一个共同性特征，那就是世界观、人生观、价值观尚未完全形成。你们看待问题时，常常是无法很好地兼顾感性和理性，容易被舆论"牵"着走，也就是你们年轻人现在所说的"被带节奏"。

对于如何对待社会热点话题这个问题，不能只看表面，要追根溯源地了解社会热点为什么会出现。找到了社会热点出现的原因，也就找到了症结所在：社会热点的出现，实际上是社会心态集体倾向的一种表现。你们学习了马克思主义基本原理，一定理解社会存在决定社会意识，同样，社会热点的产生也是基于社会具体实践的。社会的大环境是固定的，在这样的社会环境中产生的一些普遍的、有共性的问题，就成了大家关注的社会热点。价值观念在社会心态体系中占据着轴心地位，人与人之间社会心态的差异性实质上也表现出了其价值观的差异性。不同年龄、阶级、职业、性别的人会产生不同的社会心态和认知倾向。对青年学生而言，一方面，由于他们涉世未深，对一切都充满好奇，所以更倾向于"猎奇"，而这就存在潜在的风险——负面言论和无序言论，比如一些具有争议性和辩论性质的信息更容易引起青年学生的兴趣。另一方面，与青年学生群体自身相关的社会问题，比如涉及青年学生的教育方面、生活方面、情感方面、消费方面等的话题也容易引起他们的兴趣。

基于此，当前青年学生的社会心态也呈现出一系列表象：迷惘、社会责任意识"理想化"、政治"空想"、逆反、消费攀比等。这从另一个层面表明：未来的迷茫、就业的焦虑、社会角色的扮演等都有可能成为青年学生倾向关注的社会热点。

现在我们已经抓住了症结，了解了"病情"，就需要开准"药方"。你们常说信息时代，流量为王。那你们知不知道"流量为王"的背后是什么？当今时代，有些流量的背后是资本的运作，一些自媒体从业者的职业素养是有待考量的，他们在功利性导向下，拼凑捏造信息，为了"博眼球"造谣传谣，把互联网搅成一摊浑水。那作为新时代的青年人，如何才能在这样的网络环境中"出淤泥而不染"？《申鉴》中说，"不受虚言、不听浮术、不采华名、不兴伪事"，以此为鉴，我对你们提出几点要求：

首先，冷静旁观，独立思考，辨别真伪。网络热点、网络话题往往伴随着大量的信息和观点，其中不乏情绪化和极端化的表达。在面对这些信息时，希望你们能保持冷静，不要让感性碾压了理性。网络上的信息繁杂，真假难辨，你们需要学会辨别信息的来源和可信度，避免被虚假信息、错误信息误导。在进行判断时，可以通过查阅权威媒体、官方渠道的信息或交叉验证来确认信息的真实性。党和政府主办的媒体是党和人民的媒体，是党和人民的喉舌，是党和政府的宣传阵地，其信息是真实的、全面的、客观的。在网络世界中，青年学生很容易被他人的观点左右，甚至产生盲从心理，你们应该保持独立思考的能力，根据自己的判断和理解形成自己的观点，抵制网络民粹主义等不良社会思潮。

其次，尊重他人，避免冲突，参与有益讨论。网络作为开放平台，每个人都可以在法律规范内实现言论自由，我们要包容、尊重他人观点，允许不同的声音存在。但与此同时，在参与网络讨论时，应该积极参与有益的讨论，发表建设性的观点和意见。总而言之，通过接触网络媒介掌握信息、进行社会交往，应树立网络伦理道德观与信息安全意识，做网络媒介理性的接触者和使用者，促进网络社会和谐发展。

最后，顾全大局，关注影响，谨慎发声。在不确定事情真伪时，面对争议，应多一分冷静，尊重事实、理性思考，做网络信息时代的理性公民，切勿盲从与情绪化表达。面对舆情反转、网络暴力时，我希望你们谨言慎行，注意防范过度娱乐化信息、谣言流言等对自己的影响，适度使用网络媒介，提升自己的网络媒介素养。

37. 人工智能对学习、工作带来了哪些利弊？

学生：各种辅助学习的应用程序涌现，一开始，我只是想通过它们解决自己日常没有深入了解、难以解答的问题，但是随着对应用程序的熟悉和掌握，我变得十分依赖它们，哪怕一些很小的问题也不愿再花时间去思考，而只想求助人工智能快速得到答案。不管是学英语、解数学题、汇报展示，我现在总想依赖 AI。老师，我应该怎么办？

书记：随着人工智能不断迭代发展，整个世界发生了前所未有的变革。它的发展给人类的学习、工作、生活带来了许多便利，需要人类亲自做的事情似乎在逐渐减少。但随着人工智能深入发展，其带来的弊端也慢慢浮出水面。那以什么态度对待人工智能？是包容迎接，还是控制规避？你们生活在技术快速发展的时代，可以说是伴随着人工智能的发展成长起来的。你们享受着人工智能带来的便利，也被技术的发展挟持。你们如何正确看待和对待人工智能意义重大。

空泛地说人工智能的概念有些晦涩，那就举一个你们都熟知的例子为切入点展开讲。ChatGPT最大限度地整合和利用了已有的数字资源，为你们的学习提供了很大帮助，但是你们有没有思考它的出现会给你们带来怎么样的影响？我们现在一起来思考一下：首先，ChatGPT的语言模型的迭代背后是强大的算法支撑，具备万物互联的开放性特征。因此它可以大大拓宽你们的视野，加深你们的直观感受，从而促使你们创新思维的发展。其次，ChatGPT作为一种以交互对话为主的AI产品，让你们从搜索式学习转向对话式学习，它回答过程会再一次引发你们的思考，从而在人机交互过程中增强你们学习的能动性。最后，ChatGPT具有持续关注用户需求的特征，能为你们提供个性化的帮助。简单地说，就是它根据你们提出的不同问题，它对你进行精准分析、个性化诊断，在摸清你的水平和层次后，更精准地帮助你制订学习计划。这些都是你们现在享受到的ChatGPT带给你们的便利。但是马克思主义讲，看问题要坚持辩证法，一分为二、全面地看。在使用ChatGPT的同时要居安思危、防微杜渐，研判它潜在的风险。一方面，ChatGPT的使用已经使得你们依赖"智能"，自主性消减，遇到需要思考的问题时浅尝辄止，根本不想深究，更不要说刨根问底，对于它给出的答案也是既不思考也不在乎过程，也就是说只在乎间接经验的习得，不想参与社会实践得出直接经验。另一方面，ChatGPT可能导致算法黑箱与知识盲区的产生，因为它的数据主要基于已有的网络文本数据，存在时效性不足和信息不准确的风险，也有可能存在事实性的错误，如果你们完全依赖算法，不勤于思考，最终就可能会被错误的信息误导。

刚刚以 ChatGPT 为例分析了人工智能对你们学习的影响。如果只是把这些人工智能软件、设备作为辅助的工具，那总的来说是有益的，但是一旦产生深度依赖，就会产生弊端。除了学习之外，人工智能对我们的生活也产生了重大影响。一方面，智能家居、智能家电纷纷涌现，回到家只需要呼唤一声，就可以让智能设备解决一部分的家务；无人驾驶技术的出现，节省了人力，也能缓解驾驶员的疲劳；医疗上，人们将精度和准度控制在最小误差范围内可能需要练习 10 年、20 年甚至更久的时间，并且在每次的具体实施中都可能会受到外界干扰或自身因素的影响，但人工智能可以在数值给定的情况下以极小的误差完成手术，比如当前的视力矫正手术。但是另一方面，人工智能的发展会挤压一部分人的就业空间。虽然当前大部分人工智能做的只是一些简单、机械、重复性的生产性工作，但是已经使一些没有过高专业技术能力和知识水平的人失去了工作。随着新技术的发展，将来人工智能能完成更多更为复杂的工作，那时的就业环境会更令人担忧。

2023 年 9 月，习近平总书记在黑龙江考察时强调："整合科技创新资源，引领发展战略性新兴产业和未来产业，加快形成新质生产力。"那你们有没有思考过如何让人工智能赋能新质生产力，以"智"赋"质"，以"质"增"智"？人工智能是新质生产力重要的驱动力，只有加快发展新一代人工智能，才能抓住数字经济时代新机遇，加快形成新质生产力。你们作为未来数字时代、智能时代的主力军，必须要在正确认识人工智能的基础上深入琢磨和思考如何让人工智能成为新质生产力的引擎。同时，为了实现自身自由而全面的发展，要正确、辩证地看待人工智能的发展与应用，消除人们对人工智能的过度依赖。一方面，要增强自身的主体意识。在使用人工智能的过程中要牢记人工智能不是全能的，它只有在你的掌控之下才能发挥它应有的作用，明确人工智能的本质是一种由人类发明的科学技术，从而对人工智能形成正确的判断和认识。另一方面，要合理适度地使用人工智能。大家在尝到人工智能带来便利的甜头之后，慢慢地会对其产生依赖，这是人们的惰性导致的，放任这种惰性就会越来越依赖人工智能，而自己"懒得"去思考、探索。因此对于人工智能的使用一定要适度，避免自己成为科技发展的附庸。

38. 新时代青年人该有什么样的网络素养？

学生：网络时代，信息传播和发展的速度特别快，但也成了某些人制造恐慌和获得流量的"入口"。我们青年人作为网络的使用者、信息的传递者，应该如何对待这些真假难辨的信息呢？为了避免成为谣言的传递者，我们应该具备什么样的网络素养呢？

书记：你们这些"Z世代"青年作为互联网的原住民、网络新媒体使用的重要群体，思维活跃，学习能力强，也易被感染，加之又处于世界观、人生观、价值观形成的关键时期，很容易不自觉地掉进一些网络陷阱。当前，大家正处于各种网络媒介迅速发展壮大的社会环境中，网络媒介不仅成为大家生活中不可分割的一部分，同时也建构了大家对于所处社会、时代的认知。你们作为互联网最大群体，既影响网络又被网络影响。

自20世纪90年代以来，全球网络信息技术迅猛发展，深刻改变了人们原有的生活方式。青年一代作为"网络原住民"，在体会网络带来的便利的同时，也有被技术奴役的风险。新时代青年人该有什么样的网络素养这一问题，具有时代性和现实性。网络作为一种媒介，连接着人类的组织、群体、文化，极大地延伸了人类发展的时空界域，创造出现实世界基础上的虚拟世界。网络虚拟世界作为现实世界的一种特殊表现形式，具有交互性、虚拟化、数字化的特点。而当前很多青年学生容易混淆现实世界与虚拟世界，从而出现一些问题：首先是信息碎片化导致认知困难，自媒体的发展打破了传统媒介在信息发布的垄断地位，信息被各种平台、媒介撕得粉碎，因此，网民获取到的信息就呈现出碎片化的特点；其次是泛娱乐化导致情感价值缺失，泛娱乐化所呈现的主体泛化、时空泛化、方式泛化，恰好给了一些人以精神慰藉，价值在泛娱乐过程中被歪曲、调侃、解构，从而走向虚无化；最后是内容同质化导致审美困境。这点你们应该深有感触，傻瓜式一键生成的视频模板，导致了"病毒式"的跟风生产，你看到的内容换汤不换药，没有新意。

互联网发展到现在，已经进入了一个新的阶段。这一阶段的互联网传播速度更快了。马克思曾说，科学技术是人类社会发展历史上"起推动作用的、革命的力量"，互联网凭借技术优势尤其是 5G 网络，极大地提升了信息传播的效率。这一阶段的网络空间的交互性也更强了。交流的便利伴随着潜在的安全风险，人工智能的快速发展，各种 AI 应用的出现，给你们的学习生活带来了帮助的同时，也助长了"懒惰"之风。当下，不思考就借助人工智能技术得到答案是你们存在的很大的问题。

整个社会都在倡导"做合格的网民"，合格的网民就要有合格的网络素养。那什么是网络素养？简单来说就是从网络上获取信息并且加以运用的能力。它分为工具层级、识别层级、参与层级、协作层级等等。而你们作为大学生，就要达到最高层级，也就是要做到熟练使用互联网，在虚拟世界和现实世界的交互中利用互联网解决复杂的现实问题。具体来说，你们需要具备政治网络素养、法治网络素养、德治网络素养、智治网络素养。政治网络素养是根本，《中长期青年发展规划（2016-2025 年）》特别强调，"把互联网作为开展青年思想教育的重要阵地"，习近平总书记也指出，"做好党的新闻舆论工作，要始终把政治方向摆在第一位，坚持党性原则，坚持党管宣传、党管意识形态、党管媒体"。网络空间信息繁荣复杂，各种意识形态输出层出不穷，所以你们一定要坚守政治立场，把准政治方向，切忌被"带了节奏"。法治网络素养是保障，你们一定要树立网络法治意识，依法上网、文明上网、健康上网。德治网络素养是前提，教育里强调"立德树人"，是因为认知是行为的基础，价值取向决定价值选择，在包括网络虚拟空间在内的任何空间，都要突出德行的作用。智治网络素养是导向，你们要提升新媒体技能，通过各类平台，以更加科学化、系统化的方式正确认识网络、规范使用网络，具备认知素养，要明了"流量至上"的错误价值导向下，大家都会裹挟于"信息茧房"之中，资本逐利基础之上的网络"发声"可能具有功利导向性质，要增强系统观念，独立思考，培养批判性思维。

针对网络内容建设管理，习近平总书记多次强调："正能量是总要求，管得住是硬道理，用得好是真本事。"提高网络素养，更好地认识、参与、使用网络媒介，对自身理性认识和行为规范都具有重要影响。在网络媒体发展日新月异的时代，大家要不断提升自身对网络信息的核实查证、理性辨别、理解阐释能力，避免掉入网络民粹主义、历史虚无主义等陷阱中，做到正确认识网络、理解网络、善用网络、理性上网、高效用网、依法上网。

39. 想当"网红"有错吗？

学生：最近网络上一个热度很高的视频，让我陷入了思考。视频内容是老师问小朋友们长大后想从事的职业，有人回答："我想成为老师，教书育人。"有人回答："我想成为医生，救死扶伤。"有人回答："我想成为军人，保家卫国。"但是当一个小女孩回答说"我想成为'网红'"时，全班哄堂大笑，小女孩难堪又不知所措地低下了头。老师，现在人人都可以是"自媒体"，人人都可以在网络平台记录和分享生活，人人都有成为"网红"的可能，那么想当"网红"有错吗？

书记：你的这个问题让我想到了全世界无产阶级和劳动人民的革命导师——马克思，他在1835年中学毕业时发表的毕业论文《青年在选择职业时的考虑》中提到了择业的问题。那我们就以这篇经典著作为切入口来分析这个问题。在马克思的毕业论文中，他一口气问了四个问题："所选择的职业是不是真正使我们受到鼓舞？""我们的内心是不是同意？""我们受到的鼓舞是不是一种迷误？""我们认为是神的召唤的东西是不是一种自欺？"这些问题从表面上看都很好回答，只需要肯定或否定就可以了。但它们最后会落脚到一个本质性、根源性的问题上："不找出鼓舞的本源本身，我们怎么能认清这些呢？"这就是我们今天首先要谈到的问题，你为何受鼓舞，本源何在？

首先我们结合马克思的文章分析一下你提到的情况。对于小孩子来说，包括你们儿时可能也一样，看一些职业是有光环的，会天然地认为某种职业是比较高尚的，比如教师、军人、医生等等。那为什么会有这样的认知呢？有两种可能。我们借用马克思文章中的内容来分析：第一种是有虚荣心和对职业的美好幻想。在社会环境、家庭氛围的影响下，孩子会对一些特定职业产生钦慕的心理，但并不明白职业背后的奉献本质才是其受到尊敬的根本原因，只是在盲从心理驱使下认为这种职业是伟大的。正如马克思在文中讲到的："我们自己也会用幻想把这种职业美化，把它美化成人生所能提供的至高无上的东西。我们没有仔细分析它，没有衡量它的全部分量，即它让我们承担的重大责任。我们只是从远处观察它，然而从远处观察是靠不住的。"除此之外，大家在现实生活的实践中会感受到这些职业是伟大的、从事这些职业的人的社会地位是较高的，"伟大的东西是光辉的，光辉则引起虚荣心，而虚荣心容易给人鼓舞或者是一种我们觉得是鼓舞的东西"。第二种是对具有牺牲和奉献性质职业的尊敬。以此为目标导向，抓住职业背后的奉献本质，才是可取的。正如马克思在文中提到的:"在选择职业时,我们应该遵循的主要指针是人类的幸福和我们自身的完美……人们只有为同时代人的完美、为他们的幸福而工作,才能使自己也过得完美。"

接下来,我们来分析一下"网红"这一职业选择是否可取。每一个时代都有每一个时代的特征,不同时代也有不同时代的行业"风口"。万物互联的网络时代催生了网络经济和"网红"经济,产生了新的就业岗位和职业选择。对于敢于选择新事物、新行业的同学,我是十分鼓励的,但是对于你们选择职业的初心,我想再强调几点。你们是独立的个体,是有思想、有创造力的生力军,就像毛主席说的:"世界是你们的,也是我们的,但归根结底是你们的。你们青年人朝气蓬勃,正在兴旺时期,好像早晨八九点钟的太阳。希望寄托在你们身上"。职业选择涉及价值判断和价值选择,我希望你们能在择业时做出正确的判断和选择,坚持自我价值与社会价值相统一、物质价值与精神价值相统一。想成为"网红"并没有错,关键在于你想要成为什么样的"网红":是想要通过网络获得可观的经济收益,是因为虚荣心作祟希望在网络上得到他人对你的肯定和赞美,还是想要发挥榜样作用,引领网络正能量,通过自身行为引导网络上更多的人爱党爱国爱社会主义,积极参与慈善救助、生态保护等公益事业?我们学校就有一些学生利用自己的专业优势,在网络平台上无偿提供知识科普和习题讲解服务,这为教育相对落后的地区提供了便利,这样的正能量"网红"我是认可的。用辩证的思维来看待,如果你想成为一个积极、正能量的"网红",那一定是没有错的;但如果你只是为了流量、利益或虚荣心理,这样的职业选择便是错误的。

最后,我希望你们都能树立正确的择业观。职业没有高低贵贱之分,要选择自己想要为之努力奋斗,并且对国家社会发展有积极贡献的职业。正如马克思所言,"如果我们选择了最能为人类福利而劳动的职业,那么,重担就不能把我们压倒，因为这是为大家而献身；那时我们所感到的就不是可怜的、有限的、自私的乐趣，我们的幸福将属于千百万人，我们的事业将默默地，但是永恒发挥作用地存在下去，而面对我们的骨灰，高尚的人们将洒下热泪"。

第九谈　大学，如何做好自我调适

40. 如何找到最好的心理状态？

　　学生：我在入学之后心理状态总是不稳定。一方面是经过高中三年的努力，终于考到了我理想中的大学——陕西师范大学，我的喜悦和激动从录取的那一刻起一直持续到现在。但是另一方面，来到这儿以后，发现优秀的人太多了，我有一种沧海一粟的渺小感和相形见绌的自卑感，每当遇到一些之前未曾遇到过的困难就容易陷入自我怀疑中。老师，请问我该如何对待这种心理起伏并调整到最佳的心理状态呢？

　　书记：从你的描述里，可以发现你的心理变化是由外界环境的变动和变化引起的，而人作为知情意统一的整体，拥有这种情绪的变化是正常的，不必因为情绪起伏和心理波动感到过分焦虑。你产生焦虑的原因是过分关注外界变化，过分看重感性认识带来的负面情绪，而缺乏了理性的分析。录取后的激动、遇到难题时下意识的不自信都是感性认识，而感性认识是认识的初级阶段，它以事物的现象即外部联系为内容，还没有深入到对事物本质的认识，因此具有不深刻的局限性。你需要理性地、系统地、辩证地看待自身，对自己做出合理的评价，形成科学的理性认识。你认真努力学习并最终进入理想的大学，说明你是一个目标明确、持之以恒、努力上进的学生；你遇见比你更优秀的人会反思自身存在哪些问题，说明你是一个善于内省的学生。我们常说要坚持问题导向，你在"吾日三省吾身"后明确自己的问题导向，这会使你取得长足的进步和发展。

那既然情绪波动和心理变化都是正常的，为什么我们还要调整到最好的心理状态？这是因为向好的心理变化对于学习和工作的顺利开展有着积极的作用。马克思主义唯物论认为意识对物质具有反作用，也就是意识的能动作用。意识活动具有目的性和计划性、创造性，能够指导实践改造客观世界以及调控人的行为和生理活动。在找到最好的心理状态的问题上，要着重从第二个方面，也就是意识能够改造客观世界以及调控人的行为和生理活动方面来理解。在这里我们先借用黑格尔的一句名言来理解这个问题："我们可以断言，没有激情，任何伟大的事业都不能完成。"据此可以看出，积极的心理状态对于事业发展具有正面的推动作用。

我们从国家发展的宏观层面来看，习近平总书记指出，"中华民族迎来了从站起来、富起来到强起来的伟大飞跃，实现中华民族伟大复兴进入了不可逆转的历史进程"[1]"我们比历史上任何时期都更接近中华民族伟大复兴的目标，比历史上任何时期都更有信心、有能力实现这个目标"[2]。"不可逆转""有信心、有能力实现"都充分说明积极向上的精神对于推动事业发展的有利作用，昂扬向上的志气、骨气、底气必将为伟大复兴注入前进动力。

现在我们再从国家层面回到个人层面。健康良好、积极向上的心理状态对于大家的学习、生活有帮助，能更好地指导大家的学习、工作、生活。但是年轻人们总是容易浮躁，要么是怎么努力也找不到最好的心理状态，要么就是找到了但难以保持。古人说，"心浮则气必躁，气躁则神难

---

[1] 习近平.在庆祝中国共产党成立100周年大会上的讲话[M].北京：人民出版社,2021:7.

[2] 习近平.在纪念孙中山先生诞辰150周年大会上的讲话[M].北京：人民出版社,2016:4.

凝",一旦浮躁起来,学习也静不下心,工作也沉不住气。那如何解决浮躁的问题,少一些负面情绪和心理压力?我们可以从古人那里汲取智慧。《大学》里讲:"知止而后有定,定而后能静,静而后能安,安而后能虑,虑而后能得。"焦虑的对立面是"静",躁动的对立面是"安",要找到良好的心理状态,就要从"知止"开始。那什么是"知止"呢?"止"就是目标,"知止"就是明确目标或者设立目标,只有这样才能志向坚定;志向坚定才能心如止水、波澜不惊,才能做到"静";静心才能心安,才能安稳而不焦虑;当心安时,遇事才能进行周详的考虑;有周密的考虑才能够有所得所获。因此,找到良好的心理状态,必须要有正确的目标做前行指引、做心理支撑。

除了设立目标、明确方向之外,找到最好的心理状态还需要重塑自我认知,这是一个深入且复杂的过程,可以通过内在和外在两个方面进行。内在途径主要是自我反思,外在途径主要是接受反馈。古语常说,"见贤思齐焉,见不贤而内自省也",自我反思和总结是肯定自我和提升自我的重要途径。内耗和焦虑来源于对自我和现状的不满,而将这种不满转化为对现状问题的解决就可以消除内耗。因此,定期进行自我反思,回顾自己的思想、情感和行为,思考自己的优点、缺点、成败,消除消极信念是很重要的。但是,自我认知有时候也存在盲区,需要借助外界的帮助。比如,面对黄炎培"历史周期率",毛泽东给出了第一个答案——"人民监督",说明了外在反馈的重要性;七十多年后,习近平总书记给出了第二个答案,即"自我革命",就是前面提到的内省。

人是生活在具体的社会当中的,而"人"之所以是"人",就在于我们的社会性。现实的人的本质是一切社会关系的总和,我们承担着不同的社会角色,既是父母的孩子,也是老师的学生,任何人都无法脱离社会关系而存在。因此我们在找寻最好的心理状态时,需要寻求社会支持。社会其他角色的认可和支持,对于个人情绪和心理状态的调整很有帮助,与朋友、家人的及时、有效的沟通,可以帮助我们快速调整到最佳的心理状态。

41. 怎么才能杜绝自我羞耻感的产生？

学生：相比高中每天紧凑又紧张的学习，进入大学后我有了更多可自由支配的时间，于是我有了竞选学生干部的念头。但是哪怕我准备充分，在面对老师们的提问时还是会感到尴尬，常常会面红耳赤。我多次问自己，我真的有能力做学生干部吗？答案有时是肯定的，有时是否定的。老师，我该如何克服这种羞耻感？

书记：进入大学，一部分同学在公众展示的场合或多或少都存在羞于表达的情况。首先是羞于表达自己的观点，这一点充分体现在课堂上，老师们反复询问，教室里仍鸦雀无声。高中回答问题时是争先恐后地举手，而大学回答问题时是争先恐后地低头。其次是羞于表达自己的追求，这一点体现在你刚刚说的学生干部竞选等活动中。有很多同学进入大学是想要竞选学生干部，提升自己的综合素质能力的，但是在竞选时一旦看到比自己成绩好，或在其他方面更为优秀的同学，就会选择放弃。还有的同学在竞选时羞于开口发言，在台上讲话时磕磕巴巴，和下面的老师、同学没有任何互动交流。最后是羞于表达和展现自己的能力。举行班会或者其他活动时，才艺展示是一个重要环节，很多同学也都是有音乐、舞蹈、表演等艺术才能的，但都尽可能地往后缩，不敢或者不想上台展示。学校开展各种社团活动和技能比赛，就是为了促进你们的全面发展和成长成才，但是目前的参与度和效果还是不够好。

作为陕西师范大学的学生，你们日后都是要站在三尺讲台之上的。作为教师，言为士则，行为世范，绝对不能扭扭捏捏、战战兢兢的。你站在台上，是榜样、是示范，如果因为有自我羞耻感而脸红，说话吞吞吐吐，那如何教育好学生呢？我知道，进入大学之前的你们忙于学习，很少有机会和时间去展示自己，导致很多同学比较内敛、害羞，或者你们现在所说的"社恐",做不到大大方方的,但你们有没有思考过这些背后的本质是什么,原因何在?

产生自我羞耻感的原因在于你们不够自信,总是将目光集中在自身的缺点上,总是以个人之短去比他人之长。这种"对比思维"很普遍,比如,父母教育孩子时,常说的一句话就是:"你看别人家的孩子……"也许大部分人的成长时期都有一个无论自己多么努力也无法超越的"别人家的孩子"。在这样的氛围下,我们潜移默化地形成了比较的思维,尤其重视对分数和排名的比较。但我们辩证地进行分析:现象不一定完全正确地表现本质,即一个人有什么样的价值,分数、排名、掌握技能的多少等等是无法完全体现的。正如《孟子》说的,"物之不齐,物之情也",天下万事万物没有完全相同的存在,物是如此,人亦是如此。许多比较只是在形式上激发人们阶段性地前进,你们必须学会辩证地看待它,改变不恰当的比较习惯。除了从根源上遏制自我羞耻感的产生,还要在实践过程中不断锻炼自己,强大自身。

要实现国家富强、民族振兴或者成就个人事业,都必须具备两个条件:一要立志,二要勤勉。无志不足以行远,无勤则难以成事,立志是成功的前提,勤勉是成功的保障。习近平总书记寄语广大青年时说道,你们要"敢想敢为又善作善成"。"敢想"就是要有远大理想,敢于立志,并且要立大志。但是只有空想不付诸实际努力,那是做白日梦,所以还要"敢为"。空谈误国,实干兴邦,"敢为"就要"撸起袖子加油干",勇于实践、勇于探索、勇于创新,走前人没有走过的路。在这个基础上我对你们提出三点要求,也是帮助你们消除自我羞耻感的建议。作为陕西师范大学的学生,你们担负着教育报国的使命,必须敢想、敢做、敢当。"敢想"就是把自己的理想往大了想,提到国家、民族发展的高度,怀揣着教育的使命,建设西部,投身边疆。"敢做"就是践行诺言,将伟大理想付诸实践,做到知行合一。"敢当"就是敢担当,一方面要冲锋在前、勇于担当,敢于涉深水,闯险滩;另一方面要不怕犯错,产生自我羞耻感的很大原因就在于怕出错，前怕狼后怕虎，畏首畏尾。记住，只要是在正确的理想指引下，在正确的轨道上，哪怕犯错，也会很快纠正过来，并且在否定之否定的过程中实现新的跃升。

党的二十大报告指出，要"培养德智体美劳全面发展的社会主义建设者和接班人""培养造就大批德才兼备的高素质人才，是国家和民族长远发展大计"。作为新时代青年，你们生逢其时，使命无上光荣，担负着实现中华民族伟大复兴的任务，必须杜绝自我羞耻感的产生，牢记自己是社会主义接班人，不断为实现中国梦而努力奋斗。

42. 压力太大是好事吗？

学生：进入大学之后，我发现自己身边优秀的人更多了，相比中学时主要是提高分数和提升排名的学业压力，我现在又增添了就业压力、社交压力、家庭压力等等。每当我向家人倾诉我压力很大时，他们总是说有压力才会有动力，可是我有时因为压力过大甚至会导致阶段性失眠。老师，压力大真的是好事吗？我这样把弦绷得很紧真的对吗？

书记：我们常说"过犹不及""物极必反"，任何事情一旦超过了一定的界限就会带来反作用。唯物辩证法的质量互变规律表明，事物包括质、量、度三方面的规定性。质是一事物区别于其他事物的内在规定性。度是保持事物质的稳定性的数量界限，即事物的限度、幅度和范围，超出度的范围，此物就转化为他物。"度"这一哲学范畴启示我们，在认识和处理问题时要掌握适度原则。自身压力的大小也要符合适度原则，适当的、轻微的压力可以激发斗志，产生积极的作用，但是压力过大可能会导致焦虑、紧张、不安和疲惫等，这些负面情绪会影响人的思维、情绪和行为，使人难以集中精力、做出明智的抉择和有效地应对挑战。长期面对过度压力会导致一系列健康问题，如失眠、抑郁、心脏病等等。因此，有一定的压力是好事，有时可以转化为前进的动力，但是压力过大便会适得其反。

你们从中学进入大学，面对全新环境，有许多新鲜事物需要你们去接受，也有很多新问题需要你们去解决。如你所说，每个成长阶段关注的问题有所不同——高中时期你最关注的事情是能否考上理想的大学，此时压力类型比较单一，最主要的是学业压力。大学是一个从单纯学习到步入社会的过渡阶段，比起中学阶段的学习生活，会有很多全新的体验和挑战，有压力是正常的，但是不要把生活的重心放到压力和焦虑上。

你提到的几个在进入大学后新增的压力，是很多学生都会遇到的，具有普遍性。首先是学业压力。作为学生，学习是你们当前最主要的任务。与高中时高强度、灌输式的学习不同，大学的学习要求你们有更强的主动性和创新性，考核也不再是唯分数论或唯成绩论。个人展示、社会实践、小组调研等全新的学习形式带给你们新鲜感的同时也可能会带给你们压力。大学之前从课本习得的大多数知识为间接经验，而大学里很多知识、技能需要通过社会实践等现实活动习得直接经验。其次是就业压力。当前的就业市场对于人才培养质量的要求越来越高，学历不再是求职成功的最重要因素，用人单位对于求职者的综合素质要求与日俱增，也带给你们越来越多的压力。习近平总书记强调："就业是最大的民生工程、民心工程、根基工程。"可以看出党和国家对于高校毕业生就业的重视，因此，不要过度担心和焦虑，只需要不断努力提升自身综合素质，以过硬的素质本领应对未来的就业挑战。再次是社交压力。大家中学时的同学大多来自同一地区，甚至有很多同学在上学前就是相互认识的。大学不同于中学，全国各地的同学汇聚在一个学校、一个班级、一个宿舍，不同的学习生活习惯、目标价值导向让社交跟过去有所区别，可能会给你们带来一些压力。面对这种压力，你们需要学会包容和理解，求同存异，找到让彼此都舒服的相处方式。最后是家庭压力。在大学里，有时候家庭压力和就业压力是相互交织的，家长的期望有时会转化成无形的压力，他们对你们未来职业的规划、人生发展的规划也可能会让你们倍感压力。家庭压力需要有效沟通才能解决，面对家人，你们要积极、充分表露自己的想法和意愿，得到他们的理解，才能从根源上消解压力。

为什么我要花如此多的时间分析你们的压力来源呢？是因为从源头控制压力的产生，是最行之有效的方式。如果没有做到遏制压力的产生，那要怎么办呢？如果自我感受压力程度不是很高，可以自我调适，一定要及时、积极地控制和调节。一旦感觉到压力过大，让自己产生生理上的不适，一定要主动寻求帮助，借助老师、同学、心理医生的力量摆脱压力的掌控。

正是有不甘现状的斗争精神，才有压力的产生，"不满足是向上的车轮"，适度的压力将驱使你们努力前进。

43. "内卷""躺平"，该如何选择？

学生：进入大学之后我总有一种"躺又躺不平，卷又卷不赢"的无力感。高中时老师总说考上大学就可以"躺平"了，考上大学，老师和家长们又说找到工作就可以"躺平"了。每次当自己很累想要"躺平"的时候，看着身边的同学、舍友考取各种技能证书、一次次地评奖评优，就又踌躇满志地想"卷"起来。老师，我应该如何调节这种状态，我该"躺平"还是"内卷"？

书记："物竞天择势必至，不优则劣兮不兴则亡。"大部分的人都认同"物竞天择，适者生存"的进化论原理，竞争是大家从小到大的必修课。对待竞争，不同的人有不同的选择。但当前出现了两种极端的现象：一个是"内卷"，一个是"躺平"。"内卷"和"躺平"在前几年迅速"火出圈"，并分别入选2020年、2021年年度十大流行语，可见其应用之广。"内卷"原本是一个人类学术语，指的是特定社会组织的复杂度的增加并没有带来技术与科技上的真正进步，只是空耗社会资源。现在泛指各种过度竞争的社会现象。简单地理解，就是做无用功，是选错了方向、方式、方法，在错误的道路上一条路走到黑，毫无意义地努力前行，像陀螺一样旋转。"躺平"在一定程度上意味着放弃过度竞争，安心待在自己的舒适区里，消极应对社会普遍存在的竞争压力。竞争压力包含竞争结果压力与竞争过程压力两种。"内卷"效应的产生是因为竞争结果压力威胁到人们的自尊，人们为了维护自尊而更加努力，进而形成流动补偿策略。"躺平"效应的产生是因为竞争过程压力有时会威胁个体的幸福感，促使人们逃避竞争，进而形成逃避补偿策略。"内卷"之下的竞争并不是良性的竞争，因为"内卷"竞争下的社会形态有时是虚假的进步与繁荣，不能对社会发展有实质性的提升。与"内卷"相对应的"佛系""躺平""丧文化"是当前青年群体低欲望社会思潮的现实呈现。对于这两种极端的行为我都是不认可的。青春可以有短暂的"躺平"来缓解焦虑的压迫，也可以有片刻的"内卷"来争取梦想的实现；但青春绝不能在遇到困难挫折时便轻易放弃追求，长久"躺平"，也绝不应陷入消耗大量时间、精力却并没有提高整体水平的"内卷"之中。

作为新时代的中国青年，党和国家对你们寄予厚望，你们要立志成为"有理想、敢担当、能吃苦、肯奋斗的新时代好青年"，要牢记习近平总书记的殷殷嘱托："幸福是奋斗出来的"。顽强斗争才能开辟伟大天地，幸福生活是不会在"躺平"中从天而降的。

除了"内卷"和"躺平"两个极端，现在又有了"45度人生"，指的就是你刚刚提到的"躺不平又卷不赢"的状态：90度向上没有动力，0度"躺平"又不甘心，在两个极端之间反复拉扯，于是有些"45度人生"的挣扎摇摆型青年在网络上自嘲是孔乙己，终是脱不掉那身上的长衫。不管是"躺平""45度人生"还是"内卷"，都或多或少反映了当代青年人焦虑、迷惘、倦怠的情绪状态，都是不可取的。

与极端主义的"躺平"和"内卷"相反，辩证法强调适度原则。适度的竞争是有益于个人和社会发展的。我们需要的是找到"内卷"和"躺平"的平衡点。面对"内卷"，不要盲目跟从其节奏，要去关注自身的成长和进步，给自己设定阶段性目标，持续学习，提升技能，增强自身竞争力。除此之外，要消除功利主义倾向，寻求做事的意义。《论语》里讲，"知之者不如好知者，好知者不如乐知者"，只有从事自己感兴趣的事业，做自己喜欢的事情，才能在遇到困难时有坚持下去的信念。而"内卷"化社会下，无论升学还是考公务员或者求职找工作，大家的功利主义导向都太过明显，不问做这件事情的意义何在，缺乏来自内心的肯定和支撑。

习近平总书记指出："青年是引风气之先的社会力量。一个民族的文明素养很大程度上体现在青年一代的道德水准和精神风貌上。"作为新时代青年人，要积极主动用主流价值观改造"丧""躺平""内卷""佛系"等观念，努力成长为堪当民族复兴重任的时代新人。

44. 面对未来的不确定性，如何避免迷茫失措？

学生：我总是忍不住思考未来的我会是怎么样的。我会在自己的专业领域取得很高的成就，还是碌碌无为、平平凡凡地度过一生？我会升学继续深造，还是直接工作？我能不能选择我期待的教师职业，能不能成为一名"四有"好老师？……每当我想起这些，就会不可避免地陷入焦虑和内耗。老师，我应该怎么做？

书记：从你的话语中，我听出了迷茫。对于未知的事情，大家会好奇，也会有恐惧，害怕未来的发展与自己的预期相偏离，这都是很正常的。高中时期，你们每天在高强度的学习和紧密的时间安排下，是很少去思考未来的个人发展、职业发展等问题的，更多关注于是否能够取得预期的高考成绩和进入理想的大学，因为这是你们的既定目标，并且这个目标是未来其他目标实现的基础，起着打地基的作用。进入大学后，面对未来的不确定性，有的人开始感到迷茫。一方面是高中时期短期的、既定的目标已经实现，暂时没有更明确的目标供你去执行；另一方面，上大学前的教育模式多是单向灌输式的，学习目标、时间安排大多是老师、家长为你们规划好的，而进入大学后，更为开放、创新的学习方式可能会让你们不太适应，甚至措手不及，产生"我到底喜欢什么、想要什么、追求什么"等疑问，这都是正常现象。过度忧虑将来的不确定性，会让你们丢失现在的机会。

如何避免因为未来的不确定性产生的迷茫？可以从中国传统文化中汲取智慧——在中国传统哲学观中，"修齐治平"是完整的人格成就路径，这就为你们思考和规划未来提供了启示和借鉴。《礼记·大学》中说道："古之欲明明德于天下者，先治其国；欲治其国者，先齐其家；欲齐其家者，先修其身；欲修其身者，先正其心；欲正其心者，先诚其意；欲诚其意者，先致其知；致知在格物。"可见，修身是齐家、治国、平天下的出发点，只有踏踏实实做好每一件事，才能为其他事业做铺垫、打基础。自我提升没有终点站，只有连续不断的新起点，要不断地通过格物、致知、诚意、正心提高自己。

避免因为未来的不确定性产生的迷茫，还可以从王国维《人间词话》的"人生三境界"中得到启发。第一境界，"昨夜西风凋碧树。独上高楼，望尽天涯路"。这一境界是说成大事者都有着执着的追求，就如诗句中说的，要登高望远，明确目标与方向，这样才有动力。习近平总书记指出："一个时代有一个时代的主题，一代人有一代人的使命。"你们在确定目标时要把自己放在国家、民族、世界的大局之中，以共产主义远大理想和中国特色社会主义共同理想为指引，把个人梦想融入中国梦。然后，你们要把这个大目标细分为一个个可以通过阶段性努力实现的小目标，一步一个脚印，脚踏实地，稳扎稳打，不骛虚声，埋头苦干。第二境界，"衣带渐宽终不悔，为伊消得人憔悴"。这一境界是说在有了明确目标的基础上，要有坚毅和执着的精神，不断进取，敢于奋斗。你们焦虑的根源就在于担心未来还没有发生的事情，害怕未知的不确定。只有立足当下，低头赶路，专注于当前的工作才会无暇焦虑未知的未来。就像新民主主义革命不能"毕其功于一役"，大家的学习和工作也一样，没有什么事能一劳永逸。毛主席说"只争朝夕",为什么要只争朝夕呢?因为未来的事情谁说得好呢?既然能把握的只有当下,能做好的也只有当下,那就踏踏实实去做吧。第三境界,"众里寻他千百度,蓦然回首,那人却在灯火阑珊处"。这一境界是说人经过多次挫折、多重磨炼,会日渐成熟,豁然开朗。这一境界的人看淡成功并且能最终取得成功,也就是"宁静而致远",他们坦然接受任何不确定性。未来是充满变数的,任何人都无法预知未来会发生的事情,我们要接受这一事实,不逃避或试图控制不可预测的事。1840年鸦片战争以后,中国逐步沦为半殖民地半封建社会,国家蒙辱、人民蒙难、文明蒙尘,各路仁人志士奔走呼喊,各类救国方案涌现,大家都不曾明确自己的未来如何,中国的未来如何,世界的未来如何,但他们没有逃避或妥协,而是采用自己的方式,为当时在黑暗中摸索前行的中国创造万般可能。你们在做事时多问问自己,前途是否光明,有多光明?是否对可能有的曲折性有所准备,是否会因为一时的曲折就放弃?总而言之,要始终坚信,"前途是光明的,道路是曲折的",这三重境界就是你们要努力达到的——不以物喜,不以己悲,不焦现在,不虑未来。

第三篇

先进模范

第十谈　大学，如何当好学生干部

45. 学生骨干怎样才能平衡好学业与工作呢？

学生：作为学生骨干，我时常会有这样的矛盾：如何能处理好自己学业与工作的关系？学生骨干在校期间的第一身份是学生，学习能力是否突出、学业成绩是否优秀，是大家评判我们的首要标准。因此，当自己的学业与工作出现冲突的时候，我总会感到迷茫与困惑。这种冲突也在一定程度上消解了同学们加入学生骨干队伍的积极性。我怎样才能平衡好学业与工作呢，应该从哪些方面去更好地明确自己学生骨干的角色定位呢？

书记：首先，学生骨干的第一身份必须是学生。在高校，学生骨干是在学校党委领导、团委指导下，承担一定的学生工作，协助学校对学生进行引领、教育、管理的学生先进分子。学生骨干是大学生思想政治教育工作中的一支重要力量，是协助学校开展各项育人工作的重要组织者、参与者、协调者，是学校育人理念的重要传达者及实施者，是联系学校与学生、老师与学生、学生与学生之间重要的桥梁纽带。学生骨干包括校院两级学生会成员，二级团组织副书记，学生党团支部负责人，学生社团负责人，学生班级、团支部主要负责人，他们在校园各项思想政治引领、政治理论学习、校园文化活动、学生党团活动、志愿实践活动、学生社团活动的场域中都非常活跃，扮演着非常重要、非常关键的角色。

我们常说，学校办学的主体始终是学生。有的人可能会疑惑，我既是学生，又是学生骨干，到底哪个身份更重要、更应放在第一位呢？要记住，我们的第一身份始终是学生。作为学生，要始终把学习作为首要任务，同时作为一种责任、一种精神追求、一种生活方式。同学们热情自愿地加入各种学生组织，成为学生骨干，这是愿意为集体、为组织、为同学服务和付出的表现，但是不能顾此失彼，丢掉了学习的主业，忘记了学生身份。我们加入各类学生组织的初心是更好地服务同学，发挥自身的示范引领作用，让所有同学在成长过程中都能保持奋斗姿态、永葆奋斗激情，这就要求我们的学生骨干方方面面都要争当尖兵、模范，尤其是在学习方面，更要努力争当表率和做到先进。习近平总书记曾经寄语青年学生："知识越学越多，知识越多越好，你们要像海绵吸水一样学习知识。既勤学书本知识，又多学课外知识，还要勤于思考，多想想，多问问，这样就能培养自己的创造精神。"作为学生骨干，要始终明确，学习是青年人求实上进的阶梯，是青年人求得真理学问、增长才干智慧、克服"本领恐慌"的重要法宝，要牢固树立梦想从学习开始、事业靠本领成就的观念，珍惜时光，刻苦学习，增长传道授业解惑本领，让勤奋学习成为青春远航的动力。要增强学习的紧迫感，认真上好每一次课、做好每一次作业，夯实基础，全面掌握技能方法，积极参加实践锻炼，努力掌握真才实学，争做刻苦学习、锐意创新的模范，勇往直前的先锋。同时要着重培养自身良好的学习能力，在学生组织中也要善于学习，不断提高自身综合素养。

其次，学生应以学习为主，摆正学习与工作的关系。学生的天职就是学习，作为学生骨干，学习这个本职不能丢，既要向书本学、又要向实践学。然而作为一名学生骨干，不可避免地要承担许多相关工作，你们可能会问，到底应该如何处理好自己学业与工作之间的关系呢？我们说，学习与工作并不矛盾，它们是辩证统一的，两者相辅相成。一方面，要始终以学习为主、工作为辅，处理好学习与工作的关系。要在主观上重视学习，始终保持正确的学习态度，养成良好的学习习惯，打牢自身专业学习的基础，同时要了解如何学习，并提高学习能力和思辨能力。另一方面，要将在理论中学习与在实践中学习相结合，通过理论联系实际来更好地开展学生工作。在大学里，专业知识的学习是基础。我们常说基础不牢，地动山摇，基础没有打牢，底盘就会虚。作为一名学生骨干，要把在学生组织活动中、在工作岗位锻炼中的学习成果转化为实际工作的成效。一个人能够不断地在成长中取得进步，并且学习成绩没有落下、工作越做越好，肯定是因为他的学习与运用结合得非常好。学得好与做得好是紧密联系在一起的，习近平总书记在2022年3月1日中央党校（国家行政学院）中青年干部培训班开班式上的讲话中指出，要坚持理论和实践相结合，注重在实践中学真知、悟真谛、加强磨炼、增长本领。学习是理论、工作是实践。从广义上来说学习是抽象的，而实践却是非常具体的，学习与工作、理论与实践，构成了矛盾的正反面。在学中实践，在实践中学，学思结合、学用结合，知识只有通过丰富的实践才能转化为能力和本领，学生骨干在实践中受教育、长才干，才能将思想上的"真经"、学习上的真功夫，实实在在转化为自己身上的能力、脚下的动力。

作为新时代大学生，作为学生骨干，要始终以学习为要、处理好学习与实践的关系，做到学用结合、全面发展。学生骨干守好学生本分、抓好学习主业，既是个人成长发展的需要，也是学生组织持续发展的要求。学习和思考、学习和实践是相辅相成的，正所谓"学而不思则罔，思而不学则殆"。能否协调好学习与工作的关系，这是衡量学生骨干能否全面发展的重要标准。学生骨干在所从事的具体的学生组织工作中，要把向书本学和向实践学结合起来，学会把琐碎、表面、一时的感性认识上升为系统、本质、深刻的理性认识，进而将所学到的理论知识、专业知识转化为在服务同学、服务组织过程中解决实际问题的思维能力和科学方法。

46.学生会骨干如何践行全心全意为同学服务的宗旨?

学生:作为一名学生会骨干,在日常工作中我的主要工作内容就是为同学服务。但在这个过程中,我时常会觉得服务的效果还不够明显,服务的方向还不够明确。有时,我也会听到身边同学反馈,学生会组织举办的活动不够吸引人;有时,同学们的诉求也不能及时有效地通过学生会组织反馈给学校。我应该如何正确认识学生会组织的角色定位,如何在日常工作中真正做到为同学解难题、办实事,如何正确认识个人成长与服务他人之间的关系呢?

书记:回答这个问题之前,我们需要正确认识学生会组织的功能定位。学生会是党领导下的重要学生组织,是学校联系广大同学的桥梁和纽带。学生会以习近平新时代中国特色社会主义思想为指导,以加强对同学的政治引领为根本,以全心全意服务同学为宗旨,及时向同学传递党的声音和主张,引导广大同学自觉把个人理想融入党和人民的共同奋斗之中。学生会必须面向全体同学,坚持从同学中来,到同学中去,听取、收集同学们在学业发展、身心健康、社会融入、权益维护等方面的普遍需求和现实困难,及时反馈学校,并帮助同学们有效解决困难。

在加入学生会组织的时候,同学们肯定都会被问到这样一个问题:你为什么加入学生会?可能有人会把锻炼自己、提升自己放在第一位,但回答这个问题,需要我们正确认识个人成长与服务他人、利我与利他之间的关系,正本清源,明确地将为同学做好服务放在第一位。作为一名学生会骨干,加入这个组织不只是为了个人的成长,还要服务集体、服务他人。

参加学生会的工作,是在集体和组织中服务他人、成就自己。"只有在共同体中,个人才能获得全面发展其才能的手段,也就是说,只有在共同体中才可能有个人自由"[①]，这是因为"人的本质不是单个人所固有的抽象物，在其现实性上，它是一切社会关系的总和"[②]。人一定是生活在一定的社会关系当中的，社会是无数个人的社会关系联结所成的。学生会作为学生骨干的集合体，这个政治组织朝着哪里发展、组织的集体氛围怎么样、组织的干劲强不强，决定着这个组织里的人，也就是我们的学生骨干到底朝着什么样的方向发展。"蓬生麻中，不扶而直"，学生骨干就是在这样一个服务同学的集体和为同学服务的过程中，伴随同学的成长发展而不断实现自我成长和发展的。在这个过程中，我们要警惕一种现象，就是不少学生骨干认为，"只要我优秀了就可以，组织里其他人是否优秀和我关系不大"。这是一种非常错误的观点。一个团结、上进、积极的学生组织，经过长期的建设和组织里所有成员的共同努力，可以形成独特的文化氛围和组织制度，而这种文化和制度通过组织的影响和作用，实则为思想政治教育目标的内化体现，即通过组织与个人、个人与个人的相互作用，潜移默化地带动这个组织里的所有成员形成良好的价值观。作为一名学生会骨干，具体怎么实现从个人到集体、从为我到利他的转换呢？我们说，学生骨干在学生会中所从事的具体工作内容可能不尽相同，负责理论学习的同学可能要考虑怎么开展同学们喜闻乐见、乐于参与的读书学习会，负责社会实践的同学可能要考虑如何通过志愿服务等实践活动来提升同学们的社会化能力，负责文艺体育活动的同学可能要考虑开展什么样的校园文化活动才能带动更多同学在第二课堂活动中展示自我、全面发展，等等。但作为学生骨干，只要你在组织活动时考虑、琢磨了这些事儿，不是只为自己考虑，而是为其他同学考虑、为整个集体考虑，那么个人在策划、组织、执行、复盘整个活动的过程中，自身组织管理能力、沟通协调能力、分析

[①] 中共中央马克思恩格斯列宁斯大林著作编译局.马克思恩格斯选集：第1卷[M]. 北京：人民出版社，2012:199.

[②] 中共中央马克思恩格斯列宁斯大林著作编译局.马克思恩格斯选集：第1卷[M]. 北京：人民出版社，2012:167.

解决问题的能力自然会得到提升。同时，举办的这些具体的活动满足了学生学业发展、升学就业的需求，提升了学生社会化能力，帮助同学们解决了急难愁盼问题，提升了学校学生思想政治教育工作的水平，那么你就是从个人走向社会、从为我向利他发展了。每个人的价值最终是要通过社会和他人的尊重、认可、积极反馈来体现的，对一名学生骨干来说，在学生会这个组织里如果没有为同学服务、为集体服务的意识，那就不会被他人认可，这个组织也就不会被同学们认可。

作为一名学生骨干，要发挥自身的榜样示范力量，成为同学们当中的先进者、积极者、优秀者。先进者是指在政治思想方面，你的世界观、人生观、价值观必须是科学的先进的，要能把握事物的发展规律。《共产党宣言》中指出："在实践方面，共产党人是各国工人政党中最坚决的、始终起推动作用的部分；在理论方面，他们胜过其余无产阶级群众的地方在于他们了解无产阶级运动的条件、进程和一般结果。"无产阶级能够比一般共产阶级先进，就在于它把握了事物的条件、过程和一般结果。如果我们的学生骨干能够有这样的觉悟，能够把握事物发展的条件和一般结果，你们就是先进的。

中华民族是历史悠久、饱经沧桑的古老民族，更是自强不息、朝气蓬勃的青春民族。"一批又一批仁人志士为救国救民而苦苦追寻，一大批先进青年在'觉醒年代'纷纷觉醒"，我们国家发展、民族复兴道路上从来不缺乏这样一批脚踏实地又仰望天空的先进者。时代各有不同，青春一脉相承，如今的中国青年，施展才干的舞台无比广阔，实现梦想的前景无比光明。百年来的历史和实践表明，共青团作为我们党的助手和后备军，先进性始终是它的根本属性和鲜明特征。作为身处"两个一百年"历史交汇期的新时代青年，必须要保持这样的先进性；作为一名学生骨干，更要将这样一种先进性体现在自己的思想、行动、纪律、品德等方方面面，成为走在时代前列的奋进者、开拓者、奉献者。

积极者，事事都要有主动的意识、态度。作为一名学生骨干，要积极地去为别人服务，积极地让自己成长，积极地向党组织靠拢，积极地朝着先进的方向努力。在二〇二四年新年贺词中，国家主席习近平强调："这一年的步伐，我们走得很见神采。"路虽远，行则将至；事虽难，做则必成，青春当奋斗、青春似朝阳，青年人就像早晨八九点钟的太阳，永远向阳而生，"心境澄明，心力茁壮，让人迎面就能感受到年轻干部应有的清澈和纯粹"，感受到学生骨干锐意进取的青春气息和坚定不移跟党走、勇挑重担向上走的奋斗气象。

优秀者，在学习、工作、实践等方方面面都要体现出示范作用。这首先体现在学习上的优秀。学习要形成一个完整的知识体系、学科体系、学术体系，向下扎根、向上生长，把专业学习的基础打牢靠，向上生长的根基才能稳定。其次，优秀需要磨砺，需要坚持，学生骨干的身上要有"刀在石上磨、人在事上练"的挤劲、钻劲、拼劲、狠劲，就像滚石上山、爬坡过坎，需要长期的坚持、磨炼，才能成为一种习惯、一股坚韧的品质，才能变得优秀。再次，优秀需要付出。作为学生骨干，在为同学服务的过程中，肯定会有一些焦虑，会有别人的不理解，但为同学、为组织、为集体服务，势必要舍弃一些时间、精力，因为我们崇尚一种良好的风气，崇尚人人付出。最后，优秀要汇聚成一种能力。"独行快，众行远"，要把自己的优秀变成"1+1>2"的优秀，变为一个组织的执行力、组织力、引领力，将来为社会做更大的贡献。

47. 学生会骨干如何发挥桥梁纽带的积极作用？

学生：老师，我有一个现实困惑。当初加入学生会的时候，我就知道学生骨干要做好学校与同学、老师与同学之间的桥梁纽带，发挥好沟通交流的作用。在现实工作中，我总感觉自身的群众工作能力还有待提高、桥梁纽带作用发挥得还不够好，我应该如何将服务同学成长和支持学校育人工作发展结合起来，在实际工作中把服务学校发展大局落到实处，真正做到扎根于同学，服务于同学、做好学校与同学之间的桥梁纽带呢？

书记：作为学生骨干，要在实际工作中牢牢把握学生会组织的政治方向，用党的科学理论武装自己，成为一名坚定的青年马克思主义者。这是解决好我们学生骨干是谁、工作方向是什么、未来能依靠什么的关键问题。"青年人有理想、敢担当、能吃苦、肯奋斗，中国青年才会有力量，党和国家事业发展才能充满希望。"党的十八大以来，以习近平同志为核心的党中央发扬党的优良传统，高度重视新时代中国特色社会主义事业建设者和接班人的培养。2017年10月18日，习近平总书记在党的十九大报告中首次提出"培养担当民族复兴大任的时代新人"这一重要战略任务，强调："社会主义核心价值观是当代中国精神的集中体现，凝结着全体人民共同的价值追求。要以培养担当民族复兴大任的时代新人为着眼点，强化教育引导、实践养成、制度保障……"2018年8月22日，习近平总书记在全国宣传思想工作会议上就"育新人"要如何做、宣传思想工作要如何完成"育新人"这一重要职责发表重要讲话，强调："育新人，就是要坚持立德树人、以文化人，建设社会主义精神文明，培育和践行社会主义核心价值观，提高人民思想觉悟、道德水准、文明素养，培养能够担当民族复兴大任的时代新人。"他指出："宣传思想工作是做人的工作的，要把培养担当民族复兴大任的时代新人作为重要职责。重中之重是要以坚定的理想信念筑牢精神之基……"2019年3月18日，习近平总书记主持召开学校思想政治理论课教师座谈会并发表重要讲话，强调："新时代贯彻党的教育方针，要坚持马克思主义指导地位，贯彻新时代中国特色社会主义思想……努力培养担当民族复兴大任的时代新人，培养德智体美劳全面发展的社会主义建设者和接班人。"2022年5月10日，习近平总书记在庆祝中国共产主义青年团成立100周年大会上的讲话中指出："共青团要增强引领力、组织力、服务力，团结带领广大团员青年成为有理想、敢担当、能吃苦、肯奋斗的新时代好青年，用青春的能动力和创造力激荡起民族复兴的澎湃春潮，用青春的智慧和汗水打拼出一个更加美好的中国！"2022年10月16日，习近平总书记在党的二十大报告中指出："全党要把青年工作作为战略性工作来抓，用党的科学理论武装青年，用党的初心使命感召青年，做青年朋友的知心人、青年工作的热心人、青年群众的引路人。广大青年要坚定不移听党话、跟党走，怀抱理想又脚踏实地，敢想敢为又善作善成，立志做有理想、敢担当、能吃苦、肯奋斗的新时代好青年，让青春在全面建设社会主义现代化国家的火热实践中绽放绚丽之花。"

同学们作为新时代大学生，面临着一个重要的问题，就是如何成长为担当民族复兴大任的时代新人。现在，"两个一百年"奋斗目标的第一个百年目标已经实现，全面建成小康社会已经迈出了复兴征程的关键一步，让中华民族的千年梦想变为现实，我们要开启实现第二个百年奋斗目标新征程，朝着实现中华民族伟大复兴的宏伟目标继续前进。我们说实现中华民族伟大复兴，要靠谁来复兴呢？就是要靠一代代青年人接力奋斗。今天也一样，要实现第二个百年奋斗目标，就需要青年一代有理想、有本领、有担当。其中有理想体现为一种世界观、价值观，一种精神状态。回顾百年党史，我们会发现，用科学理论武装青年是我们党的传统和优势，青年人一旦掌握马克思主义这个认识世界和改造世界的锐利思想武器，就能迸发出惊人的变革力量。一个民族要走在时代前列，就一刻不能没有理论思维，一刻不能没有正确思想指引。坚持马克思主义科学理论的引领和武装，是我们党永葆先进性、纯洁性的根本保证，马克思主义不仅是共产党人的精神武器，更是伟大的认识工具。我们要培养一批批有头脑、有理想信念、有价值标准、有道德情操的坚定的青年马克思主义者，在学生中真正起到示范作用。而我们的学生骨干，应当成为这样一批优秀青年学生。我们只有做到用马克思主义武装头脑、指导实践，做当代中国马克思主义、21世纪马克思主义——习近平新时代中国特色社会主义思想的坚定信仰者、忠诚践行者，真信、真学、真用马克思主义，将理论学彻底，在政治上坚定清醒，才能真正成为合格的建设者和接班人。

同时，我们要回归组织根本，聚焦服务同学的职责，提升工作能力和水平，传递党的温暖和青年温度。这是学生骨干将科学理论向生动实践转化、发挥好桥梁纽带作用的关键的"最后一米"。

习近平总书记指出："当代中国青年是与新时代同向同行、共同前进的一代，生逢盛世，肩负重任。"作为新时代的大学生，尤其是新时代大学生中的优秀学生骨干，要切实把习近平总书记对青年的期望和要求落实到学习、生活、工作当中，围绕学生、关照学生、服务学生，真正发挥好学生骨干连接学校与同学、老师与同学的桥梁纽带作用。

我们说学生会组织要从同学中来，到同学中去。作为学生骨干，就是要坚定地抓住为同学服务这个中心，这是我们的初心使命。习近平总书记指出："共青团历经百年沧桑而青春焕发，依靠的就是始终扎根广大青年，始终把工作重点聚焦在最广大的工农青年和普通青年群体，把心紧紧同青年连在一起，把青年人的心紧紧同党贴在一起。"扎根广大青年，这是共青团群众性的直接体现，就是既把青年的温度如实告诉党，也把党的温暖充分传递给青年。这是一条双向互通的道路，我们在实际工作中，就是要把手臂延伸到"最后一米"，把这条路打通，充分依托学校党委为我们提供的资源和渠道，切切实实为同学们提供专业学习、校园生活、成长发展等方面的帮助，让广大青年真切地感受到党的关爱就在身边、关怀就在眼前。

在"最后一米"的服务过程中，作为学生会组织的骨干，要发挥好黏合剂的积极作用。习近平总书记在致全国青联十三届全委会、全国学联二十七大的贺信中指出："青联和学联组织要紧跟时代步伐，把握青年工作特点和规律，深化改革创新，组织动员广大青年和青年学生坚定跟党走、奋进新时代，为党和国家事业发展作出新的更大的贡献。"新时代的学生骨干能不能把握好这个要求，对于我们从更深层次来理解服务内涵、践行服务宗旨至关重要。我们要不负党的期待，发挥我们的优势和力量，引领、带动广大同学紧紧围绕在党的周围，引导广大同学自觉将个人的发展与国家的发展规划融合起来、将自我价值与社会发展的价值有效统一起来，将个人的小我融入祖国发展、民族复兴的大我之中，深刻认识到每一个小我、每一件平凡的事都连通着国家的未来，将青年心中涌动的爱国情、报国志转化为立足岗位、奋发图强的实际行动，以朝气、锐气、勇气，为创造更加美好的未来去努力、去奋斗。

在"最后一米"的服务过程中，作为学生会组织的骨干，要发挥好"传感器"的积极作用。学生骨干是青年学生中的优秀群体，对高校落实立德树人根本任务，加强学校与同学、老师与同学的联系起到了积极的推动作用。可以说，学生骨干这支队伍的工作能力、整体素质的高低，直接关系到学校育人工作能否高质量开展，关系到能否架设好党联系青年学生最牢固的桥梁纽带。学生骨干要注重研究和感知服务对象的具体特征，从学生成长的环境因素、基本规律入手，了解他们的心理特征、行为习惯、社交路径、思想动态，研机析理、察形见势，精准掌握他们的思想困惑和精神诉求，从繁杂问题中把握规律性，正视同学们的需求不断增加、不断更新的现实，深刻把握其成长所需和思想困惑的实质，找准问题矛盾的关键点。结合学校的办学目标和定位，从导向、质量、品位、效果上来策划和开展活动，采取符合其实际需求、为其所喜闻乐见的路径方式，不断提高供给、服务的有效性和针对性。

48. 学生社团骨干如何有效发挥繁荣校园文化的引领作用？

学生：在校园文化活动中，各种学生社团越来越活跃，活动形式越来越多样，活动内容越来越丰富，为同学们增强兴趣爱好、促进全面发展提供了一个广阔平台。作为一名学生社团骨干，如何才能在校园文化活动中扮演更重要的角色，既满足同学们的个性化发展需求，又促进积极、健康、向上的校园文化形成，更好地服务同学们全面发展的需要呢？

书记：同学们在大学里一定加入过很多的学生社团，在社团中和一群志同道合的同学一起进行理论学习、组织文体活动，丰富我们的校园生活，提高我们的综合素质。可见，学生社团作为大学里非常重要的学生组织，是我们服务师生、服务社会的思政"大课堂"，同时也是大家自我锻炼和自我教育的青春"小舞台"。

学生社团作为高校坚持社会主义办学方向、落实立德树人根本任务的重要实现形式，在学校育人工作中发挥着重要作用。作为学生社团骨干，必须将思想政治引领摆在首位，始终团结和带领广大同学坚定不移地听党话、跟党走，争做担当民族复兴大任的时代新人。这就要求社团骨干要提升自身工作本领，坚持社团发展的正确方向。

教育的本质就是促进人的自我实现和人的全面发展，而学生社团作为实现大学生全面发展的重要载体，首先是学校党团组织实现组织育人、实践育人功能的重要的学生组织形态，以实现学生社团成员的全面发展作为开展社团活动的基本准则和价值取向。作为学生组织形态，它与学生会组织、班级、团支部等相比，又具有独特性。社团是由同学们自己组建形成的自我组织、自我教育的载体，它是否具有正确的政治方向、积极向上的价值观、规范的运行机制，是能否发挥好组织育人、实践育人功能的关键。

比如，我联系着我们学校的大学生马列理论读书社，我一个学期会去和同学们面对面交流至少两次，我需要时刻了解作为一个理论学习类社团，平常都是谁来，读什么、读得怎么样了，还有没有什么困惑。我们这样一所师范大学，使命是"教教书之人、育育人之才"，我们学校每年都有很多毕业生在条件艰苦的地方坚守，做"西部红烛"，没有理想信念是不可能实现的。因此我们培养的是一批批有头脑、有理想信念、有价值标准、有道德情操的坚定的马克思主义者，是习近平新时代中国特色社会主义思想的坚定信仰者、忠诚践行者。

一个学生社团是否具有正确的政治方向、是否能够健康有效运行、是否具有持续发展的内在动力,社团骨干是核心要素。社团骨干要加强对学生社团的思想政治引领,关键在于要深挖价值引领的内涵,明确价值引领的要求,从社团文化和青年特点出发,对不同类型的对象进行有针对性的引领。在这个过程中要特别警惕学生社团发展的娱乐化倾向,要始终坚持立德树人。在社团活动的设计上、社团管理的过程中始终占领思想政治教育的制高点,通过打造不同类型的社团活动品牌,挖掘社团活动中的思政元素,真正提高社团育人水平。马克思主义中国化时代化这个重大命题本身就要求我们决不能抛弃马克思主义这个魂脉,决不能抛弃中华优秀传统文化这个根脉。坚守好这个根和魂,是理论创新的基础和前提。要不断提升社团发展的思想高度和文化底蕴,保证主流文化和核心价值观在社团的充分展示,以发挥其隐性教育作用。例如,对于理论学习类社团,应当以学深悟透习近平新时代中国特色社会主义思想为主,聚焦马克思主义世界观和方法论,开展经典研学、师生共学、社会调研等活动;对文化体育类社团来说,需要重点开展深入了解学校校史校情、弘扬中华优秀传统文化的活动;对志愿公益类社团,需要重点开展弘扬新时代志愿服务精神、弘扬时代新风的活动;等等。总之,要将价值引领的内涵充分具象化,让参与社团活动的同学可感、可知、受教育、长才干,不同社团骨干在社团活动的策划、设计中要设定不同的引领目标,使其思想教育功能更具有针对性。

作为社团骨干,要充分发掘社团的育人价值功能,更好地服务同学们的成长,将社团建设与促进同学们社会化能力的提升密切结合起来。社团作为大学里第二课堂的重要组成部分,是第一课堂专业学习的有力延伸和必要补充,同时,社团有比较固定的活动模式和场域,为广大同学提前认知、了解、接触社会搭建了很好的平台,所以很多同学是很愿意加入各种社团的。学生与社会的良性互动,在社团中得到了很好实现,就是说,要实现社团育人目标与学校育人工作的吻合,关键要靠社团骨干。社团骨干要从青年学生的视角出发,通过专业课堂与第二课堂的有效衔接、同学们成长需求与社会发展需求的有效融合，将社团建设与促进学生社会发展密切结合起来。

比如，思想政治类社团骨干在策划和组织社团活动时，需要以学习研究马克思主义及其中国化时代化理论成果为育人目标，着重提升活动的思想性，帮助同学们提升"理论感"，真正掌握马克思主义理论科学的世界观和方法论；志愿公益类社团骨干在策划和组织活动时，需要以增强大学生的服务意识、提升大学生志愿服务能力为目标，着重提升活动的实践性，引导学生正确处理"利己"与"利他"、个人与集体的关系，为学生融入社会打好基础；创新创业类社团骨干在策划和组织活动时，要以增强学生的创新创业意识、职业规划意识为目标，拓展社团的实践活动途径，多开展企业实践、调查研究类的活动，帮助同学们在实践中增加社会知识、掌握实践技能。

49. 如何发挥班级作用，促进学生全面成长？

学生：进入大学后，我们进入了一个相对自由的学习成长环境。自主学习、自由选课、跨班授课使同班同学的概念逐渐弱化，除了在专业必修课上，大家一起上课、交流的机会较少，同班同学之间彼此了解与熟悉的难度增大；与此同时，学生往往处于服从管理的被动地位，参与班级建设的动力不足，集体意识不强。作为班干部，我们如何帮助同学们建立起良好的班级归属感，引导班级形成健康的、积极向上的价值观、目标、规范，最终促进学生全面发展，成长为新时代好青年呢？

书记：从社会学的角度来看，班级是一种特殊的社会组织，具有自功能性和半自治性。从系统的"大教育观"看，有学者认为班级是一个集教育、教学和个性发展于一身的有机统一体，是德、智、体、美、劳五育和谐统一的教育组织和教育系统。从学生的角度看，班级应当是一个"学习系统"，是学生接受教育影响，实现个体社会化的重要环境。实际上，班级与班集体是有区别的，有了班级，并不代表就形成了班集体。《教育大辞典》认为，班集体在教师指导下的班级共同活动中形成，一般会经历建立班级、确定目标，建立学生组织领导核心，形成集体规范和舆论的漫长而艰辛的过程。

随着教育体制改革的推进，在教师和学生的观念中，班集体的概念已有所淡化，但是这并不意味着班级这一形式在大学中没有存在的必要了，班级仍是大学生学习生活的主要环境。作为社会与青年之间一个特殊的中介，一个具有稳定性、适应性的微型社会系统，班级蕴涵着巨大的教育功能。恩格斯说："只有在集体中，个人才能获得全面发展其才能的手段，也就是说，只有在集体中才可能有个人自由。"一个好的班级，对学生的健康成长和成才有着不可低估的导向和引领作用。因此，通过提升班级价值，推动学生个体的全面发展，无论从人才培养的角度，还是从破解班级建设现实困境的角度来说，都十分必要。

班级建设是一项连续、系统、细致的工作，班干部作为班级组织中的骨干和核心力量，要创建和利用影响班级发展的班级目标、班级规范、班级干部队伍、班级管理阵地、班级文化等因素，使各种因素相互作用，产生对个体发展起正向作用的心理动力场，形成全体发展、全面发展的氛围。

第一，确立明确的班级奋斗目标。目标是方向，是动力，是班级建设的关键要素。一个良好的大学班级，必须要有一致的努力方向、集体发展的目标。在这里，我们首先必须搞明白大学班级价值关系中谁是主体，主体的需要是什么，客体的属性是什么。高等教育"培养人"的终极目的决定了班级建设的主体是学生，最终目的也是培养学生、发展学生。苏联教育家苏霍姆林斯基说："只有能激发学生去进行自我教育的教育，才是真正的教育。"因此，在确立班级目标的过程中，要从每个学生的实际出发，使每个人都能在达到基础要求的同时，得以展示和发展符合个人特点的素质，以增强个人在班级中的存在感和归属感。同时，在目标制定时，要采用民主决策的方式，从而更好地凝聚个体力量，让集体目标发挥激励、凝聚和教育的作用，把集体的价值渗透到个人的思想和行为中去。这样，班级中就不仅存在集体目标，还有大量个人目标，这些目标既是个人的，又是集体的，会让个体产生一种精神寄托或价值需要。

第二，形成高素质的班干部团队。班干部作为辅导员和班主任的助手，在班级中发挥着重要作用，承担着组织、凝聚、引领等职责。班级建设目标需要班干部传达、贯彻、实施，组织的价值追求、共同理想、行为准则要靠班干部宣传带动、以身示范。一个班级如果没有形成具有共同价值观的班干部队伍，则必定出现松散、无序的状态。随着大学生主体意识的增强，大学班级的自我管理程度越来越高，这对班干部队伍水平提出了更高要求。班干部队伍不但要德才兼备，还要具备准确洞悉事物发展的条件、进程和一般结果的能力，引领班级组织科学健康发展。这就必须要解决班干部"信"的问题。一方面，班干部必须要有对马克思主义的信仰，对中国特色社会主义的信念，对实现中华民族伟大复兴中国梦的信心，对中国共产党的信赖，要成为习近平新时代中国特色社会主义思想的坚定信仰者和忠实践行者；另一方面，班干部工作要有信度，才能形成团结人、凝聚人的领导力、向心力、榜样力和信任力。班级从初级群体形态发展到能推动个体发展的参照群体，是通过一系列的班级活动来实现的。过硬的执行力才能催生强大的战斗力，各项细枝末节工作的精准落实会使班级成员对班干部产生信任，这种信任力一旦形成，就会产生自愿追随的情感，形成以班干部为核心的向心力。

第三，搭建学生分类引领体系。按照"以生为本、因材施教"的教育理念，每一个学生都是教育的目标，确立和尊重学生在教育活动中的主体地位，尊重他们的个性特点，设计和组织符合其成长和发展的教育活动，着力培养个体全面发展的素质、鲜明的个性、独特的能力是教育的重要目标。因此，作为班干部，要根据不同学生的家庭情况、经济状况、心理健康状况、学习能力、兴趣爱好、成长目标等搭建分层次、分类别的引领帮扶体系，做到精准施策，助力每一位学生的全面发展。如在班级中建立以课题研究为驱动的小组活动、以思想教育和社会实践为驱动的小组活动、以特长和兴趣发展为驱动的小组活动等，定期开展交流展示活动，使每位班级成员成为独一无二、不可或缺的角色，充分展示其作为主体存在的思想和能力，帮助每位同学形成全新的自我认知，充分认识到人才的多样性、多层次性、相对性等，帮助每位同学最大程度成长成才，增强对班级群体的认同感、归属感，以形成班级群体凝聚力。

第四，促进学生全面成长。大学作为多元化的小型社会，是青年学生发展自己、实现理想的重要场所。苏联教育家马卡连柯总结自己多年的教育工作经验说："不管用什么样的劝说，也做不到一个正确组织起来的、自豪的集体所能做到的一切。"班级作为大学生日常思想政治教育的主阵地和学生成长发展的重要场所，有着不可替代的教育作用。在明确了班级奋斗目标、形成高素质干部队伍和搭建分类引领体系的基础上，要通过发挥班级作用促进每一位学生的全面发展。这种发展包括知识及认识的发展、情感的发展、兴趣态度的发展、社会技能的发展等。作为班干部，一要明确班级对学生思想政治教育的独特的功能与价值，以主题班会、主题活动、社会实践等为重要手段，巧借红色资源、思政元素深化思想教育，筑牢学生理想信念之基，涵养家国情怀，确保我国高等教育人才培养的正确方向；二要把握当前大学生的喜好，充分利用网络思政阵地和新媒体平台，引导大学生掌握马克思主义立场、观点，提升网络媒介素养；三要开展形式多样的学业交流、校园文化、志愿服务等集体活动，帮助大学生奠定扎实的理论和实践基础，把个人理想融入中国特色社会主义伟大事业之中，找到自我价值与社会价值的契合点，在党和国家伟大事业的不断推进中实现个人理想，成就精彩人生。

50. 如何让班里的每个同学都不掉队？

学生：作为班里的学生干部，我时常面临的现实困扰是：

总有少部分同学特立独行，不愿参加班集体活动；有的同学在学业、生活和心理等各方面还会出现或大或小的问题。那么我应该如何看待同学们现阶段面临的各类困扰呢？对于少部分有高需求心理的同学，我该如何恰当地与他们交流？我又该如何判断同学们是否需要接受专业的心理帮扶，帮助班级同学有效化解困扰、抵抗压力呢？

书记：大学生处于成长成才的关键时期，既具有强烈的求知欲和成才欲，也存在需求和发展之间的矛盾，这是大学生群体的共同特点。"00后"大学生成长在更加开放多元的时代，个性化的价值追求、自主化的学习方式、网络化的娱乐生活、理性化的处世哲学、务实化的人生理想等是他们的特点，这给我们开展日常班级工作带来了很多挑战。作为学生干部，在开展班级工作时，我们首先要坚持以习近平新时代中国特色社会主义思想为指导，树立全面发展和健康第一的理念，积极引导班级同学热爱生活、珍视生命，不断培育自身自尊自信、理性平和、乐观向上的积极心理品质和不懈奋斗、宠辱不惊、百折不挠的意志品质。同时要坚持正确的价值引领，围绕同学、关照同学、服务同学、亲近同学，将解决心理困扰与解决实际难题相结合，促进同学们思想道德素质、科学文化素质和身心健康素质的协调发展。

当代青年的困扰，主要集中在适应、人际、学业、情绪、就业和内在探索等方面，这是青年人的共性问题，有时代的影响，也有所处身心发展阶段的影响。大学生所处阶段，又被称为"心理的延续偿付期"，同学们心理发育本就处在逐渐成熟但又不稳定的状态，加上社会生活和自立经验的缺乏，很容易出现各类成长中的困扰。不同的困扰有其具体的表现形式，比如适应性问题可能表现为高期望与低现实引起的失落心理、思想认知不当产生的防范心理、学业压力较大诱发的自我否定心理、目标迷失带来的迷茫心理等等。那我们应该如何帮助同学们面对这些困扰？一要帮助他们学会接纳现实，明白困扰的出现是正常的成长发展表现，不用过于担心焦虑，从而学会正视自己的困扰与情绪，试着去识别这些情绪背后的真实需求。二要帮助同学调整负性认知，辨识理想与现实。很多情况下，同学们担心焦虑的都不是现实烦恼，而是被情绪夸大的内心想法。因而帮助同学们弄清楚担心的究竟是现实还是想法，现实到底是怎样的，可以做些什么来缓解现状，有哪些资源可以利用，能帮助他们从想法回到现实，更有针对性地解决问题。三要帮助同学们转变思维方式，积极看待问题。问题的出现就是成长的契机，学会勇敢面对现实，专注当下并不断积极自我暗示，才有可能看到事物发展的另一种可能。而与心理高需求的同学相处与交流，要把握三个原则：陪伴、支持与关注。给他们稳定的陪伴与情绪价值、温暖有力的社会支持和对他的需求、情绪，尤其是危机信号进行高度关注，是学生干部与他们交流交往的最好的方法，也是最有效的途径。

判断同学们的困扰是否严重，是否需要进一步寻求专业的心理帮扶，关键在于对同学们的困扰进行定性，以及进一步对心理困扰的程度进行初步评估，识别判断其属于正常心理还是异常心理。一是从"知情意行人境"，即认知、情绪情感、意志、行为、人际关系、环境适应能力六个方面来初步判断、评估同学们的心理健康状态。如果某一个或某几个方面出现问题，且影响到当事同学的正常学习生活状态，他可能就存在心理亚健康或不健康的情况了。二是进一步评估当事同学是否存在异常心理，可以从主观世界与客观世界是否统一、心理活动内在是否协调一致、人格是否相对稳定三个方面加以判断。如果当事同学出现以上三个方面的反常情况，则表明他可能存在异常心理，需尽快寻求专业帮助。三是如果以上几个方面均正常，但当事同学出现心理或情绪困扰（如抑郁、焦虑等）已经超过两周，且他通过自己调节及亲友帮助仍无法摆脱痛苦，影响到了正常的学习、工作和生活，甚至出现失眠、厌食、胸闷等躯体症状或消极厌世的想法时，我们需要第一时间报告辅导员并建议当事同学寻求学校心理中心的进一步评估和帮助。

在帮助班级同学有效化解心理困扰和思想压力方面，我们一是要引导同学们树立对压力及困扰的正确认知。压力认知评价理论认为，是否会产生压力不光取决于压力事件本身，还取决于我们的认知和解释，即对压力事件的评价及对应对问题能力的评价。在日常学习生活中，当同学们产生困扰、压力时，班干部首先要帮助班级同学们了解他们面对的压力源，比如挂科、人际关系紧张、找不到工作、错误的思想认识等，并以社会主义核心价值观为引领，帮助同学们树立正确的就业择业观、人际交往观、成长学习观等，提升同学们的综合素质能力。二是要围绕同学们面临的成长发展问题，定期开展解压团体心理辅导、心理素质拓展、班级趣味运动会、宿舍文创设计比赛、心理科普知识竞赛、心理情景剧大赛等特色班级文化活动，将实际问题融入活动情景中，帮助同学们缓解压力、调节情绪、获得人际支持，凝聚班级向心力。三是要善于识别、发现存在各类困扰的同学，加强对同学们的关怀和支持，对有较大或严重心理困扰的同学、学业成绩有预警的同学、思想认识有严重偏差的同学，要及时向辅导员报告相关情况，并学会利用学校各方资源，建议同学们积极寻求各类健康服务的支持，帮助同学们有效解决面临的现实问题和心理困扰，保证班级每一位同学都不掉队。

第十一谈　大学，如何履行好学生团干部职责

51. 如何认识当代青年的多元思想？

学生：作为团学活动的策划者、组织者，我时常有这样的困惑：我身边的团员青年参与团学活动的积极性、主动性在逐渐减弱。在网络新媒体被广泛运用、各种思潮轮番冲击等新形势下，我们应该如何认识当代青年的多元思想？团学活动在体现政治性的前提下应该如何提升吸引力呢？

书记：认识当代青年的多元思想，是一个复杂且重要的议题。随着社会发展和科技进步，当代青年的思想观念、价值取向和生活方式都呈现出多元化的发展趋势。这种多元化是社会多样性和个体差异性的反映，同时也是青年自我实现和追求幸福的表现。

马克思、恩格斯指出："人们的观念、观点和概念，一句话，人们的意识，随着人们的生活条件、人们的社会关系、人们的社会存在的改变而改变。"社会变革与思想变革是一个共变体。社会变革如形，思想变革如影，二者如影随形，极为密切。一方面，社会变革构成了思想多元的现实基础，对思想变革的主体有塑造性影响。另一方面，多元思想正是适应了开放社会的全方位变革，以兼容并存维护着社会的和谐。当代青年的思想呈现差异性和多样性是一种客观必然，这既是利益多元化的反映，也是社

会需求多样化的体现。缺乏多元的认同，社会及个体是单调的、僵化的。同样的，缺乏认同的多元，社会及个体是无序的、散漫的。换言之，如果只过分强调个性张扬，青年就很难形成社会价值认同，也就难以承担历史赋予的重任。在尊重差异中扩大社会认同，在包容多样中增进思想共识，是引领青年健康发展的必由之路。

当代青年的多元思想表现在价值观念的多样性上——不再受单一的价值观所限制，而是根据自己的经历、经验和信仰形成独特的价值观念，这种价值观念的多样性表现为对个人主义、爱国主义、社会责任、家庭观念、职业发展等方面的不同看法和追求；当代青年的多元思想表现在生活方式的选择上——不再受传统的家庭、职业和社会角色的限制，而是根据自己的兴趣、爱好和理想选择适合自己的生活方式，这种生活方式的选择表现为对旅游、音乐、艺术、阅读、运动等方面的追求和体验；当代青年的多元思想表现在对未来的展望和职业规划上——不再受传统的职业观念所限制，而是根据自己的兴趣、能力和市场需求选择适合自己的职业发展方向，这种职业规划的多样性表现为对创业、自由职业、跨界合作等方面的探索和实践。团员青年具有精神世界多元、崇尚个性独立自由等特点，再加上网络思潮的冲击，团学活动组织开展的难度就加大了。

大家在策划、组织团学活动时，除了要客观认识当代青年的多元思想，还要解决如何扩大有效覆盖的问题。现在的团学活动，不应该是量的简单积累，而应该有质的积极突破。有时候，活动多得让同学们应接不暇，但难以抓住重点，而盲目参与一项质量不高的活动往往会起到反作用，因为它不能反映同学们的真实诉求，不能给予其成就感、满足感，长此以往，容易降低青年团员参与团学活动的意愿，导致团学活动缺乏坚实的群众基础。

有较强吸引力的团学活动应该包含几个维度：积极向上的主题、贴合学生的生活、内涵丰富的理念、创新生动的形式，有深远的教育意义与思想引领作用。一是确立鲜明的主题，团学活动需要突出一个主题，进而带动其他工作的开展,"抓住一个点,照亮一个面",这是团学活动的基本要求。二是团学活动的内容需要贴近团员实际生活,让大家能从活动中找到共鸣点,进而接受教育。三是挖掘团学活动理念的深刻内涵,要富有教育意义,能对团员起到思想引领的作用。四是活动形式要有活力和张力,要符合青年团员的活动方式,能够激发团员参与活动的兴趣。

团学活动要的不是一时的热闹,而是启迪思想、发人深省的沉淀。团学活动的生命力在于其内涵和价值,要将共性把握与个性发展结合起来:共性把握主要解决的是工作的针对性和实效性问题,个性发展主要解决的是工作的吸引力和感染力问题,只有将活动与团员青年的全面发展相结合,提升团员素质,提高团员能力,让他们体会到参与活动的收获和价值,才能够培养起他们对活动的认同和归属感。优质的团学活动是一种战略行为,绝不能急功近利。要立足现实,着眼于长远,结合各学科特色,不断创新实践。对于团员青年认可和拥护的活动,要持续改进、持续创新,坚持才能出成效。

52. 如何理解共青团的政治属性?

学生:《中国共产主义青年团章程》明确提出:"中国共产主义青年团是中国共产党领导的先进青年的群团组织,是广大青年在实践中学习中国特色社会主义和共产主义的学校,是中国共产党的助手和后备军。"怎么理解"助手"和"后备军"的概念呢?

书记:中国共产主义青年团是中国共产党的助手和后备军,这一独特的政治定位决定了政治性是共青团第一位的属性,是共青团组织的灵魂。习近平总书记指出,"听党话、跟党走始终是共青团坚守的政治生命,党有号召、团有行动始终是一代代共青团员的政治信念",强调"共青团作为党的助手和后备军，必须紧紧围绕党的二十大确定新时代新征程党的中心任务来开展工作，把住方向，奋发有为"。保持和增强政治性是共青团工作的核心任务和根本遵循，也是团组织保持和增强先进性和群众性的重要前提。坚持政治立场和政治方向、担当政治任务和政治责任、严守政治纪律和政治规矩是共青团政治性的三重内涵，坚持党的领导是政治性的核心所在。

中国共产主义青年团的成立，是中国共产党主动谋划、积极推动、全程指导的结果。中国共产主义青年团从成立那一刻起，便自觉接受中国共产党的领导，充当青年先锋，汇聚青年力量，成为连接共产党和青年群体的桥梁和纽带。中国共产主义青年团紧跟着党，将党的思想主张、政治原则和组织纪律贯彻到青年工作中，引领青年参与学生运动、工人运动和农民运动，坚定了青年群体的理想信念，推动了一代又一代青年积极投身改造社会的实践，用生命和热血谱写了壮丽的篇章。也正是因为政治上的清醒，共青团无论是在风雨如晦的革命年代还是在和平安宁的建设时期，都能够牢记使命、不忘初心，紧跟着党走在时代前列，发挥青年的先锋作用。历史充分证明，只有坚持党的领导，共青团才能以强大的政治向心力带领青年前进，才能在新征程上"始终成为组织中国青年永久奋斗的先锋力量"。

共青团成立之初，党就赋予了其助手和后备军的职能。1928年，中共六大《关于共产青年运动的决议案》中明确指出，共青团"是党很有力的助手"。1949年，朱德要求共青团"做中国共产党在各个工作中的助手和后备军"。1953年，共青团是党的"助手和后备军"的论断首次出现在团章总则中。1982年，党的十二大在党章中恢复了共青团"是党的助手和后备军"的表述。2018年，习近平总书记指出："共青团是党的助手和后备军的所有工作，归结到一点，就是要当好这个助手和后备军。"革命时期，共青团通过理论宣传、思想动员、实践锻炼等形式鼓舞青年参与革命运动，壮大了党领导下的各级武装力量，涌现出刘胡兰、董存瑞等青年先锋；和平年代，共青团围绕党的经济建设目标动员广大青年积极参与社会主义建设，在一些重大工程、重要项目和关键领域做出了重要贡献，成为党的得力助手。所以，共青团只有在顶层设计和具体实践中坚持党的领导，始终把政治性放在首位，才能继续扮演好助手和后备军的角色，走好新时代的长征路。

做"党的助手和后备军"，这句话表述得清晰明白。但是，作为学生团干部，绝不能让自己对这句话的理解和认识仅仅停留在字面意义和表层意义上，而要随时随地把这句话与实际工作挂钩，要通过实实在在的团学工作把这句话真正体现出来。为此，我们需要结合共青团工作的历史，全面理解和把握这句话的内涵，明确在团学工作中应该从哪些方面落实这句话，使之成为我们工作的灵魂和统帅。

马克思指出："最先进的工人完全了解，他们阶级的未来，从而也是人类的未来，完全取决于正在成长的工人一代的教育。"对于共产主义事业来说，青年教育工作尤为重要。中国共产党从成立之初就重视对工人、农民和知识青年等群体的思想教育和政治教育，希望他们树立共产主义远大理想，成为党的事业的忠诚追随者和践行者。同时，中国共产党也赋予共青团"为党育人"的政治责任，寄予青年做社会主义事业建设者和接班人的厚望。共青团在党的指导下，从理想信念、科学理论、初心使命、光辉旗帜和优良作风等方面教育引导青年，强化青年群体的政治担当，为党的革命和建设事业提供人才支撑。整体来看，一要坚守马克思主义立场，把未来社会的美好图景与中国国情、青年的现实需要紧密结合，在理论教育和实践活动中强化团员青年的责任担当，坚定其理想信念。二要注重科学理论的灌输，抵制错误社会思潮对同学们的影响，把马克思主义理论融入团员青年的思想和行为之中，推动其思想觉悟的提升，使之紧紧团结在党的周围，自觉服从党的领导和指挥。三要弘扬党的优良传统，培育团员青年正确的价值观念和优良的工作作风。迈向新征程，共青团"要立足党的事业后继有人这一根本大计，牢牢把握培养社会主义建设者和接班人这个根本任务",就需要牢记党的嘱托,以政治性引领团学工作,继续培育与党同行的青年力量。

53. 如何看待学生团干部的"政治三力"?

学生:班干部和团干部竞选的时候,大部分同学都有这样的困惑:究竟班长和团支书有什么不同呢?两者从能力要求上来说是一样的吗?我经常听老师谈到,学生团干部要善于从政治上看问题,那政治上的成熟又体现在哪些方面呢?

书记:学生团干部与班干部都是学生骨干,是学生中的榜样,是青年中的先锋分子,也是我们高校思想政治工作队伍中的重要成员。由于身处不同的组织架构,两者的工作职责也相应有所区别。前面我们谈到了共青团的政治属性,"共青团是促进青年健康成长的政治学校,政治性是共青团的第一属性"。学生团干部作为广大团员青年的优秀代表,作为高校团学工作的直接参与者,旗帜鲜明讲政治是其首要素养,是其必须修好的永恒课题。当前,团员和青年主题教育正在扎实有序地推进,《不断提高政治判断力、政治领悟力、政治执行力》等讲话的重要意义不言而喻。

"绳短不能汲深井,浅水难以负大舟。"政治能力过硬是学生团干部的基本素质。2020年12月,习近平总书记在中共中央政治局民主生活会上发表重要讲话时指出:"我们党要始终做到不忘初心、牢记使命,把党和人民事业长长久久推进下去,必须增强政治意识,善于从政治上看问题,善于把握政治大局,不断提高政治判断力、政治领悟力、政治执行力。"这是习近平总书记第一次明确提出"政治三力"。此后,在十九届中央纪委五次全会、党史学习教育动员大会、2021年春季学期中央党校(国家行政学院)中青年干部培训班开班式等不同场合,习近平总书记多次强调"政治三力",要求讲政治必须提高这三种能力。党的二十大报告指出,青年强,则国家强。党的百年奋斗史蕴含着丰富的红色基因。学生团干部坚持党旗所指就是团旗所向，关键在增强政治判断力、政治领悟力和政治执行力，牢记国之大者，以"政治三力"传承红色基因、赓续红色血脉。学生团干部的政治判断力决定其价值判断能力，政治领悟力决定其价值取舍能力，政治执行力决定其价值塑造能力，唯有具备上述"政治三力"，才能保持正确的政治方向，更好地理解和运用新理论、新思想、新方法，从而将党的理想信念转化为实现中华民族伟大复兴的生动实践。

习近平总书记说过："政治上的主动是最有利的主动，政治上的被动是最危险的被动。"因此，学生团干部不仅要讲政治，更要主动讲政治，讲好政治。学生团干部的政治观尚未成熟定型，你们正处于政治品质塑造的关键时期，面对不断涌现的社会思潮，必须要提高政治判断力，学会明辨是非、把握本质，做出正确的政治判断。要充分看到，伴随世界百年未有之大变局加速演进，国内外敌对势力是绝不愿看到中国特色社会主义"风景这边独好"的，必然要想方设法对我们进行渗透、破坏、遏制、颠覆活动，重点就是我国青年一代。青年人思想多元、思维活跃，正处于"拔节孕穗"的关键时期，但社会阅历相对较少，容易受到外界和错误思想的影响，迫切需要加强引导。学生团干部要自觉用党的创新理论武装头脑，在大是大非面前、在政治原则问题上做到立场特别坚定、头脑特别清醒，做好战略谋划，不断提高自己把握事物本质、处理复杂矛盾、防范风险挑战的能力，在波澜壮阔的时代洪流中铸牢听党话、跟党走的立身之本和政治之魂，把牢走中国特色社会主义道路、为共产主义远大理想不懈奋斗的政治方向。

那么，学生团干部怎么样才能讲好政治呢？要不断提高政治领悟力，通过深入思考，真正把政治领悟做到内化于心、外化于行，在认知层面、思想层面做到善于钻研，力求在学习和工作中达到"思想不搁浅、行动不偏航"。要善于运用马克思主义的立场观点方法分析问题，学会在各种思潮交融交锋中把握主流，在纷繁复杂的现象中抓住本质，做到心境澄明、心力茁壮，从而用敏锐的眼光观察社会、用清醒的头脑思考人生、用智慧的力量创造未来。同时，要学会在实践中提高政治领悟力、检验政治领悟力。要结合具体的团学工作，把党团政策精神吃透弄懂，把职责划分清晰，坚持党的全面领导，在思想上和行动上与党中央保持高度一致，不断增强政治领悟力，从而坚定理想信念、厚植家国情怀，为一生的奋斗奠定基石。

学生团干部不断增强讲政治的能力，最终要落脚到提高政治执行力上来。要不断增强政治意识，敢于斗争，善于斗争，与时俱进，守正创新，更好地为团员和青年服务。党的二十大擘画了全面建设社会主义现代化国家、以中国式现代化全面推进中华民族伟大复兴的宏伟蓝图。当代青年的成长期、奋斗期与这一伟大进程高度契合、紧密相连，中华民族伟大复兴的中国梦必定要在这一代中国青年手中实现。要看到，在推进中国式现代化这一前无古人的开创性事业过程中，必然会面临各种艰难险阻，经受许多风高浪急甚至惊涛骇浪的重大考验，迫切需要青年一代挺身而出、担当作为。学生团干部要淬炼过硬本领、涵养专业精神、提升专业素养、锻造专业能力，对表对标党中央精神，把党的路线方针政策坚决执行到位、把党中央决策部署不折不扣落实到底。以钉钉子精神抓落实，以"咬定青山不放松"的心态不断解决问题，切实把政治领悟力转化为政治执行力。

54. 学生团干部应如何增强斗争意识，提升斗争本领？

学生：习近平总书记指出，新时代的广大共青团员"要做敢于斗争、善于斗争的模范，带头迎难而上、攻坚克难"。如何理解斗争精神呢？在当前新形势下，我们的斗争对象是什么呢？

书记：斗争是一种精神，建党一百多年来，无数中国共产党人以大无畏精神，用宝贵生命践行了对民族和人民的英勇担当。敢于斗争、善于斗争既是历史的必然，又是现实的需要，更是对青年成长发展的要求。党的二十大报告要求全党同志"务必敢于斗争、善于斗争",并把"坚持发扬斗争精神"作为前进道路上必须牢牢把握的重大原则,丰富了伟大斗争精神的内涵,对进一步激励、鞭策学生团干部在新征程上不忘跟党初心、牢记青春使命,勇于战胜各种困难和挑战,奋力夺取新的伟大胜利具有重要意义。"当前,世界之变、时代之变、历史之变正以前所未有的方式展开,人类社会面临前所未有的挑战。"我们要审时度势,不断夺取具有许多新的历史特点的伟大斗争新胜利,使民族复兴的根基更加牢固,国家强盛的前提更有保障。新征程上,同学们要"怀抱梦想又脚踏实地,敢想敢为又善作善成",始终保持永远在路上的劲头,坚定夺取斗争胜利的信心。

明确斗争对象很重要。与谁斗?斗什么?斗争精神在个人发展层面,就是肯吃苦,敢担当,积极进取,勇于进行自我突破的奋斗品质。革命战争年代,青年的斗争为的是挽救国家危亡,解决民族危机。现在,我们迎来了更加广阔的舞台,新时代青年置身于实现中华民族伟大复兴中国梦的关键时期,是手握接力棒的奋进者。我们再谈斗争精神,就是在丰富的物质生活面前,精神层面保持自强不息、艰苦奋斗的精神品质,时刻警惕享乐主义、消费主义的侵蚀。比如,社会上有"躺平"的观点,折射出一些人对奋斗的认知偏差。作为新时代的学生团干部,不能人云亦云、随波逐流、盲目追随,要有清醒的认识和判断,平衡好物质生活与精神世界的关系,同错误思潮作斗争、同"躺平"心理作斗争、同"舒适圈"作斗争、同困难作斗争、同命运作斗争、同敌人作斗争。

在斗争中要始终保持政治定力。近年来党和国家始终坚持民族利益至上、人民至上、生命至上,从大局出发、从全局落棋,始终保持"不畏浮云遮望眼""乱云飞渡仍从容"的定力,赢得了一个又一个重大胜利。就整个国家而言,"定力"就是始终坚持马克思主义基本原理不动摇、坚持党的全面领导不动摇、坚持中国特色社会主义不动摇的大方向;就学生团干部而言,"定力"就是端端正正扣好人生第一粒扣子,树立共产主义理想,坚定共产主义信念,用习近平新时代中国特色社会主义思想武装头脑,自觉服从大局、坚决维护大局,深刻领悟"两个确立"的决定性意义,切实增强"四个意识"、坚定"四个自信"、做到"两个维护"。

在斗争中要不断锤炼过硬本领。斗争是学生团干部成长的"练兵场"和检验学生团干部政治素质的"试金石"。大家要自觉加强斗争历练,在斗争中学会斗争,在斗争中成长提高,努力成为可堪大用、能担重任的栋梁之材。要做刻苦学习、锐意创新的模范,带头立足岗位、苦练本领、创先争优,怀着空杯心态,以时不我待的精神、分秒必争的行动,像海绵汲水一样汲取知识,在岗位上发挥真才实学,在实践中增长才干。面对在重要领域存在的空白、面对欧美国家在关键领域的技术封锁,学生团干部要发扬"不信邪、不怕鬼、不怕压"的精神,激发艰苦奋斗、永久奋斗的正能量,在应对重大挑战、抵御重大风险、克服重大阻力、解决重大矛盾中经风雨、见世面、壮筋骨、长才干。

在斗争中要积极展现担当作为。二十世纪六七十年代,全国上下掀起了"知识青年上山下乡"的热潮,习近平总书记作为年龄最小、去的地方最苦、插队时间最长的知青,在陕北农村一待就是七年。他用行动告诉我们一个道理:"青年时代,选择吃苦也就选择了收获,选择奉献也就选择了高尚。"基层一线是学生团干部开阔视野、增长才干的广阔舞台,你们要想健康稳步成长成才,必须要在急难险重任务一线、吃劲岗位、关键岗位进行历练,多到基层一线沾泥土、接地气、长本事,努力践行"敢于斗争、善于斗争"的重要要求,努力成为行业骨干、青年先锋,争做走在时代前列的奋进者、开拓者、奉献者。

55. 如何理解要"做青年友,不做青年'官'"?

学生:回想竞选团干部的那天,我曾信誓旦旦承诺:"一定会胜任这个岗位,真诚倾听团员青年呼声、真实反映团员青年愿望……"但工作一段时间后,面对纷繁复杂的工作任务,我时常感到"本领恐慌",陷入深深的自我怀疑中。我如何才能快速提升自己，做团员青年的"贴心人"？优秀的学生团干部究竟应该具备哪些能力素养呢？

书记：学生团干部的选拔、任用、考核、激励，涉及"培养什么样的人，怎样培养人"的问题。其中，"培养什么样的人"涉及培养目标的问题，"怎样培养人"涉及培养机制的问题，两者是相辅相成、不可分割的。前者为后者指明了方向，后者为前者提供具体保障。我们的党是注重青年发展的党，时刻关心着青年的成长成才，始终对广大青年学生寄予殷切的期望。加强对学生团干部的培养是为党组织输送人才、灌注力量的重要途径。在组织关怀和个人努力下，我们的学生团干部也取得了一定成绩，尤其是在基层组织建设、挑战杯竞赛、暑期"三下乡"等活动中，充分发挥了联系组织与团员青年的桥梁作用，使得广大团员青年能够积极充分地参与到共青团组织的活动中。

学生团干部从团员青年中来，到团员青年中去，"做青年友"不成问题。但是，要警惕"做青年'官'"思想的蔓延。做团干部之前和青年学生打成一片，做了团干部后就和团员青年有了距离感，那这一定是有问题的，不仅仅是思想认识层面的问题，还是工作方式方法的问题。青年有什么需求，团组织就要开展有针对性的工作，学生团干部的工作触角要延伸到广大青年最需要的地方去。要紧扣服务青年的工作生命线，想青年之所想，急青年之所急，方能真正扎根青年、凝聚青年。要切实做好服务青年工作，维护好青年权益，聚焦学业发展、就业创业、能力提升、成长困惑等青年关心关注的现实问题，通过团学活动发挥组织优势，为青年发展铺路筑桥。解决好同学们的急难愁盼问题，你就会在为大家办实事、解难题中成为同学们的"贴心人"。

何为优秀的学生团干部？习近平总书记在2021年秋季学期中央党校（国家行政学院）中青年干部培训班开班式上指出："年轻干部生逢伟大时代，是党和国家事业发展的生力军，必须练好内功、提升修养，做到信念坚定、对党忠诚，注重实际、实事求是，勇于担当、善于作为，坚持原则、敢于斗争，严守规矩、不逾底线，勤学苦练、增强本领。"四十八字的要求，体现了习近平总书记对广大年轻干部的殷切期望和谆谆嘱托。想成为一名优秀的学生团干部，我们要从中汲取智慧，总体应该把握四条。一是政治素质过硬。政治标准是判断优秀学生团干部的首要标准，优秀学生团干部要具备坚定的政治信仰，坚定拥护"两个确立"、坚决做到"两个维护"，在大风大浪面前立场坚定，始终保持对党忠诚、对组织忠诚，不做政治上的"两面人"。二是工作实绩突出。这就是我们常说的："干部要拿实绩说话。"优秀的学生团干部，要扛得了重活，打得了硬仗，经得住磨难。要有强烈的革命事业心和工作责任感，善于观察，勤于思考，与时俱进，守正创新，积极主动地开展工作并做出实绩。三是师生群众认可。优秀学生团干部要有群众意识、责任意识和奉献意识，一切以团员青年的利益为先，能吃苦、吃亏、不喊累，这样才能获得大家的认可和支持，让广大团员凝聚在一起。四是综合素质优秀。作为一名学生团干部，必须要具备理论素养过硬、学习成绩优秀、个人品行端正、工作认真负责等素质。此外，还要学会承受与解决比其他学生更多的困难，这既是对自己的一种锻炼，也是与团员青年密切联系的机会。

56. 如何打通思想引领的"最后一公里"？

学生：在《论党的青年工作》一书中，习近平总书记指出："实现中国梦，需要依靠青年，也能成就青年。要深入研究当代青年成长的新特点和新规律，把准方向、摸准脉搏，大力推进团的组织和工作创新，牢牢把广大青年团结和凝聚到党的周围，坚定理想信念，自觉践行社会主义核心价值观，勇担时代赋予的重任，走在创新创业创优的前列，在服务人民、奉献社会、建设祖国的生动实践中体现人生价值。"如何才能在实际工作中践行习近平总书记对团学工作的要求，更好发挥学生团干部的作用呢？

书记：正所谓"行百里者半九十"，越是接近终点、临近末端，往往越有难度，越需要全力以赴。"最后一公里"原意是指完成长途跋涉的最后一段里程，现在通常被引申为工作落实中的最后关键一步。当前，学校发展蓝图已绘就、顶层设计已经搭好、号角已经吹响，倘若发展举措在"最后一公里"受阻，改革不落实或者落实不到位、落实走样，加速发展、高质量发展就无法实现，发展的含金量就会大打折扣。畅通"最后一公里"，不仅仅是全体学工干部的职责使命，也是学生团干部的工作着力点。

马克思曾指出，"思想"一旦离开"利益"，就一定会使自己出丑。高校思想政治工作的"最后一公里"问题，就是思想引领工作中有没有满足服务青年需求的问题，有没有脱离青年的思想和实际情况的问题，就是工作"接地气"够不够、针对性强不强、吸引力足不足等方面的问题。学生团干部作为团员青年的"贴心人"，唯有切实发挥作用，才能打通高校思想引领的"最后一公里"。具体要发挥哪些作用呢？这就要从我们的职责本身入手，作为青年中的先进分子，你们要以身作则在团员青年中发挥良好的示范作用；作为团学活动的具体组织策划者，你们要在学校和同学间发挥桥梁纽带作用；作为基础团务工作的参与者，你们要做团委老师的得力助手、做身边团员青年的"贴心人"。

打铁还需自身硬，学生团干部作为团员青年的表率，肩负思想引领的责任，要坚持读原著、学原文、悟原理，引导团员青年全面学习领会党的创新理论的科学体系、核心要义、实践要求，拿出"挤"和"钻"的精神，真正把学习作为一种生活态度、一种工作责任、一种精神追求。要发挥共青团遍布基层一线、深入青年身边的组织优势，以团支部为基本单位，依托"三会两制一课"制度，扎实开展集体研学和个人自学。团支部书记履行牵头责任，团支部委员发挥骨干作用，经常性组织团员、带动身边青年开展学习。要依托互联网技术和新媒体平台，坚持线上线下相结合，力争最广泛地动员团员和青年参与到学习中来，努力实现多重覆盖、有效引导、营造氛围。

团学工作的"最后一公里"就在团支部,学生团干部要加强团支部建设。团支部是团的基础组织,是联系服务团员青年的最前端,青年的成长困惑、发展诉求团支部最先感知到,青年的思想引领也是团支部在主导。团学工作就是要积极主动对接青年需要、心系青年成长、解决青年困惑、护航青年发展。要真正把团支部的组织健全起来、功能发挥出来、活力激发出来,使其在团员和青年中更加有形、有感、有为。比如,有的团干部探索"寝室建立团小组""网格化管理团员""将支部建在社团、建在实验室"等方式,将团干部的力量下沉聚焦,真正做到了服务青年,为青年办实事。总而言之,团支部建设的"最后一公里"需要充分发挥团干部在基层团建中的引领作用,调动团员青年的支部荣誉感,大家一鼓作气跑好这"最后一公里",让每个人都不掉队,在集体中获得成长,共享团支部建设成果。

第十二谈　大学，如何追求政治进步

57. 如何理解党的信仰？

学生：我有一个思考很久而不得其解的困惑，那就是党的话语体系如何真正和我们这一代青年产生互动？我身边有一部分同学认为，涉及马克思主义信仰的词汇都是宏大而抽象的，因而也是离我们较远的。那"共产党人"的身份意味着什么呢？如何理解这既是一种政治身份，也是一种信仰身份？

书记：马克思主义首先是一种科学的理论，同时又是一种科学的信仰。信仰是人们对其认定体现着最高生活价值的某种对象由衷不移的信赖和矢志不渝的追求，是人区别于动物的一个重要特征。实际上从有人类以来，信仰就以萌芽的形式出现在人们的生产活动之中，从没有自身独立的存在形式发展到图腾，再到后来的宗教意识等。但毫无疑问，马克思主义的诞生才真正使信仰有了划时代的变革，它是迄今为止最伟大的信仰。

马克思主义信仰和共产主义信仰在本质上是完全相同的，在日常社会活动中，人们也常常把它们当作同义语来对待，不过二者的侧重点略有差异。马克思主义信仰突出这个信仰的学理基础是马克思主义而不是别的什么主义，而共产主义信仰突出的是信仰的现实追求方面，侧重于行动层面。作为信仰的马克思主义或者马克思主义信仰指的是人们对马克思主义的信仰，就是对这种理论的相信和信奉。也就是说，马克思主义理论本身不是信仰，人们对这种理论的信仰才叫马克思主义信仰，或者说，只有当马克思主义进入了人的头脑和心中，才能叫信仰。

信仰从空想和虚幻变为科学并在运动中发挥自己的作用，首先需要无产阶级意识到科学理论和科学世界观对于他们运动的意义。马克思指出："工人们所具备的一个成功因素就是人数众多；但是只有当群众组织起来并为知识所指导时，人数众多才能起决定胜负的作用。"这里的"知识"实际上就是科学理论。马克思主义代表无产阶级更多人的利益。马克思在《资本论》中分析，资产阶级用国家政权来保护个人财产，无产阶级付出了那么多劳动，却只能得到最少的劳动成果。这种社会制度叫作资本主义制度，它不够公正，那怎么样才能公正起来呢？这就有了马克思主义的革命理论，即推翻一个旧的制度，建设一个新制度，从资本的逻辑当中走出来。"资本主义必然灭亡，社会主义必然胜利"，这"两个必然"是马克思主义或者共产主义的核心命题。在《资本论》第一卷中，马克思就用了两句话来表述这个意思："资本主义私有制的丧钟就要敲响了，剥夺者就要被剥夺了。"

共产党人要成为坚定不移的马克思主义信仰者，意味着首先要相信马克思主义是正确的理论，要接受马克思主义的思想和观念，要接受马克思主义的世界观。马克思主义不靠装神弄鬼赢得人民，而是自诞生以来就占据真理和道义的制高点。这意味着马克思主义对人类社会发展规律有科学性把握，同时又站在人民的立场上对现实社会进行革命性改造。马克思主义从不关注抽象的人的命运，而是以人类社会发展的一般规律为基础，揭示资本主义社会的基本矛盾，继而探索无产阶级和全人类解放的目标与途径。当然，马克思主义博大精深，是一个完整的思想理论体系，相信马克思主义不是说必须掌握每个具体的论断，这不是一种量的概念，而是一种思维方式，意味着从根本上接受马克思主义本身，尤其是其世界观和方法论。每一位党员坚定理想信念是全党坚定理想信念的基础。作为一名党员，只能信仰马克思主义，绝对不能信仰任何其他主义；必须对共产主义必然实现保持坚定的信念，绝对不能三心二意、半途而废。

相信与信仰也不能停留在精神和观念上，而应当表现在行动和实践中。在现实生活中，我们要按照这一理论的要求去行动，且这种行动应当是一贯的行动，而不是一时的冲动。正如毛泽东说的，"一个人做点好事并不难，难的是一辈子做好事不做坏事"。所谓好事，从信仰者的角度来说，就是符合自己信仰的事情，对于马克思主义信仰者，对于共产党人来说，就是在马克思主义世界观指导下做事，做符合人民群众根本利益的事。从这个意义上看，信仰离大学生并不遥远，就体现于我们的成长过程和为人处世的选择中。

58. 如何把握社会主义的阶段性特征？

学生：读马克思主义原著的时候，我经常有一些疑惑，比如社会分工、社会公平、贫富差距等等，应该如何科学理解？又比如，如何看待中国特色社会主义市场经济条件下社会的一些"不和谐"的现象？如何理解社会主义初级阶段下我们的发展，特别是面临的问题与不足？

书记：这些是很现实的问题，我们要从全局、长远来理解。理论上的清醒是实践上自觉的前提和先导。马克思曾经将共产主义社会划分为第一阶段和高级阶段，列宁在此基础上将共产主义社会第一阶段称为社会主义社会，并且认识到社会主义发展也要经历若干阶段，因而提出了初级形式的社会主义、发达的社会主义、完全的社会主义等概念。毛泽东明确将社会主义划分为不发达的社会主义和比较发达的社会主义；党的十一届六中全会首次提出，"我们的社会主义制度还是处于初级阶段"；党的十三大系统阐述了社会主义初级阶段的基本路线，形成了社会主义初级阶段理论，标志着我们党对中国社会主义发展阶段的认识已经较为成熟。不难看出，"社会主义初级阶段"是中国社会主义发展进程中的一个阶段，"社会主义"是其前提性规定——方向的迷失会导致颠覆性的灾难，引发不可收拾的后果，必须坚定社会主义前进方向，以建成社会主义和实现共产主义为目标，这是社会主义初级阶段的必然性、根本性要求。邓小平同志曾经讲过，"巩固和发展社会主义制度，还需要一个很长的历史阶段，需要我们几代人、十几代人，甚至几十代人坚持不懈地努力奋斗，决不能掉以轻心"。社会主义是共产主义初级阶段，而我们现在所处的是社会主义初级阶段。从 20 世纪 50 年代中期到现在，我国进入社会主义初级阶段已经六十多年了，我国的生产力、经济基础、上层建筑、人民生活和国际地位等都发生了巨大而深刻的变化。但从历史和现实、理论和实践、国内和国际等角度进行深入思考，我国还将长期处于社会主义初级阶段。

恩格斯指出："所谓'社会主义社会'不是一种一成不变的东西，而应当和任何其他社会制度一样，把它看成是经常变化和改革的社会。"习近平总书记也指出："社会主义初级阶段不是一个静态、一成不变、停滞不前的阶段，也不是一个自发、被动、不用费多大气力自然而然就可以跨过的阶段，而是一个动态、积极有为、始终洋溢着蓬勃生机活力的过程，是一个阶梯式递进、不断发展进步、日益接近质的飞跃的量的积累和发展变化的过程。"这是理解我们当前所处的新发展阶段的一个基本前提和理论准备。

大家学理论一定要理解透，我们中国共产党的政治主张和我们现在社会主义初级阶段的现实不是冲突的，因为共产主义是不断运动的过程，我们现在运动到这个阶段了。马克思主义是关于无产阶级解放的学说，但如果没条件，什么也解放不了，中华民族伟大复兴也必须有条件，这个条件首先是物质基础条件，就是大力发展生产力，而发展生产力必须要用社会主义市场经济这个手段，必须走社会主义市场经济这条道路。

社会主义市场经济允许各个阶层的存在，它以公有制为基础，多种所有制经济共同发展，以按劳分配为主体、多种分配方式并存。同时鼓励民营经济发展，鼓励私营资本发展。

理解革命导师的论断，既要看其对特定的时代做了哪些指导性的判断，又要看其把握社会群体和社会结构的方式思维，后者比前者更重要。理解我们党的政治主张，谈党的理想和宗旨，一定要立足我们现在的发展阶段。而我们要实现阶段性的目标，必须做到始终代表中国先进生产力的发展要求，代表中国先进文化的前进方向，代表中国最广大人民的根本利益。比如，航天、铁路等的建设，困难群众兜底保障，乡村振兴等等，都是发挥体制优势办大事的例子。如果认为我们的党是无产阶级政党，就要推翻资本，不顾实际、超越阶段，就容易犯理想化、两极对立的错误，那就是不成熟的表现。

就像作为党员要先进，却不能要求社会上所有的人都要和党员一样先进，在社会主义初级阶段，资本主义因素是必然存在的。没有这个必然存在，就走不到将来。所以在社会主义初级阶段，在改革开放初期，我们引进资本、先进技术、先进经验，允许一部分人先富起来。但我们始终抓住根本，坚持以公有制为基础，多种所有制经济共同发展的基本经济制度，按劳分配为主体、多种分配方式并存的分配制度，朝着实现全体人民共同富裕不断迈进。

党政军民学，东南西北中，党是领导一切的，我们要画最大同心圆。无产阶级不是为了自己阶级的利益而存在，而是为了人民的利益、为了全人类的利益。所以千万不要把无产阶级和别的阶级对立起来，特别是我们是长期执政的党，我们还处在社会主义初级阶段，各种社会阶层都存在，只为了自己的阶层利益是不行的。无产阶级代表先进生产力的发展要求，我们鼓励一部分人先富，最终达到共同富裕。

59. 如何做到理性虔诚，克服盲从？

学生：当党员身份与评优择业、各类优先选择机会挂钩的时候，总会出现功利性入党或者盲从盲目入党的现象，这也在一定程度上消解着普通同学对党组织的理性认同。作为大学生，我们应该如何保持理性认知，应该从哪些方面去努力，从而理性地而不是盲目地选择向党组织靠拢呢？

书记：为什么入党，这是一个关于入党动机的问题。毋庸置疑，申请入党的大部分大学生是有一定的理想信念并怀着崇敬的心情的。但不可否认的是，有一些学生并没有想清楚为何入党，有的人甚至是心怀私利而入党。入党是既要思想入党又要组织入党，思想入党更重要。什么叫作思想入党呢？大家在入党前，思想可以是多元的、不成熟的，甚至受到各种影响的，但是入党之后思想就要改造，归到党的思想、党的旗帜下。党员就是无产阶级先锋队的一员，就要为中国人民谋幸福，为中华民族谋复兴，为人类谋和平与发展，这就是我们的初心使命。我们要多看看党章里面的入党誓词，思想就应该从这些方面入党。

思想必须要经过改造。入党的时间很长，分好几个阶段，从积极分子、发展对象再到预备党员，中间要参加党课培训学习，要不断地进行思想汇报，最终要看什么？就是看你是不是思想入党了。思想入党就是你认同党的章程、党的宗旨、党的权利和义务等等，从多元归到一元了，思想就统一了。党的队伍有先进性、纯洁性，有严格的组织性、纪律性，完成了思想入党，你才叫入党了。同时，思想改造是无止境的，需要不断地去淬炼，始终做一名合格的党员。

但如果没有理想信念的话你就坚持不住，一些官员腐败了，就是因为坚持不住了，认为共产主义什么时候实现，他也看不着，认为对党员的要求太高了，于是滑向另一面了。因此，一定要坚定理想信念，把握好"总开关"问题。航船越大，越要有方向。

大学生正处在世界观、人生观、价值观塑造的关键时期，人生的第一粒扣子能否扣好至关重要。对党的理论，我们要做到真懂真信。其中，"真信"解决的是学习效果的问题，是理论"入心"的过程，是理论内化的阶段。"真信"是内心深处的理性认同，是情感认同的升级版，也是一种政治认同、思想认同。"真信"还是一种政治追求、价值取向，就是把新思想、新理论作为毕生的价值追求和内生动力，作为改造主观世界和客观世界的思想武器和行动指南。可以说当你申请加入中国共产党的时候，就是在选择信仰。选择信仰的时候需要理性，但不能功利，否则会变成实用主义；需要热情，但不能虚荣，否则会让你行无所依。因此在考虑为何入党的时候，我们应该保持清醒的头脑，要在感性认识的基础上，努力形成对自身、对社会、对中国共产党、对国家的理性认识。

60. 如何提升向党组织靠拢的主动性与本领担当？

学生：在向党组织靠拢的过程中，我时常有这样的困惑：如何向那些优秀党员学习？我能够成为他们那样的人吗？还有就是，入党的过程中，我如何才能实现认识上从"我不行"到"我可以"的转变？

书记：因为人是社会性动物，人是社会的人，人与人之间具有相互作用，总是不可避免地受到他人的影响。人与人的相互影响通过社会生活中的交往、接触来实现。这种交往与接触并不一定是基于真实客观的联系，思想、精神上的交流沟通也能对一个人产生影响。焦裕禄、张思德等党内先进分子，这些年来教育领域涌现出的黄大年、张桂梅等示范性人物，都应该是我们学习的榜样。他们的精神，对我们都有积极的影响。

党是由众多党员组成的，每一名党员都应该发挥先锋模范作用。什么是先锋呢？毛主席当年为陕北公学题词时指出："要造就一大批人，这些人是革命的先锋队。这些人具有政治远见。这些人充满着斗争精神和牺牲精神。这些人是胸怀坦白的，忠诚的，积极的，正直的。这些人不谋私利，唯一为着民族与社会的解放。这些人不怕困难，在困难面前总是坚定的，勇敢向前的。这些人不是狂妄分子，也不是风头主义者，而是脚踏实地富于实际精神的人们。中国要有一大群这样的先锋分子，中国革命的任务就能够顺利地解决。"具体而言，先锋分子就是我们党历史上涌现的众多优秀共产党员，他们身上的优秀品格，他们的精神谱系，有很强的感召力。我们要学习他们，成为他们，做他们那样优秀的人。

我们还要善于向身边的榜样学习。普通同学可以看学生党员是一种什么状态，比如班里入党的几个同学，就是班里各方面表现都比较好的先进分子。大家在各方面都可以向他们学习。

还有一个是主动性的问题。习近平总书记多次做出重要论述，强调要充分激发全体人民的历史主动精神。历史主动精神同马克思主义是不可分离的：没有工人阶级的历史主动精神，就没有马克思主义的产生和发展；没有马克思主义，就没有自觉的历史主动精神。历史往往是在纷繁复杂的环境中通过曲折的道路向前迈进的。一个政党只有明晰历史方位，认清历史规律，把握历史大势，才能制定出正确的理论、路线和方略，以清醒自觉的主动状态推动事业发展，这也是历史主动精神之"主动"的精髓要义。同学们加入中国共产党，也一定要主动认识党的性质宗旨，搞清楚了再选择加入，千万不能怀着功利的目的来，要认识到，是你要入党，而不是什么外在的东西迫使你入党。

每一个青年人都要有这种历史主动精神，肯担当、要进步，有大义担在肩上的情怀。青春是喷薄而出的朝阳，青年人要有青年人的样子，必须要积极主动，或者变被动为主动，清楚自己的未来，走上人生的光明大道，必须发扬历史主动精神，积极向党组织靠拢。

61. 如何在组织中找到归属？

学生：加入中国共产党，意味着取得特殊的政治身份，而党员的身份认同，有助于构建起我们党的组织严密性、凝聚起组织内聚力。我们入党以后，如何才能时刻意识到自己的党员身份，从而提醒我们承担党员的责任义务呢？组织又如何帮助我们不断地强化身份和党性意识呢？

书记：严密的组织体系是我们党不断成长壮大的根本保证。列宁曾经指出："无产阶级在争取政权的斗争中，除了组织而外，没有别的武器。"组织是有形的，可以具体到某一支部、总支、党委，又是观念的、抽象的。组织是千千万万个党员组成的集体，每名党员都是集体的一份子。因此谈组织既要注重集体，也要把党员自身摆进去，因为个体党员也代表着组织形象、反映着组织形象。

组织是熔炉，是你成长发展的助力。你对它领悟有多深，你的理想信念有多深，你入党就有多坚定。组织是一群人构成的，这群人在我们党内称为"同志"，志同道合，方向一致。这一生你与谁同行很重要，如果你身边都是优秀的人、先进分子，大家有共同理想，你也差不了。可以说，一滴水汇入江河才有磅礴力量，一个人离开组织就会成为断线的风筝。

还要处理好个人理想和远大理想、共同理想的关系。共产主义理想是远大理想，中国特色社会主义是共同理想，个人理想能不能和远大理想、共同理想结合呢？如果想入党，这个问题必须想清楚。如果你不向往中国特色社会主义的共同理想，也不想共产主义的远大理想，你只想个人理想，你就局限在了个人理想。你要想你自己的事，发挥自己的作用，还要想大家共同的事，想人类的远大理想，这样才能开创人类社会更美好的未来。

任何一个党派都要有终极目标，这个目标不是说当代人就一定能实现，但如果每代人、每个人都不想的话，那永远都是实现不了的。只有每个人都去想，才能汇聚成无穷的力量。共产党员就要有这种情怀，要有远大理想，要让世界变得更美好。

列宁曾经指出，"无产阶级在争取政权的斗争中，除了组织，没有别的武器"。组织的力量太强大了，1921年我们党成立时，中国社会有三百多个政治团体，我们党之所以能够脱颖而出、发展壮大，一个重要原因就在于我们的党始终高度重视组织体系建设。正是因为建立了严密有序的组织体系，我们党才能行动起来"如身使臂、如臂使指"，由一个只有几十名党员的小党成长为长期执政的世界第一大党。这是我们党的光荣传统和独特优势，也是区别于世界上其他政党的重要标志。

加入党组织全凭自愿，即使不成为组织一员，也可以做贡献。但在组织中，更能找到归属，有共同信仰的人共同生活，可以实现信仰者之间的深度交流，能更好地为共同理想、远大理想而奋斗。

62. 如何在实践中发挥党员作用？

学生：我有一个困惑。除了在学习、校园活动中，学生党员实际上在其他方面发挥的作用还很有限。那么在同学们中发挥引领作用的时候，我们应该如何面对不被理解？如何真正走进大多数同学的心中，及时发挥桥梁纽带的作用？我们的政治历练还不够，又该如何在实践中真正提升自我，发挥先进性作用呢？

书记：党员先锋模范作用问题是无产阶级政党建设的一个基本问题。共产党员的先进性不是与生俱来的，也不会一成不变、终身守恒。新时代党员先锋模范作用强调优化党员成分结构的重要性，但不唯成分论，与以往相比更加强调政治先进性的决定性作用。新时代的大学生们成长的环境变了，但发挥党员的先锋模范作用的要求却没有变。习近平总书记多次讲过，要在复杂严峻的斗争中经风雨、见世面、壮筋骨，真正锻造成为烈火真金。对于党员来说，最重要的就是经受思想淬炼。

习近平总书记在2019年秋季学期中央党校（国家行政学院）中青年干部培训班开班式上勉励年轻干部："要经受严格的思想淬炼、政治历练、实践锻炼，在复杂严峻的斗争中经风雨、见世面、壮筋骨，真正锻造成为烈火真金。"何为"淬炼"？它原本是金属冶炼的一道工序，指把烧红了的铸件往水或其他液体里一浸就立刻取出来，用以提高其硬度和强度。习近平总书记用"淬炼"一词来描述共产党员的思想问题，意在让共产党员坚持追求真理，用马克思主义及其中国化理论成果改造主观世界，把自己打造成能经受各种考验的"特殊材料"。毛泽东同志在《人的正确思想是从哪里来的？》一文中指出，人的思想不是天上掉下来的，也不是自己头脑里固有的，而是从社会实践中来的，并且只能从社会的生产斗争、阶级斗争和科学实验中来。因此，要想形成正确的思想，必须进行严格的政治历练、实践锻炼和专业训练。按照马克思主义理论的观点，人的思想意识是主观世界对客观世界的反映。这里的"主观世界"就是指人的意识等精神内容的总和，它以大脑为物质基础。这种对客观世界的反映，并不是被动地"复刻"，而是主动地"创作"，就是说人的大脑要进行能动的加工和改造。因此，共产党员进行思想淬炼，最根本的途径就是自我修炼。要高度重视、高度自觉、高度警惕，坚持进行理论学习，用马克思主义及其中国化理论成果武装头脑、指导实践，不断提升个人思想境界，真正做到筑牢信仰之基、补足精神之钙、把稳思想之舵。

世界上政党数量繁多、类型多样，但每个政党都有保障自己的党的成员发挥作用的规范和准则。对于社会主义国家的执政党来说，党员先锋模范作用的发挥与党的历史浮沉息息相关。习近平总书记曾经举过这个例子：苏共拥有二十万党员时夺取了政权，拥有两百万党员时打败了希特勒，而拥有近两千万党员时却失去了政权。在那场动荡中，竟无一人是男儿，没什么人出来抗争。什么原因？就是理想信念已经荡然无存了。今天，衡量党员先锋模范作用是有客观标准的。习近平总书记指出，

"能否坚持全心全意为人民服务的根本宗旨,能否吃苦在前、享受在后,能否勤奋工作、廉洁奉公,能否为理想而奋不顾身去拼搏、去奋斗、去献出自己的全部精力乃至生命"就是衡量一名共产党员是否具有共产主义远大理想的客观标准。你们作为学生党员,就要立足于自身身份去发挥作用,这种作用在不同的成长阶段的表现是有差异的,关键是一以贯之地坚持下去。

第十三谈　大学，如何做青年马克思主义者

63. 我们要学习的马克思主义理论是什么？

学生：我有一个思考了很久的问题：马克思主义理论不仅深刻改变了世界，也深刻改变了中国，我们天天讲要深入学习和实践马克思主义理论，那么我们要学习的马克思主义理论究竟是什么呢？马克思主义理论和习近平新时代中国特色社会主义思想之间又存在什么关系？学习马克思主义理论可以给青年学生带来什么呢？

书记：这是一个很宏观的问题，也是学习马克思主义理论首先需要搞清楚的问题。从狭义上理解，马克思主义理论指的是由马克思和恩格斯创立的理论体系，主要包括马克思主义哲学、马克思主义政治经济学和科学社会主义三个组成部分。马克思主义哲学是怎么产生的呢？欧洲宗教改革赋予了德国思想界解放和革命的因素，人重新被确立为世界的主宰了，就像马克思所说的："人创造了宗教，而不是宗教创造了人。"[1]宗教的批判使天上和人间的倒置正过来了，下一个任务是进行哲学的批判，把人头脑和躯体的倒置正过来。马克思和恩格斯吸收了黑格尔辩证法思想的合理内核

---

[1] 中共中央马克思恩格斯列宁斯大林著作编译局. 马克思恩格斯文集：第1卷 [M]. 北京：人民出版社，2009:3.

和费尔巴哈唯物主义的基本内核,并把辩证法和唯物主义统一起来,把唯物辩证的自然观和历史观融为一体,创立了辩证唯物主义和历史唯物主义的科学世界观,也就是马克思主义哲学。

用马克思主义哲学去分析资本主义世界,得到的成果就是马克思主义政治经济学。资本主义世界是一个"劳而不获,获而不劳"的世界,是死劳动支配活劳动的倒置了的世界。马克思和恩格斯在批判继承英国古典政治经济学的基础上科学论证了劳动价值论,并创立了剩余价值学说。他们揭示了资本主义的产生、发展的规律和最终会被社会主义所取代的历史趋势。那么如何推翻这种"劳而不获,获而不劳"的世界呢?马克思和恩格斯在《共产党宣言》中指出,资本主义生产关系"变成了束缚生产的桎梏"[1],必须要由无产阶级将其摧毁。无产阶级必须要建立起自己的政党,通过开展阶级斗争、进行无产阶级革命的方式实现社会主义,这就是科学社会主义。马克思主义哲学、马克思主义政治经济学和科学社会主义在理论和逻辑上是严密连贯的,它们不是个别结论的机械总和,而是相互渗透、相互联系的有机整体。

从广义上理解,马克思主义理论是由马克思和恩格斯创立,并由其后各个时代和各个民族的马克思主义者不断丰富和发展的理论体系,这也是我们党的理论观。也就是说,马克思主义理论既包括了马克思和恩格斯创立的理论体系,还包括列宁等人对马克思主义的继承和发展,以及由中国共产党人将其同中国具体实际相结合、同中华优秀传统文化相结合的理论成果,即中国化的马克思主义。列宁对马克思主义发展的主要贡献是什么呢?在俄国的革命进程中,列宁坚持了马克思主义的立场、观点和方法,同民粹主义、机会主义和少数派做了坚决的斗争,在科学分析俄国国情的基础上,准确预测了无产阶级革命的形势,建立了世界上第一个社会主义

---

[1] 中共中央马克思恩格斯列宁斯大林著作编译局. 马克思恩格斯文集:第2卷[M]. 北京:人民出版社,2009:36.

国家，并由此形成了以政治革命为主的、政治挂帅的、意识形态为先的无产阶级政党理论。列宁把马克思主义应用在俄国这种落后的资本主义国家的无产阶级革命中，这是他的贡献。

再说到中国，十月革命一声炮响为我们国家送来了马克思主义。在新民主主义革命进程中，毛泽东准确分析了中国的国情，明确提出了"马克思主义中国化"的历史任务。在此基础上，我们党成功开辟出"农村包围城市、武装夺取政权"的革命道路，为夺取革命胜利指明了方向。中华人民共和国成立以后，毛泽东进一步提出了"过渡阶段"的理论，领导党和人民顺利完成了社会主义改造任务，建立起社会主义制度。之后，毛泽东又对适合中国情况的社会主义建设道路进行了艰苦探索。毛泽东思想是马克思主义中国化的第一次历史性飞跃。党的十一届三中全会以后，面对改革开放和社会主义现代化建设的新局面，以邓小平、江泽民、胡锦涛为代表的中国共产党人回答了一系列的重要问题，成功开创和发展了中国特色社会主义理论体系，实现了马克思主义中国化新的飞跃。党的十八大以来，习近平总书记对关系新时代党和国家事业发展的一系列重大理论和实践问题进行了深邃思考和科学判断，提出一系列原创性的治国理政新理念新思想新战略，创立了习近平新时代中国特色社会主义思想，实现了马克思主义中国化新的飞跃。所以，习近平新时代中国特色社会主义思想是马克思主义吗？答案是肯定的。它是当代中国的马克思主义、21世纪马克思主义，是马克思主义中国化的最新成果。

恩格斯说过："一个民族要想站在科学的最高峰，就一刻也不能没有理论思维。"[①] 青年学生是我们民族的希望，一定要学习马克思主义理论。马克思主义具有科学性，它揭示了人类社会发展的一般规律，能帮助青年学生明辨是非，把握事物的本质和发展规律；马克思主义具有人民性，它站在人民的立场上探索实现全人类解放的道路，能鼓舞青年学生为实现中

---

① 中共中央马克思恩格斯列宁斯大林著作编译局.马克思恩格斯文集：第9卷[M]. 北京：人民出版社,2009:437.

国特色社会主义共同理想和共产主义远大理想而不懈奋斗,在实现社会价值的过程中体现个人价值;马克思主义具有实践性,它是认识世界的学说,更是改造世界的学说,能鞭策青年学生在实践中完善自我,实现全面发展;马克思主义具有开放性,它可以随着实践不断创新和发展,能提高青年学生的理论素养、政治素质和创新思维。青年学生要在学习马克思主义理论的基础上牢固树立对马克思主义的信仰、对中国特色社会主义的信念、对中华民族伟大复兴中国梦的信心,这样才能把马克思主义理论转变为物质力量,中华民族伟大复兴才能在一代又一代青年的接续奋斗中变为现实。

64. 如何理解"理论的彻底"和"彻底的理论"?

学生:为什么很多人知道那么多道理,却依然过不好这一生?要么是那些道理本身就不彻底,要么是他们对那些道理掌握得不彻底——都不能让自己信服,何谈让别人信服呢?马克思说,"理论一经掌握群众,也会变成物质力量。理论只要说服人,就能掌握群众,而理论只要彻底,就能说服人。所谓彻底,就是要抓住事物的根本"。请问如何理解"理论的彻底"和"彻底的理论"?

书记:你谈的这个问题非常重要,也很深刻。刘少奇同志曾说:"没有理论的人容易被'俘虏',被人家天花乱坠的话所迷惑。"我们说,从革命理论中能取得一切信念。但是实事求是地看,把彻底的理论学彻底,从来都不是一件容易的事情。从现实情况看,大多数人并不是"没有理论""找不到理论",也不是没有学习,而是学得还不彻底,有的甚至还跑偏了。所以你提出的这个问题非常好,也很有学理意义,需要我们反复去理解。"理论只要说服人,就能掌握群众,而理论只要彻底,就能说服人。"这是马克思在《〈黑格尔法哲学批判〉导言》中提出的著名论断,这篇

《导言》实际上也是标志着马克思从唯心主义向唯物主义、从革命民主主义向共产主义转变的重要著作之一。

在理解本句话时，我们需要返回上一段话去体悟。马克思实际上想说的是，黑格尔的法哲学错误地把彼岸的世界当成此岸的世界，把未来的世界当成现实的世界，把还需要努力争取的国家，当成现实的国家来进行批判。它置现实的人于不顾，认为只要经过一环接一环的"扬弃"，最终，完满的伦理实体就会实现，而这实际上只不过是黑格尔的思辨哲学在政治领域的嫁接和挪用。因此，马克思指出，要想批判黑格尔这种思辨的法哲学，单凭理论（批判的武器）的力量是远远不够的，必须要诉诸革命的实践活动（武器的批判）。人民群众一旦掌握了先进的革命理论，就必然会进行自觉的革命活动，继而把理论力量转化为实践力量。马克思由此提出了他的"辩证唯物主义革命观"，即理论来源于实践，对实践有着指导和塑造作用；但是理论不能代替实践，一切现实问题只能通过实践来解决；理论与实践是具体的和历史的统一，理论需要与实践相结合，才能达到改造客观世界的目的，实践需要在科学理论的指导下进行，才能取得最终的胜利。

理论和实践应该如何实现具体的和历史的统一呢？马克思进一步指出："理论只要说服人，就能掌握群众，而理论只要彻底，就能说服人。"在这里，马克思用"人民群众"这一主体把理论和实践连接了起来。一个理论想要成为现实，就需要为人民群众所相信、所掌握，以自身的科学性、鼓舞性和组织性动员人民群众投身到实践活动中去。而人民群众往往不会盲目地去信服某一个理论，因此理论要想真正掌握群众，其自身必须站位高远、说理透彻，能够反映人民群众的切身利益。

什么是"理论的彻底"和"彻底的理论"呢？马克思接下来明确指出："所谓彻底，就是要抓住事物的根本。而人的根本就是人本身。"德国"理论的彻底"，就表现在它主张废除宗教。宗教的本质是"天上"和"人间"倒置了的社会意识，对宗教的废除，就是对人的重新确立。"人创造了宗教，而不是宗教创造了人"，马克思的论断，是人类历史上对人与宗教关系问题的首次科学回答，为进一步的"哲学的批判"开辟了道路。

同时，我们今天耳熟能详的还有一句话，那就是"理论不仅是解释世界的世界观，更是改造世界的方法论"。就是要把黑格尔思辨的法哲学中颠倒的世界给"正"过来，改变人头足倒立的关系。所以"理论的彻底"，一方面是指理论必须能透过现象看到事物本质，准确解释事物的发展规律；另一个方面是指理论在自身足够科学的基础上必须能够指导人民群众进行革命实践，实现人的彻底解放。

一个理论要发挥其说服、武装、塑造人的功能，就必须放在社会实践中考量和检验。理论和思想一样，应来自人民群众生动的生产斗争、阶级斗争和科学实验，应来自人民群众感性的社会经验。理论只有能够解释人民群众的困惑，反映人民群众的呼声，维护人民群众的根本利益，才能被人民群众所接受和信服。理论也不能是高高在上的，它的表达要贴近人民群众，符合人民群众的认知程度、话语体系、生活习惯等。我们党的实践证明，只有站稳人民群众立场、维护人民群众利益、尊重人民群众创造、动员人民群众实践的理论才能发挥说服、武装、塑造人的功能，从而转化为强大的物质力量。

把握"理论的彻底"和"彻底的理论"意味着你们作为当代大学生，必须善于从理论的高度看问题，必须积极参加变革现实的实践，在实践中接触外界事物，发生感觉，积累经验，然后依据经验来思考，才能认识外界事物的性质和规律，再通过实践证明这一认识的正确，才算是真实的知识。理论的威力是通过掌握群众实现的。用党的创新理论武装全党、教育人民，熟练掌握马克思主义这个看家本领，是党的理论教育工作的重要使命。当前，我们全党正在开展学习贯彻习近平新时代中国特色社会主义思想主题教育，大家后面还要参加面向团员青年开展的主题教育，其实就是要充分发挥这一思想凝心铸魂的作用，使这一思想转化为坚定理想、锤炼党性、指导实践和推动工作的强大力量。

65. 社会主义建设者和接班人应该具备怎样的理论素养？

学生： 习近平总书记在很多场合都曾表达过他对青年的殷切期望，多次强调中国青年生逢其时，应该担当时代使命，努力成为德智体美劳全面发展的社会主义建设者和接班人。那作为社会主义建设者和接班人的我们，究竟应该学习哪些理论知识来提升自己的理论素养呢？

书记： 合格的社会主义建设者和接班人是拥护中国共产党领导和我国社会主义制度、立志为中国特色社会主义事业奋斗终身的有用人才。提升理论素养、培养理论思维是培养合格的社会主义建设者和接班人的必然要求。这对不同学段、不同专业的学生有着不同的标准。具体来说，可以从两个层面分别进行探讨。

对于广大青年学生来说，无论是处于初中、高中抑或是大学，无论学习的是什么专业，都应该在掌握自己所在阶段的专业知识的同时，学习马克思主义基本理论，培养自己的马克思主义理论素养。正如习近平总书记所强调的："新时代中国青年要增强学习紧迫感，如饥似渴、孜孜不倦学习，努力学习马克思主义立场观点方法，努力掌握科学文化知识和专业技能，努力提高人文素养，在学习中增长知识、锤炼品格，在工作中增长才干、练就本领，以真才实学服务人民，以创新创造贡献国家！"[①]

因此，广大青年学生首先要正确理解马克思主义的基本立场、观点和方法，牢牢掌握辩证唯物主义和历史唯物主义的精神武器，自觉运用马克思主义科学的世界观和方法论来认识世界和改造世界。其次，要认真学习马克思主义中国化时代化的最新理论成果，深刻领会习近平新时代中国特色社会主义思想的世界观和方法论。最后，要认真学习党的性质、纲领、目标、宗旨、路线、方针、政策，深刻认识党的领导的历史必然性和人民

---

① 习近平.在纪念五四运动100周年大会上的讲话[N].人民日报,2019-05-01(02).

选择性。

而对于专业学习马克思主义的理论研究者来说，则应在此基础上具备更高水平的理论素养。

一来要搭建扎实的理论框架。一方面，从西方哲学史出发理解马克思主义理论体系的构建。我认为必须要反复体悟罗素的《西方哲学史》一书，它是将西方哲学与马克思主义衔接得最好最清晰的著作。这本书从西方哲学的发端一直讲到马克思主义，大致上有三条逻辑，即形而上学的逻辑、经验主义的逻辑和浪漫主义的逻辑。其中形而上学的逻辑是西方哲学的主脉；经验主义则夯实了朴素唯物主义的基础，并随着科学的进步，逐渐发展到了实用主义，大卫·李嘉图、亚当·斯密等古典政治经济学家将其运用到资本研究中，形成了传统政治经济学；浪漫主义则致力于研究人类空间的根源和人类未来社会的形态，从而构成了空想社会主义的前端。到马克思的时期，他在批判宗教神学和黑格尔唯心主义的基础上创立了辩证唯物主义和历史唯物主义。而辩证唯物主义和历史唯物主义运用到对资本主义的分析就形成了马克思主义政治经济学理论。政治经济学分析的资本主义社会是一个死劳动支配活劳动的世界，要改变这个颠倒的世界，就必须要将它整个炸毁，通过暴力革命确立无产阶级专政，向着共产主义社会发展。可见，马克思主义就是在批判、重构西方哲学的基础上形成的理论体系，马克思主义理论的研究者必须要对他的理论格局和框架形成基本的认识。另一方面，从"两个结合"出发理解马克思主义中国化的理论飞跃。马克思主义能扎根于中国是基于中国独特的文化土壤，因此要学习中国的思想史，了解马克思主义传入之前中国社会的思想状况，明确中华传统文化底色中与马克思主义相契合的部分。同时，马克思主义中国化的理论成果先后产生于中国革命、建设和改革的历史进程之中，只有结合中国人民的伟大实践本身，才能真正理解中国共产党在不同时期是如何坚持和发展马克思主义的。

二来要在掌握基本理论框架的基础上，从清晰的历史运行脉络之中理解马克思主义所揭示的基本规律。第一，历史体现了唯物史观和唯物辩证法，揭示了人类社会发展的基本规律。人类社会发展的根本动力是生产力和生产关系的矛盾运动，它们的矛盾不断积累，最终会带来质变，从而推动整个社会向前发展，带来社会形态的更替。而人类社会形态的更替又体现了否定之否定的规律。例如，资本主义社会是对封建社会的否定，共产主义社会又是对资本主义社会的否定。第二，马克思主义理论的发展史也体现了唯物辩证法的三大规律。从马克思主义到列宁主义，到毛泽东思想、中国特色社会主义理论体系，再到习近平新时代中国特色社会主义思想，马克思主义理论的飞跃体现了马克思、恩格斯及其后继者们对事物本质的更深层次把握和对人类社会发展规律、社会主义建设规律的更深层次认识。

三来要融通世界社会主义实践发展的进程理解马克思主义理论。从19世纪到21世纪，马克思主义发展史就是理论不断地作用于实践，实践不断地检验理论的历史。19世纪中叶，马克思、恩格斯创立了马克思主义，为当时的工人运动提供了科学的行动指南。他们不仅积极参与工人运动，而且同形形色色的社会主义思潮进行了坚决的斗争，推动了马克思主义理论体系的不断丰富和发展。20世纪初期，列宁根据俄国的特殊情况和资本主义发生的新变化，总结无产阶级斗争的新经验，与时俱进地发展了马克思主义，形成了列宁主义。十月革命以后，马克思主义传入中国，以毛泽东同志为代表的中国共产党人坚持把马克思列宁主义的基本原理和中国革命建设的具体实践相结合，创立了毛泽东思想，实现了马克思主义中国化的第一次飞跃。改革开放和社会主义现代化建设新时期，以邓小平、江泽民、胡锦涛为代表的中国共产党人，根据新的历史条件和时代特征科学回答了建设中国特色社会主义的一系列基本问题，形成了中国特色社会主义理论体系，实现了马克思主义中国化新的飞跃。党的十八大以来，以习近平同志为代表的中国共产党人，顺应时代发展，创立了习近平新时代中国特色社会主义思想，系统回答了新时代坚持和发展什么样的中国特色社会主义、怎样坚持和发展中国特色社会主义这个重大时代课题，实现了马克思主义中国化新的飞跃。

把握好马克思主义的理论框架、历史脉络和实践进程这些关键点位以后，剩下就是细化，就是功夫。正如马克思所说："在科学上没有平坦的大道，只有不畏劳苦沿着陡峭山路攀登的人，才有希望达到光辉的顶点。"[1]作为马克思主义理论的研究者，要坚守自己的学术理想，静下心来，读原著，学理论，以"板凳要坐十年冷"的定力扎实自己的学术能力，以马克思主义研究"永远在路上"的决心砥砺前行。

66. 如何涵养理论思维，实现与马克思主义的双向奔赴？

学生：研究生入学以来，我将马克思主义经典文本通读了几遍，也记录了一些心得体会，此外还跟着学位点参加过多次读书会。但我却始终无法在论文创作时做到胸有成竹、如行云流水般引经据典，换句话说就是写作中总是不够丝滑，推进时总会有颇多障碍，让我总感觉自己做了很多无用功。老师，您是思想政治教育专业的领军人物，对马克思主义经典文本更是了然于胸，还请您点拨一二，让我重新燃起对马克思主义理论的学习热情，更好地投入创作与实践。

书记：首先要肯定的是你能主动来寻求解法，这说明你是热爱这门学科的。只有读了很多书、下了很多功夫，才会不断思考，产生困惑。如果大家所学所思的都不是自己热爱的东西，那就是"投错行"，这就好比马克思所说的"异化"。我们研究的是无产阶级解放条件的学说，结果在研究的过程中把自己"异化"了，让自己困在其中了，那是绝对不行的。这就要求我们对这门学科有百分之百的热爱，因为只有热爱这门学科，我

---

[1] 中共中央马克思恩格斯列宁斯大林著作编译局.马克思恩格斯全集:第33卷[M].北京:人民出版社,1973:434.

们才能对它枯燥的文本与晦涩的理论产生极大的兴趣，在这种动力的驱使下，你才会越学越有劲，越学越觉得这门学科充满魅力。我也常常在工作之余自我反省与自我检查，在这个过程中，我发现自己始终非常热爱这门学科，在这种原始情感的驱使下，读书、写作、讲课都充满了乐趣。数十年如一日地"培养感情"使我越学越深、越学越有意思，于是走上讲台传播真理、塑造灵魂。教师这一伟大的工作让我又有了更多的动力去深入研究理论，因为这样我才能给我的学生讲得更透彻，我的文章才能写得更漂亮，也就是你说的"丝滑"，久而久之，在学习的道路上就进入了一种良性循环的状态。在学习中，情感、态度、价值观是很重要的，情感决定并导引出态度，如果有着"板凳要坐十年冷"的态度，肯定可以做出好研究、写出好文章。那么再看你提出的问题，既然已具备热爱这门学科的原始情感，那该怎么学呢？我认为需要解决两个问题：一是功力不够，体系未成；二是实践不足，运用不善。

　　第一个"功力不够，体系未成"的问题。这不是像你所说的，把马克思主义经典文本通读几遍就可以解决的，这要求我们精读文本，一遍看不懂就看十遍，看一遍体悟一次，绝对会有更深刻的理解。要纵向地把握文本、梳理观点，探索马克思主义所研究内容的理论逻辑与历史逻辑，完成从思考"是什么"到分析"为什么"的追问，逐步培养出理论思维并运用它去观察、认识、分析问题。那什么是理论思维呢？恩格斯指出："一个民族要想站在科学的最高峰，就一刻也不能没有理论思维。"理论思维就是在掌握理论知识的基础上所具有的透过现象把握本质、规律和普遍联系的思维能力及水平，体现为运用马克思主义立场观点方法去观察问题、认识问题、分析问题的思维方式。这要求我们不仅要阅读经典文本，更要在重复阅读中去理解马克思主义理论体系，掌握马克思主义哲学、马克思主义政治经济学、科学社会主义三大部分的交叉关系是什么，又如何在文献中得以体现，始终以问题导向分析某一原理在文献、文章以及段落中是如何阐述、如何理解的。最终通过结合横向的广泛阅读与纵向的串联分析，有目标地去深入理解，构建起关于某一具体问题的知识体系，形成多个体系组成的理论格局。

我们这个学科就需要在对文献的充分学习中，不断地重复体悟来完成理论到现实的转化，将自己所学的马克思主义立场观点方法运用到具体实践中去，实现学科视野的扩展与解决具体问题能力的提升。所以你觉得创作时总有阻力就是因为理论格局还没有建立起来，也就是读得还不够透彻，这就是基本功还没有练到位，知识体系还没有构建起来。我认为无论是不是马克思主义专业的学生，都应当在充分学习后完全掌握本学科的基本要领，对本学科的逻辑体系能侃侃而谈，达到博士阶段的要求则更高。

在把握理论逻辑与历史逻辑的框架后，我们还需要对实践逻辑形成框架。习近平总书记在北京大学同大学生朋友交谈时指出，"马克思主义不是书斋里的学问"，希望同学们能够真正把所学转化为行动去认识和改造现实世界，为国家和人民奉献，成为真正的青年马克思主义者。很多同学都清楚马克思主义不是教义，而是指南，那为什么会有马克思主义、列宁主义、毛泽东思想以及现在的21世纪马克思主义之分呢？这就是理论不断地运用于实践、指导实践并通过实践来检验理论，是理论进步、时代发展的表现，也就是实践的过程。尽管现在有不同的二级学科，同学们有研究马克思主义基本原理的、有研究马克思主义中国化的、有研究中国近现代史基本问题的，但这不代表研究内容有壁垒和切割。逻辑是无法切割的，只看局部是无法实现理论格局的构建，也不存在没有前提的逻辑。我们一定要将理论的框架、历史的运行以及实践的发展综合起来学习，在长期的细化中实现"一通百通"。

第二个"实践不足，运用不善"的问题。在解决第一个问题，也就是实现了理论思维的培养且具备了学科理论素养后就很好解决了。我们是师范类大学，不仅要学好马列主义，更要讲好马列主义，在输出的过程中不断地实现理论与实践的双向发展。首先，你提到的读书会就是一种很好的方式。我一直在带领学生开展读书领学的活动，持续地深入阅读与交流分享使大家在巩固学术基础的同时，也锻炼了自己融会贯通、教育演讲的能力，以双向促进的练习实现了共同进步。其次，学校、学院还有很多经典诵读活动、专业学术论坛或者理论宣讲团，这些都可以积极参加，通过不断地交流分享，观点碰撞，你肯定会有收获。最后，写得不够流畅还说明动笔太少，要多写多投，不断地打磨文笔功夫，提升自己归纳总结的能力，逐渐在"否定之否定"的自我扬弃中实现飞跃。

在有限的生命中，我们从来不怕对自己所热爱的事业付出无限的时间，做学问既要有"世上无难事，只要肯登攀"的决心，还要有"寥廓江天万里霜"的信心，更要有"不到长城非好汉"的雄心。相信你一定会在未来成为今日想要成为的自己，实现与马克思主义的双向奔赴。

第四篇

扬帆逐梦

第十四谈　大学，如何进行职业规划

67. 怎样确立和实现职业理想？

学生：我们这一代年轻人的生活条件较好，上大学之前的核心任务就是学习，几乎没有时间和精力思考别的问题。新生入学教育时，老师就提出，我们要提前做好职业生涯规划，规划自己的职业理想。但实际上，我们大部分同学都存在如下问题：对未来的规划和发展比较迷茫，对职业理想以及其实现路径缺乏深入了解和思考。那么大学生该如何结合个人的情况、学科背景和社会需求确立并实现自己的职业理想呢？

书记：青年学生成长当中的核心命题，无非学业、职业、家庭和事业。我是谁？我从哪里来？我要到哪里去？我要从事什么职业？我要实现怎样的职业理想？一代代年轻人在成长的不同阶段，都会出现这样或那样的困惑。同学们应不断地进行探索、尝试和大胆实践，最终成就不平凡的人生，推动社会的进步。中华民族伟大复兴绝不是轻轻松松、敲锣打鼓就能实现的，必须有一代代青年人付出艰苦的努力。狭路相逢勇者胜，狭路相逢智者胜，大家是勇者，也是智者，更是国家的希望、民族的未来。青年学生读大学的目的如果仅仅是找一份工作的话，那层次就低了，格局就小了。大学生要尽早确立职业理想，并且要为实现职业理想付出坚实的努力。

我们知道，职业是人们用来谋生的基本手段，是人与社会建立关系的桥梁和纽带，本质上是一种社会活动。理想作为一种精神现象，是人类社会实践的产物，是人的价值观的具体体现。根据领域的不同，理想可以分为生活理想、职业理想、社会理想和道德理想。其中，职业理想与个人的成长和发展关系最密切，是个人在职业方面的追求和目标，反映了人的价值取向。职业理想具有超越性、差异性、稳定性、动态性和时代性。对于青年学生而言，职业理想具有导向、激励、提升、支撑等方面的具体作用，决定人生事业的成败和成就的大小。

习近平总书记指出："每一代人有每一代人的长征路，每一代人都要走好自己的长征路。今天，我们这一代人的长征，就是要实现'两个一百年'奋斗目标、实现中华民族伟大复兴的中国梦。"因此，同学们确立职业理想最重要的一点就是与国家战略、社会需求相结合，让青春在强国建设、民族复兴新征程上绽放光彩。

树立科学的职业理想，首先要对自己、国家和社会有全面、客观、深刻的认识。要不断地评估自身思维方式、知识积累、兴趣爱好、个人能力、人生追求等因素的总和，然后将评估结果最大化地置于市场需求中。当代中国正经历着广泛而深刻的社会变革，这种变革对新时代的青年提出了一系列崭新命题，如何构建新发展格局，如何实现原始创新，如何实现全面协调可持续发展，这都是我们面临的新课题，需要青年学生全面了解国情、社情和民情，立足中国实际，解决中国问题。还有一种能力需要同学们特别注意，那就是适应。达尔文提到，"生存下来的物种并不是最强壮的，也不是最聪明的，而是最能适应变化的"。面对竞争日益激烈的时代，同学们必须武装自己，提升适应能力，否则就会被时代所淘汰。

加强学习是提升自身核心竞争力的首要途径，任何知识和技能都要通过学习来获得。当今的青年学生主要需要学习三方面的内容：一是党的理论方针和政策，要用习近平新时代中国特色社会主义思想武装头脑、推动实践、指导工作；二是学科相关知识，要掌握业务知识，提升专业技能，提高综合素质；三是中华优秀传统文化，要在传统文化中寻求思路、寻找出路，古为今用，推陈出新，创造性解决当今的时代课题。

浪漫主义不能拯救世界，实践才能解决具体的、现实的问题。实践是检验真理的唯一标准，通过实践活动，我们可以得到真实的知识而不是空洞的理论。中国共产党的奋斗历史证明，社会主义是无数共产党人带领人民艰苦奋斗取得的结果，是中华民族、中国人民的伟大胜利，凝聚着无数人的心血。职业理想也必须通过丰富的、全面的实践来实现。同学们要积极参与企业实习、专业见习、社会调查等社会实践活动，坚持理论学习与实践教育相结合、书本知识与社会实践相结合，用脚步丈量祖国大地，锤炼意志品格，磨炼社会化能力，贡献青春智慧，在社会课堂中受教育、长才干、做贡献。

此外，还要学会把握机遇。人最重要的在于把握住机遇，把握住一切可以改变的时候。形势在变、任务在变、要求也在变，必须准确识变、科学应变、主动求变，抢占制高点。这需要同学们有敏锐的洞察力，勇于创新实践并且保持长期的耐心和坚持。

习近平总书记在庆祝中国共产主义青年团成立100周年大会上的讲话时指出："时代总是把历史责任赋予青年。新时代的中国青年，生逢其时、重任在肩，施展才干的舞台无比广阔，实现梦想的前景无比光明。"希望同学们有理想、敢担当、能吃苦、肯奋斗，与时代同心同向，让青春绽放光芒。

68. 如何看待大学阶段是职业发展的准备期、探索期？

学生：人们常说，大学的时光对于每一个人来说都是极其重要的。在大学阶段，我们积累的丰富的学习和生活经验都将成为我们以后人生发展、职业发展中宝贵的财富。听到这样的观点，我始终有一个困惑，大学与职业生涯发展到底有什么关系？大学期间的学习、实践锻炼对于我们未来的职业发展会有什么影响？

书记：大学阶段是一个人最富有生命力的时间段，这时的我们具有开拓创新的锐气、朝气蓬勃的精神，同时，在大学期间所学的知识和技术、所形成的素质和能力，对于人生发展会有重要影响。但是，较少为人所提及的是，大学阶段还是职业发展的准备期、探索期，是人生的重要阶段。

假如将生活看成展现在你面前的一种情景：你正在走的这条路还有许多条岔道，每一条岔道代表着不同的职业生涯，你必须在这些岔道口做出选择，这种选择将影响你的将来。每一条岔路都有一扇门，只有你有合格的证件，这扇门才为你打开。因此，为了使自己在今后拥有更多的选择机会，你得尽可能地准备好自己的证件，或者说你的"资本"。"资本"雄厚的你能把职业的选择权掌握在自己的手里，而不是看门人的手里。我们从幼儿园、小学到初中、高中，再到大学进行深造，在大学里学会为人，学会为学，提升自己的整体素质，都是在积累自己的资本，为毕业时选择一份职业做准备。谁在大学阶段准备得充分，谁就能更快地找到自己理想的职业，顺利地进入角色。在大学期间不做积极、充分的准备，我们便放弃了自己把握命运的权利，把自己应承担的责任交付给了他人，而只能是被动接受任何可能产生的结果，也就是说我们在生活中就不能充分自由地选择，而只能等待着社会对我们的挑选。所以，大学于人生发展而言，是能量储备期，是知识积累窗口期，更是人生发展的奠基期，我们必须为度过美好的大学时光做出全方位规划，付出巨大的努力。

既然大学阶段如此重要，同学们在此期间又该做什么呢？从生涯规划的视角来说，大学阶段的主要任务有三个：其一，发现和发展自己的需要、兴趣、能力和才干，为进行职业选择打好基础；其二，学习有关职业方面的知识，寻找现实的角色模式，获取丰富信息，发展和发现自己的价值观、动机和抱负，采取行动将最初的职业想象变为可操作的现实；其三，接受教育和培训，提升工作所需要的素质和能力。

归根到底，以上内容还是要回归到学业，因为学业是我们获取职业和事业发展的前提和基础。到大学来干什么？在大学学习什么？学习又为了什么？毫无疑问，学生在大学最主要的任务是学习。然而，学习绝不是纯粹为了学，而是为了生活得更有价值和意义，因而也就应该包括为了获得未来工作所需的职业素质和职业能力。作为大学生，不仅要善于把现实的学业观转化为将来的职业观，还要善于把为了生活而学习工作的职业观，转化为为了学习工作而生活的事业观。学业、职业和事业是一脉相承的，从我们大学入学制订生涯规划开始，职业生涯历程也就随之开始了。所以，在职业的准备期，利用一切有效的学习资源尽快为职业生涯的发展选定目标方向，才是重之又重的任务。只要我们坚守初衷，在潜心学习的基础上，有意识地沉淀工作经验，适时进行必要、合理的职业规划调整，我们的职业生涯之路一定会走得很精彩。

总而言之，大学阶段对于同学们来讲是职业发展的准备阶段，是探索发现职业方向、发现职业目标和培养职业兴趣的阶段，也是为职业发展积累资源和条件的阶段。你今后的职业发展，很大程度上就是由你大学四年中的努力决定的。在大学阶段，你们积累的丰富的学习和生活经验，都将成为你们以后人生发展中一笔宝贵的财富。

69. 如何准确认识职业生涯规划？

学生：上了大学后，老师经常给我们讲，要找准自身定位，科学合理规划职业生涯。我时常有这样的困惑：什么是职业生涯规划？职业生涯规划对于大学生来说有什么作用？在这个快速变化的时代，面对未来的诸多不确定，有人认为职业生涯规划对大学生作用不大，因为计划赶不上变化，规划也就多此一举了，果真如此吗？

书记：职业生涯规划是一门学问，也是一门科学。在这个快速发展和竞争日益激烈的时代，职业生涯规划的重要性不言而喻。大学生要考虑自身能力特长与职业需求的契合，更要把个人成长成才与国家发展、民族命运紧密结合，规划出切实可行的、富有个人特色的人生成长发展道路。习近平总书记勉励广大毕业生要树立正确的择业观、就业观，找到自己的定位，踏踏实实投入工作中，实现自己的人生理想。这就是告诉我们，大学生要明确自身定位，做好职业生涯规划，只有这样才能为实现人生理想打下坚实的基础。

究竟何为生涯，何为职业生涯规划？庄子谓"吾生也有涯，而知也无涯"，意思是说，生命是有限的，而知识是无穷的。此处的"生"是生命，"涯"是边际，"生涯"就是生命的边际，也可以引申为生命经历的边际。据此，我们可以试着给生涯、职业生涯、职业生涯规划下定义。生涯就是人生发展历程，职业生涯就是与工作有关的人生发展历程，职业生涯规划就是对与工作有关的人生发展历程的规划。不难发现，生涯不是静态的，而是动态的，不是静止的点，而是持续发展的过程。职业生涯规划与具体的人有关，与具体的职业有关，也与人生的意义有关。一个人若是较早地为自己的职业生涯定下目标，然后所有的行动都围绕着这个目标展开，那么，他的人生必然精彩而且有意义。有学者指出，一个人若是看不到未来，就掌握不了现在；一个人若是掌握不了现在，就看不到未来。这两句话道出了职业生涯规划的本质和精髓。

近几年，大学生就业面临复杂严峻的形势，"缓就业""慢就业"问题十分突出。在未就业学生群体中，我们发现了一个共性问题：毕业生在求职时普遍不清楚自己适合什么工作，适合什么岗位，也就是缺少职业规划。产生这一问题的原因，正是大学生不够重视职业生涯规划，未能掌握职业生涯规划的有效方法。有学生认为，面对世界形势骤变、职业世界变迁，今天的规划赶不上明天的变化，所以，职业生涯规划也就没有意义了。这其实存在一个认识误区，即过分强调外在环境的变化，忽视了作为职业生涯规划主体的人的主观能动性，同时，也存在对职业生涯规划的认识偏差。

正确认识职业生涯规划的重要性需要从两方面来把握。一方面，把握"变"与"应变"的关系。环境的变与个人的应变，是个人生涯发展过程中应有的警觉与认识。面对无法预期、充满未知的职业世界，大学生唯一能做的，就是学会主动应变，全面提升个人的职场胜任力和核心竞争力。大学生需要鉴别各个变量之间的内在联系，需要根据变化不断调整自己的行动计划，同时还需要针对现实的各种情况和改变做好充足的准备。另一方面，把握"定向"与"目标"的关系。对于大学生而言，职业生涯规划重在解决定向和目标的问题。定向就是确定职业方向，目标就是确定发展目标。通过对个人兴趣、性格、能力、价值观的评估以及对职业世界的探索，大学生能够逐渐明确未来的发展方向、未来想要从事的职业以及期望实现的职业目标。所以，真正的职业生涯规划，就像一座灯塔、一个导航，指引着大学生在追求人生发展目标的道路上不断前进，其真正的作用在于突破瓶颈、发展潜能、实现自我。

70. 我们应该如何做好职业生涯规划？

学生：刚开始接触职业生涯规划的相关知识和理论时，我觉得它浅显易懂，但逐渐深入了解后，我发现，职业生涯规划是一个比较复杂的知识体系，掌握起来并不容易。作为大学生，我们应该从什么时候开始规划？做规划时需要从哪些方面入手，需要注意哪些问题？

书记：做好职业生涯规划绝不仅仅是为了找到一份好工作，更是为了实现个人价值、服务国家社会。在谈及青年人选择职业时的考虑时，马克思指出，"在选择职业时，我们应该遵循的主要指针是人类的幸福和我们自身的完美"。如果一个人只为自己劳动，他也许能够成为著名学者、大哲人或卓越诗人，然而他永远不能成为伟大的人物。作为新时代的大学生，应该如何选择职业，选择职业时需要考虑哪些因素？如何将个人兴趣爱好与社会发展需要紧密结合？如何将当前的学业、未来的职业紧密结合，从而真正探索出一条适合自己的发展之路？

要准确把握这些问题，大学生要有一定的战略思维和战术思维。战略是抽象的，战术是具体的；战略谋划长远问题，战术解决当下问题。在具体规划执行层面，要保持战略主动、策略灵活，要做好应对各种风险挑战、环境变化的准备。作家柳青说过："人生的道路虽然漫长，但紧要处常常只有几步，特别是当人年轻的时候。"对于大学生来说，有时候选择要比投入重要。我们国家的道路选择、制度选择、理论选择、文化选择，就是党领导人民在实践中做出的战略选择。这种选择可能对你的一生都会有重大影响。大学生需要以发展的、战略的眼光看待职业生涯规划，要充分认识到，我们所做的不是简单的学习规划、生活规划，而是人生发展规划。所以，职业生涯规划要从大一做起，进而贯穿整个大学。

如何做好职业生涯规划？概括起来就是八个字：知己知彼，决策行动。

知己知彼，是进行职业生涯规划的前提。孙子有云，"知己知彼，百战不殆"。意思是说，如果对敌我双方的情况都能了解透彻，打起仗来就可以立于不败之地。自古以来，人们其实最难了解的就是自己。在希腊古城的阿波罗神殿上刻着一句话，"人啊，认识你自己"，后来苏格拉底将这句话进一步引申为"未经审视的人生不值得度过"。大学生作为国家宝贵的人才资源，当然不能漫无目的、毫无计划地生活，而是要在大学阶段全面深入了解自己的兴趣、性格、能力以及价值观，明确自己在职业发展上适合做什么、喜欢做什么、能做什么，为未来的职业发展做好准备，这是"知己"的层面。大学生要清楚，认识自己是一个漫长而复杂的过程，切不可依赖测评工具急于求成，而是要通过科学的方法进行全方位的分析，做出相对客观的判断。"知彼"就是要认识工作世界，了解专业与职业的关系，了解工作世界的宏观发展趋势以及职业的要求、条件和待遇等。知己知彼是由内向外的探索过程，在具体实践中，两者要相互促进，齐头并进。

决策行动，是进行职业生涯规划的关键。罗素说过："选择职业是人生大事，因为职业决定了一个人的未来。"大学生在大学期间做好职业规划的核心是回归到自己真正感兴趣和适合的方向上，想清楚自己想要成为什么样的人以及如何成为这样的人，然后对此进行持续的探索并设定切实可行的行动目标。在此过程中，要把握好"适合"这个本质问题。做好职业生涯规划的一个基本思路，就是要合题，也就是未来的远景规划要适合你的个性特点和价值追求。如果懂得这个道理，你就不会纠结。只要你选择了你认为适合的职业，就像钻井一样，一路前行，一定能够实现职业价值。

网络上曾有大量关于"孔乙己的长衫该不该脱"的讨论，在我看来，"脱长衫""穿长衫"都不是本质问题，穿着舒服就穿，脱下来舒服就脱，不要陷入一种非此即彼的对立思维之中。"孔乙己的长衫"问题引起热议，背后是就业市场与毕业生数量不匹配、要求不兼容以及就业结构性矛盾凸显的问题。每年的毕业季，都存在某些毕业生高不成、低不就，最后盲目就业或就不了业的情况。究其原因，主要是这些同学对于自我没有充分的认识，不了解自己的兴趣和特长，不了解自己的专业优势与职业要求之间的联系，更为重要的是对未来从事的职业缺乏认识和规划。因此，大学生掌握正确的决策方法就显得尤为重要。大学生职业生涯规划这门课程会系统讲述决策的类型、影响因素、决策的模型以及方法等，大家要结合个人实际学会运用。在完成职业决策后，行动则是帮助我们通往成功的钥匙。无论我们选择从事什么职业，制定了怎样的职业发展目标，如果没有行动，那么，所有的规划都是纸上谈兵。大家都很熟悉"温水煮青蛙"的故事。如果只是混日子，而该有的职业技能、专业素质没有培养到位，即便毕业时靠学校名头找了工作，在工作岗位上也可能会遇到很多问题。那时候，你面临的将是作为职场人、成年人必须承担的压力和责任，没有人会为你兜底。因此，要实现人生价值，在职业生涯规划时分析了自我和社会，制定了阶段目标后，必须有具体的行动措施。只有切实可行的行动才能确保自己始终走在正确的道路上，才能保证职业生涯规划目标的顺利实现。

71. 如何理解职业理想与职业选择的关系？

学生：每个人都有职业理想，但职业理想不等于理想职业。每当谈及职业理想和职业选择的话题时，我都有很多困惑：到底什么是职业理想？大学生做出职业选择会受到哪些因素影响？自己目前所确定的职业理想是不是真正符合自己内心的选择？

书记：职业理想作为人们对职业活动和职业成就的超前反映，与我们的世界观、人生观、价值观及职业期待、职业目标都密切相关。正确的职业理想是建立在认识自己能力、设定合理目标、实现人生价值的基础上的，否则它将成为"海市蜃楼"，你永远无法达到。年轻的马克思曾经在他的中学毕业论文中谈到过，青年在做职业选择时必须重视个人喜好、身体条件和自身能力等因素。青年人在选择职业时，不要从一时的感情出发，不要从虚荣心出发，更不要从幻想出发，因为"我们的使命绝不是求得一个最足以炫耀的职业"。所以如果条件允许，要选择有尊严的职业，要选择建立在我们深信其正确的思想上的职业和能给我们提供最广阔的场所来为人类进行活动、接近共同目标的职业，这是马克思对职业目标的追求和选择，同时也是他为人类服务的崇高理想的体现。2014年5月，习近平总书记在同北京大学师生座谈时，讲起自己年轻的时候也面临出国、工作的选择，但最终"想做点儿事"的想法让他选择留在了国内，他要为国家和人民做事。对于大学生而言，有信念、有梦想、有奋斗、有奉献的人生，才是有意义的人生，在此基础上做出的职业选择，才是契合时代要求、符合社会和国家需要的。

不同类型的职业理想会影响人们的职业选择。如果在社会利益、经济收入、职业环境、个人兴趣和爱好、社会地位和声望等方面，职业理想所看重的东西不同，那么职业选择也会千差万别。这其中既有主观因素的制约，也有客观条件的影响。

首先是个人因素。我们个人的兴趣、价值观、能力等，往往是影响就业决策的主要因素。同学们希望将来从事的是自己喜欢的工作，这是可以理解的，但重要的是要平衡社会需要与个人兴趣的关系。如果只强调个人的兴趣与爱好，必然会脱离社会实际，事实上，职业兴趣并不完全是天生的，还可以通过后天的职业实践重新培养和确定。此外，很多同学在职业选择时往往过于盲目，没有及时对自己的价值观进行澄清，所以我们在决策之前要明确自己最看重的东西是什么。同时，许多同学也会将自身能力强弱作为职业选择的考虑因素，因为如果个人能力和职业要求不匹配，长久下来会形成职业倦怠，也会造成人才资源的浪费。

其次是家庭因素。还未踏入职场的青年学生进行职业选择时大多会受到家庭因素的影响。一方面，个人的家庭环境和家庭背景本身会对某些人选择某些职业起直接的作用；另一方面，家庭对学生职业选择时的期望值和支持度也会起到一定的作用。期望值较低的，同学们在就业决策时会比较容易选择那些与自己兴趣、能力、价值观等相匹配的职业方向。此外，家庭对大学生选择职业的态度和支持度也会有很大差别。如果没有家庭的支持，同学们在就业决策时，就不会太重视自己的兴趣、爱好等，而转向较容易进入的职业和较顺利获得的职位，反之则会寻求更符合大学生自身发展的职业方向。

大学生在做出职业选择时，也会受到诸多社会因素的影响。大家考虑最多的往往集中在职业的社会地位和经济收入两个方面。在社会生活中，职业的社会地位高低虽然是一种客观存在，但也会受到主观的影响。在目前的社会环境中，以职业评价人的现象在逐渐消失。三百六十行，行行都可以出状元。人们在一个平凡的岗位也可以做出让人羡慕的成绩，也可以获得社会的认可和人民的尊重。因此，只从事声望较高的职业的观点是错误的，更是不可取的。此外，由于绝大多数人仍然需要靠职业谋生，因此很多刚毕业的大学生把经济收入作为职业选择时首要考虑的因素，这本无可厚非，但一切向钱看，一切为了钱，单纯为钱而工作，把挣钱看成是职业劳动的唯一目的，这不是大学生该有的观念。特别是在个人需求与社会需求发生矛盾时，希望同学们能以社会需求为重，让个人的职业选择服从社会的需要。正如马克思说的那样："在选择职业时，我们应该遵循的主要指针是人类的幸福和我们自身的完善。"

  影响青年学生择业的因素还有很多，诸如地域影响、网络影响、老师的建议、传统的性别观念等等。不难看出，影响大学生职业选择的因素是多方面的，但最关键的还是哪些职业最适合自己、最接近自己的职业理想。当然，职业理想不等于理想职业。当个人的能力、职业理想与职业岗位结合最佳时，才是理想职业。也就是说，自己喜欢又适合的职业才是理想的职业。如果同学们找到了自己的理想职业，就要像钻井一样，坚定信念，坚持下去，全力以赴抢抓机遇，把握机会，使自己幸福快乐地工作和生活。但是，我们也清楚，由于社会资源供应状况的限制等诸多原因，很多人还无法自由选择职业，有时会难以实现最初的职业理想。这是因为我们在选择职业时，社会上的各种行业也在选择我们。我们想做的，有可能做不成；我们不想做的，也有可能找到我们。当然，面对不想做的职业时，你可以选择不做。但请记住，有时你最终的选择并不是你当时最满意的，但当你真正深入这个职业之后，也会看到其中的乐趣和价值，这样的职业仍有可能成为你的理想职业。

第十五谈　毕业前，如何做好职业准备

72. 如何将个人职业选择与国家社会需求充分结合？

学生：在求职过程中，我面临的主要难题是：如何在众多的职业选择中找到既和个人兴趣、技能、职业发展目标相结合，又能与国家社会的发展需求紧密结合的工作？如何处理好个人理想与社会需求、个人特性与职业需要之间的关系？这不仅关乎个人的前途，也涉及能否将个人的力量贡献给社会、满足国家对人才的需求的问题，因此我想要得到一些指点。

书记：我相信每一位毕业生站在就业的十字路口，都面临着一个重要的抉择：我将何去何从？个人的职业选择是指个人对于自己就业的类型、方向的取舍和抉择，是一个人真正进入社会生活领域的重要标志，也是人生的关键环节。它不仅是一个关于个人职业生涯的问题，更是一个关乎国家发展、社会进步的课题。在理想状态下，一个人的职业选择应当既满足个人的兴趣爱好、技能特长和职业发展需求，也能对国家和社会做出贡献。但在实际生活中，个人职业需求和国家社会需求之间可能会存在冲突。例如，你可能非常热爱某个领域，但该领域的就业机会有限或者并非"朝阳行业"；相反，有些职业市场需求很大，但你对此并不感兴趣或不擅长。如何平衡个人职业需求和国家社会需要？很显然，这并不是简单的二选一问题。解决这一问题的关键，就是要正确处理好个人与集体、局部与全局的关系。

我们要认识到个人的职业选择不是一个孤立环节，它不仅受到个人兴趣、能力和价值观的影响，也与国家和社会需求、行业发展趋势和集体利益紧密相连。一个理想的职业选择，应该是个人意愿与市场需求的交汇点，是个人才能与社会角色的完美结合。将个人职业选择与国家社会需求结合，并不意味着牺牲个人的爱好和兴趣。此外，专长是职业选择最坚实的基石。在求职过程中，我们应该深入了解自己的兴趣特长，根据自己的专业背景、科研经历、实践经验等，挖掘个人感兴趣的领域和擅长的技能，以便在未来的职业中发挥优势。同时，不仅要考虑职业选择是否符合个人兴趣和长远发展目标，还要思考这份职业是否能够为社会带来积极的影响，因此也要积极关注国家的发展战略、行业的发展趋势和市场的人才需求，努力在追求个人职业满足和响应国家社会需求之间找到平衡点，找到既能实现个人价值又能促进社会发展的航道。习近平总书记指出："'得其大者可以兼其小。'只有把人生理想融入国家和民族的事业中，才能最终成就一番事业。"[1] 也只有把个人梦想与实现中华民族伟大复兴的中国梦紧密结合，把小我的奋斗融入祖国的大我、人民的大我之中，我们才能在职业的道路上走得更远，走得更稳。

青年时期是一个人生命中充满活力和创造力的阶段，也是塑造个性、培养能力、实现自我价值的关键时期。"从人的社会性本质来看，青年人只有在集体中、在社会中'才能获得全面发展其才能的手段'，同时每个青年的自由全面发展也是一切人自由发展的条件，是社会不断发展进步的前提。"[2] 在学校的集体生活中，我们可以学习如何与他人沟通、协作，如何在团队中发挥自己的作用，以及如何在社会的各种复杂情境中找到自己的定位。社会则是一个更大的展示自我、锻炼能力的舞台，它提供了无

---

[1] 习近平.习近平书信选集：第1卷[M].北京：中央文献出版社,2022:1.
[2] 李忠军.新时代好青年内涵论析[J].思想理论教育导刊,2023,(2):119-127.

数的机会和可能，我们将会接触到各种各样的人和事，激发思考，启迪智慧，促使自己不断学习和进步。在社会的洗礼中，我们能够学会如何面对挫折、如何处理失败，在经风雨、见世面中受教育、壮筋骨、长才干，培养坚忍不拔的品格和积极进取的态度，也能更加清晰地认识到肩负的责任和使命。因此，青年一代应该坚持以集体主义价值观来规约自己的奋斗取向，正确把握自我价值与社会价值的辩证关系，要以青春奋斗贡献社会价值，也要在贡献社会的过程中创造社会价值、彰显自我价值，最终实现自我的全面发展。

结合具体实际，在明确职业选择的过程中我们可以从以下几点切入：一是要考虑到职业的社会价值和意义。做职业选择不能仅仅关注个人兴趣和职位的薪资待遇，更应深思我们的工作如何服务于社会，如何在更大的范围内产生积极影响。一个职业的社会价值体现在它对社会的贡献程度，包括是否解决了社会问题，是否提高了公共福祉，是否促进了科技进步，是否以其他方式推动了社会的发展和进步等。有社会价值的职业不仅能够帮助我们实现个人价值，也能够让我们在服务社会的过程中获得更深层次的满足感。二是要有超越个人利益的大局观。黄文秀同志放弃大城市工作机会，在脱贫攻坚第一线倾情投入、奉献自我；优秀教师张桂梅无私奉献，对自己近乎苛刻地节俭，却把工资、奖金和社会各界捐款全部投入贫困山区教育中……这都是在面对个人利益与集体利益的冲突时，牺牲小我、成全大我的生动案例。我们也应该将个人的利益和需求放在更广阔的社会背景下去考量，建立超越以自我为中心的视野，培养起全局性的思维方式。三是要积极发挥主观能动性，为高质量发展注入不竭动力。在全面建设社会主义现代化强国的时代背景下，作为创新创造的青年主力军，我们不能仅仅局限于找到一份工作，而要成为更有责任感、更具创造力和更能适应未来挑战的人。我们要将视野变宽广，把眼光放长远，着眼现代化战略全局需要，面向世界科技前沿、面向经济主战场、面向国家重大需求、面向人民幸福生活，不断学习新理念新方法，掌握新技术新手段，积极投身"高精尖缺"重要领域和关键环节，努力攻克"卡脖子"难题，勇于进行自主性、原创性、引领性的科技攻关，为全面建成社会主义现代化强国提供坚强支撑。

"只有顺应历史潮流，积极应变，主动求变，才能与时代同行。"[1]这是习近平总书记在庆祝改革开放40周年大会上提出的重要论断。职业选择的过程如同一滴水融入大海，在波澜壮阔的时代洪流中，我们的职业选择必须要与民族的复兴同向而行，与国家的发展同频共振，与社会的进步相映生辉。青年人要做奔腾澎湃的新时代"后浪"，以坚定不移的信念、勇往直前的勇气、百折不挠的意志，乘风破浪、奋勇前行。

73. 如何在考研与就业之间权衡与抉择？

学生：升学还是就业，这是每个大四毕业生都会面临的选择，而决定也会直接影响其今后的人生走向，所以很多同学在进行选择时都会慎之又慎，那么究竟应该如何科学地进行选择呢？最终选择考研的人，有一部分是真正热爱科研工作的；也有一部分只是为了提升自己的学历，有一个更好的找工作的平台。然而网络上也流传着"读研三年与工作三年待遇相差不大"的说法，那么，学历提升与职业发展到底该如何权衡？

书记：一般来讲，在面临重大选择时，人们往往意识不到选择的重要性，这是因为很多人无法摆脱自己当下所处的时代与环境，进行理性客观的评价。但对于大四毕业生来说，很多人都能意识到这是自己人生当中的一个重要分水岭。在面对价值冲突时，个体常常主观赋予以自我概念认知为表征的价值观较高的价值，并且价值自我内化程度越高，个体主观赋予此类价值观的价值也越高。同时，个体在面对价值冲突时，多会根据已有

---

[1] 习近平.在庆祝改革开放40周年大会上的讲话[N].人民日报,2018-12-19(03).

知识经验进行利益权衡，进而做出最有利于自己的选择。[1]在这一过程中，如果能对利益权衡进行有效引导，激发个体对相关价值信息进行认知重评，则能大大提高选择的实效性。人对自己存在发展价值的体认既是对个体在与自然界、他人、社会关系互动中价值生成的自我体认，也是对所属集团、民族、国家存在发展中价值生成的社会体认，这就需要我们正确处理个人价值与社会价值的关系。人生当中有几个关键的转折点，我们在做出选择时，需要树立正确的价值取向，这是大前提。

很多同学在这个阶段，在没有进行充分准备的前提下，会跟随大多数人进行盲目的选择。这实际上完全放弃了主观能动性所能发挥的价值。事实上，对于同学们来讲，综合各种必要的信息进行分析，从而找出一条适合个人发展的道路是十分关键且必要的。在这个过程当中，有两点需要充分注意，一是要充分发挥主动性，这是开展科学选择的必要前提；二是要坚持一切从实际出发，采用实事求是的态度，这是选择不偏离方向的重要保障。具体来说，主观能动性的充分发挥是态度端正的表现，只有从心底里想要去改变现状，想要去找到真正属于自己的道路，有坚定不移的目标并想方设法去搜集自己需要的信息，才能够最大限度地将个人意愿与现实情况有效结合起来。摇摆不定、三心二意、半途而废等，都是不可取的。一旦思想上有所松懈，对目标的坚持有所动摇，再好的机会都把握不住。但是，空有一腔热血也是远远不够的。主观能动性的充分发挥加上对事物准确性的洞察，才是我们制定决策的科学之道。自己的性格适合什么样的工作，自己对未来的生活有怎样的期待，对工作有怎样的要求，要不要考虑父母和家人的意见，对地域有没有偏好，这些都是影响同学们做决定的重要因素。我们常说矛盾具有普遍性和特殊性，什么是普遍性和特殊性？就是说矛盾无处不在，并且每个矛盾都有自己的特点。无论是考研升学还是就业求职，过程中都伴随着各种各样

---

[1] 曹文秀,李忠军.价值观形成的认知加工与培育路径探究[J].社会主义核心价值观研究.2021,7(6):49-56.

的矛盾。升学与就业，你要准备的侧重点也是不一样的。这个时候就要坚持一个原则，那就是实事求是，坚持一切从实际问题出发。有时，人们做出的决定可能是小众的、另辟蹊径的、别出心裁的，难免会怀疑自己是不是走错了路，但只要我们的分析是综合性的、悉心谋划过的、适合自己的，就要坚持下去。

对于学历提升，我认为还是很有必要的。中国人有句老话，叫"磨刀不误砍柴工"。你在研究生阶段积累的，无论是专业知识、技能还是待人接物的能力，都会实实在在地影响到你今后的发展。确实，像你刚才提到的，三年之后研究生毕业找工作，能够拿到的薪资待遇，可能跟本科毕业工作三年所拿到的薪资待遇差不多，但如果仅仅盯着薪资待遇看，那我们的视野未免有些狭隘。首先我们要明确的是，学历提升与职业发展不是相冲突的，二者在某种程度上是可以并行发展的。我们最终的目标，不是为了拿到一份薪资待遇——当然这也是我们追求的一部分，我们的美好生活还是需要一定的物质基础来支撑的——从长远来看，我们需要，也一定想要达到的目标，是成长为一个自由的人。为了达到这一目标，我们必须将自己的个人发展放到一个历史的维度中进行考察。学历提升与职业发展的关系，从本质上来说是理论与实践的关系。理论是实践的先导，指导着实践的执行，而实践反过来会丰富理论，实现理论对实践的再指导，人的认知就是在这样的波浪式前进中不断提升的。实践与人的生活息息相关，也是将理论知识外化于行的重要途径。正如马克思、恩格斯强调的那样："思想根本不能实现什么东西。为了实现思想，就要有使用实践力量的人。"[1] 离开了实践，任何理论都是空中楼阁，无法接地气。而理论作为实践的启明星，在把握前进方向、指导科学实践、产出新的理论成果方面具有不可替代的意义。大学生正处于身心发展的关键时期，精力旺盛、思维敏捷，且在学校的大环境中，比大部分已经工作的毕业生拥有更多的科

---

[1] 中共中央马克思恩格斯列宁斯大林著作编译局.马克思恩格斯全集:第2卷[M].北京:人民出版社,1957:152.

学研究条件。机会不常有，青春不再来，所以我们鼓励年轻人把握当下，努力提升自己的科学文化素养，从而在更大的平台上发挥自己的优势与特长。

当下就业形势不容乐观，无论是选择哪一条道路，都要提前谋划，早做打算，借助学校开设的就业指导课程，结合丰富多彩的校园文化活动、专业实践活动，将课内课外紧密结合、校内校外有效衔接。同时，要积极转变狭隘的择业观念，树立信心，开阔视野，勇于到基层、到西部、到祖国需要的地方去建功立业。

74. 如何在深造之路上实现学术理想？

学生：对于即将开启的研究生生活，我感到既期待又担忧。期待的是自己终于能够在科研上有所建树，能够为国家的科技发展贡献一些力量。担忧的是我不知道该如何规划好自己未来的学业。研究生生活不像本科生活那样，而是需要有更强的自主性，那么，我究竟该如何规划自己读研期间的时间，如何将个人的成长发展融入社会进步的时代浪潮中，为实现人才强国、科技报国贡献个人力量呢？

书记：在进入新的人生阶段时，我们总会有各种各样的困惑。但从客观意义上来讲，这不是妨碍我们前进的绊脚石，而是我们发现问题、分析问题、处理问题的关键时机，只有正确处理好当下所遇到的矛盾，才会对事物有全新的认知。所以同学们在遇到此类问题时，要正面去回应、去争取、去处理，而不是采用回避、拖延、敷衍的态度草草了事。对于你提出的问题，我想，本质上可以理解为实现学术理想所需要的途径。那么，我们不妨从学术和理想两个层面进行探究。

从学术角度讲，读研期间要达到的高度，或者说要实现的目标，就是建立起系统的学术理念。从小学到大学，我们建立起了一套完整的知识体系，其中蕴含着整个自然社会和人文社会运行的规则和法度。在这个过程当中，知识获取的难度是随着同学们身心的成长而不断加大的，这同样是遵循了客观规律的结果。读研期间，同学们将会选择某一专业、某一方向进行深入细致的研究与探索，这同样需要遵循一定的学习规律。由浅入深、由简到难、由粗及精，这是我们掌握新知识所要走的必由之路，需要我们静下心来踏踏实实、一步一个脚印稳步推进。而在做科研过程中，浮躁是我们最大的敌人。投机取巧、断章取义、虎头蛇尾、半途而废，也都是我们需要竭力克服的。当然，以上这些都是从个人内部来讲的，同学们还需要同时处理好与外部环境的关系，与导师的沟通，与同门师兄弟、师姐妹的关系，与相关领域专家学者的交流，等等。如果说内部约束是科研取得成功的主要因素，那么外部环境就是科研取得成就的重要保障，二者是相辅相成的，缺一不可。

从理想角度来讲，在深造之路上实现学术理想的途径涉及同学们往哪儿走、能走多远、走得是否正确的重大问题，关系到人才强国、科研报国能否实现的重大问题，关系到为谁培养人、培养什么样的人、怎样培养人的教育根本问题。我认为，习近平总书记提出的"立志做有理想、敢担当、能吃苦、肯奋斗的新时代好青年"，应当成为同学们努力的方向。"有理想"是新时代好青年的立身之本。习近平总书记强调，"新时代中国青年要树立对马克思主义的信仰、对中国特色社会主义的信念、对中华民族伟大复兴中国梦的信心"，要"从内心深处厚植对党的信赖"。同学们必须以高度的理论清醒筑牢信仰之基、树立远大的理想抱负、铸就忠诚的政治灵魂。"敢担当"是新时代好青年的成才之要。青年人有多大担当、尽多大责任，决定着他们个人成就的高低，也关系着整个民族和国家事业的发展。习近平总书记要求，"新时代的中国青年要以实现中华民族伟大复兴为己任，增强做中国人的志气、骨气、底气"。而担当民族复兴大任也需要青年人以一种"初生牛犊不怕虎、越是艰险越向前"的勇气来应对重大挑战、抵御重大风险、克服重大阻力、解决重大矛盾。新时代好青年要在中国特色社会主义伟大实践中长志气、硬骨气、提底气、增勇气，在担当中历练、在尽责中成长，才能不辜负历史和时代的重托。"能吃苦"是新时代好青年的成长之基。苦难是青年的磨刀石，是助力青年拔节孕穗的催化剂。习近平总书记指出："无数人生成功的事实表明，青年时代，选择吃苦也就选择了收获，选择奉献也就选择了高尚。"同学们不能安于现状、贪图享乐、逃避苦难，而是要树立正确的苦乐观，把吃苦当作认识自我、磨砺自我、提升自我的重要途径，通过吃生活之苦锤炼品德，吃学习之苦提升本领，吃成长之苦磨砺斗志，吃竞争之苦担负重任，不断成长为中国特色社会主义事业的合格建设者和可靠接班人。"肯奋斗"是中国共产党领导中国人民不断从胜利走向新的胜利、不断取得新的伟大成就的力量源泉。习近平总书记强调："今天，我们的生活条件好了，但奋斗精神一点都不能少，中国青年永久奋斗的好传统一点都不能丢。"奋斗的青春重在实践、贵在行动。做"肯奋斗"的新时代好青年，必须深刻把握伟大奋斗精神和马克思主义实践观的内在契合逻辑，坚守人民至上的奋斗目标、坚定贡献社会的奋斗取向、把握苦干实干的奋斗基点、坚持创新创造的奋斗方向，以奋斗之青春投入实现中华民族伟大复兴的实践当中去。

除了将专业知识与个人信念相结合之外，还需要将创新精神贯穿科研工作的始终。习近平总书记指出："创新是一个民族进步的灵魂，是一个国家兴旺发达的不竭源泉，也是中华民族最鲜明的民族禀赋。"我们党之所以能够历经考验磨难，无往而不胜，关键就在于不断进行实践创新和理论创新。同学们要深刻把握创新精神的深刻内涵，真正将科研创新落到实处，把论文写在祖国的大地上，这样才能让个人的科研成长与国家社会发展同呼吸、共命运。

75. 如何看待"慢就业"？

学生：很多同学在毕业时会选择"慢就业"，而这种现象在就业形势日益严峻的背景下显得愈发突出，这是否意味着同学们的就业观念已经发生了转变？"慢就业"出现的深层次原因是什么？作为毕业生，又该如何看待就业、择业与待业之间的关系呢？

书记：从近几年的就业发展形势来看，"慢就业"越来越成为我们当前就业工作中的一大难点。从数据来看，2023年应届生选择"慢就业"的比例从2022年的15.9%上升到了18.9%，这说明差不多每五位同学当中，就有一名毕业生选择了"慢就业"。"慢就业"其实是就业与不就业之间的一种过渡状态。它往往表现为毕业生拥有一定的目标与规划，只不过在短时期内无法直接达成就业目标，因而处于一种暂缓阶段，缓冲性便是"慢就业"最鲜明的特点。从社会发展的角度来讲，"慢就业"是社会经济发展到一定水平必然会出现的一种状态，是毕业生与社会岗位无法有效对接的深层次体现，其中的原因也是多样性的。

一方面，社会经济快速发展，新兴岗位大量出现，这导致一些传统行业、传统岗位消失的同时，也对毕业生提出了更高的要求。这也是对我们高校培养出来的学生的一次严峻的考验。我们的毕业生专业知识是否牢固、创新精神是否突出、综合素养是否达标，都可以在人岗匹配的双向互动中得到充分的体现。而有没有把握好专业培养与就业教育的有效衔接，切实提高工作的针对性、实效性，对于高校就业思想政治教育而言，也是一次检验。另一方面，"00后"毕业生呈现出多样化的求职意向也是产生"慢就业"的重要因素。随着我国经济发展水平的提高，脱贫攻坚的全面完成，"00后"所生长的环境相较于以前有了很大程度的改善，同学们目睹了中国社会取得的重大成就，民族自豪感与社会责任感更为强烈，这使得他们的视野更为广阔、思维更加活跃、想法更加多元，主体意识与自我意识都有了很大的进步。当这种想法体现到就业当中，对传统的"先就业再择业"的观念就有很大的冲击。同学们并不急于求成，而是想慢下来，朝着自己的方向一步一个脚印地前进。从整体来看，这确实证明我们有很大一部分毕业生的就业观念发生了切实的变化。

但同时，我们要用辩证的眼光看待问题。恩格斯不也说了么："辩证法恰好是最重要的思维形式。"[1] 从踏实提升个人综合素质，以稳健的心态求职这个角度来讲，我们确实应赞扬"慢就业"，这证明同学们对于自己的未来有着明确的目标与方向，能够在浮躁的环境中沉下心，不去理会所谓的"面子"，而去求得自身"里子"的提升，这是相当难能可贵的。要知道，事物的发展并不总是一帆风顺的，我们总是会遇到这样那样的问题，遇到这样那样的困难，一时的成败得失不能证明什么，只有锚定方向，踏实进取，才能游必有方，行稳致远。但我们不得不承认，有这样一些同学，自己没有制定清晰的规划，没有努力的方向，没有成长的动力，成了"三无产品"。对他们而言，"慢就业"只是一个幌子，给他们再多的时间，也不会激起一丝涟漪，这是我们要坚决制止的。能否将就业过程中因择业困难导致的待业问题正确化解，其核心点就在于主观能动性是否充分发挥。如果能调动一切积极的思想因素，使我们行动起来为择业、就业而努力，那么即便是短暂的待业，也只不过是一时之失利，反过来说，如果你放任自流，那么即便有再多的择业机会，也终将与你失之交臂，成为另一种意义上的"失业"。

对于"慢就业"，我们真的就无计可施吗？答案是否定的。"慢就业"的核心是"缓冲"，其原因主要是无法及时有效地达成人岗匹配。要想解决这个问题，一要谋划，二要调整。"凡事预则立，不预则废"，要提升人岗匹配度，同学们可以提早谋划，提前准备。不同年级的学生有着不同的侧重点，大一学生侧重实施职业启蒙，接受职业定向教育；大二学生侧重开展职业体验教育，充分了解职业特点和要求，结合实际对职业目标进行初步修正和科学规划；大三学生侧重开展成长反思教育，结合不同职业选择，进一步明确自身的职业方向，及时调整生涯规划与心理预期；大四学生侧重接受择业指导和职业去向教育，树立求职信心，开阔视野，勇于

---

[1] 中共中央马克思恩格斯列宁斯大林著作编译局.马克思恩格斯选集：第4卷[M].北京：人民出版社,1995:284.

到基层、到西部、到祖国需要的地方建功立业。除此之外，社会发展日新月异，作为大学生，要主动参与到社会实践当中去，切身体验不同行业、不同岗位对工作的要求，及时掌握行业前沿动态，不断调整自己的职业发展目标，用发展的眼光看待问题。只有从根源上找到"慢就业"的症结，才能有的放矢，让同学们真正明晰自己的未来发展，实现自己的人生理想。

76. 如何找到我最好的心理状态？

学生：我感到十分苦闷和迷茫，那些在学校里成绩、能力都不如我的同学，一个接一个都找到好工作了，而我却在求职过程中屡屡受挫。寒窗苦读十余载，只为一朝成飞鸿。虽然当前就业形势严峻，但我还是不甘心降低标准。如果不能找到一份专业对口的工作，那大学里学的什么东西有什么是能用上的？

书记：面对就业压力，看到周围同学似乎都找到了好工作，而自己还在求职的门槛徘徊，大多数人都会感到焦虑和迷茫，这是十分正常的。就业攀比带来的压力，对高质量就业的渴望，对专业对口的追求，如同一道道隐形的枷锁，束缚着我们的思想和行动。

前不久，"孔乙己的长衫"火上热搜。此事最初源于一位网友的感叹："学历不但是敲门砖，也是我下不来的高台，更是孔乙己脱不下的长衫。"该言论一出，瞬间引发热议，迅速成为青年朋友们狠狠共情、宣泄压力的符号输出。他们自嘲道："少年不懂孔乙己，读懂已是书中人。"其实，这背后反映的就是当代年轻人找不到理想的工作，又不想从事社会刻板印象中的"低端"劳动的现状。他们面对学历贬值、专业知识与社会需求脱节等问题时，存在高不成、低不就的心理。但自嘲和宣泄过后，我们还是得背起重重的行囊，拍拍身上的尘土，朝着充满挑战的未来继续前行。此时，相比于找到一份符合预期的工作，找到自我最佳的心理状态更为重要。在就业的十字路口，拥抱心灵的平静，不仅是求职成功的重要之基，更是人生旅途中的关键课题。

我们不妨先来分析一下为什么同学们会在求职过程中陷入心理困境。一方面，大多数同学存在就业定位偏差，这种偏差指的是大学生在自我评估和职业选择上存在的误区，这导致他们对于适合自己的工作岗位和发展方向有着不准确的判断。造成这种现象的原因有许多，包括对自身能力的认知不足、对行业需求的了解不够深入、对社会竞争态势的评估不够准确，以及对个人职业兴趣和长远发展规划缺乏思考，等等。此外，受到我国传统教育体制的影响，学生从小到大被鼓励着追求卓越、力争上游，无形中塑造了大家较高的就业期望，且认为上大学就有好工作，求学付出与就业回报一定是成正比的，因而往往为自己设定一些严苛的求职标准。有些同学在找工作时，不仅希望能找到与自己所学专业紧密相关的职位，还十分关注单位的知名度、薪资待遇和福利。这些条件虽然体现了同学们对自身价值的追求，但可能会因过于理想化而导致大家不断错失就业机会，"心高气傲"终将变为"心灰意冷"。

另一方面，许多同学不能妥善处理就业理想与现实的冲突。从外部来说，冲突一般体现在学生就业理想目标与现实目标的客观差异性上。这种情况如果得不到有效的调和与处理，就会成为引发心理压力的重要根源。因为在面对挑战时，不能做到积极主动规划、反思和调整，而是一味偏执于就业目标或纠结于现实落差，个体就会对自我价值和职业目标产生质疑，感到迷茫和挫败。从内部来说，当我们将自己与那些在职业选择上取得显著成功的同学进行比较时，很容易产生一系列的负面情绪。持续性的攀比和自我贬低会形成悲观失望、自卑怯懦的心理，甚至可能产生抑郁、焦虑、自暴自弃等问题，从而导致个体停止追求个人目标和梦想，反过来又会进一步加剧与成功同学的差距，形成恶性循环。

如同一切事物的发展规律，就业也是一个循序渐进、由低到高的过程，不可能一蹴而就。我们可以树立先就业后择业的观念，分阶段由低级向高级理想工作岗位迈进。在此过程中，学会理性分析和积极调整自己的心态是十分重要的，面对就业市场的种种不确定性，保持乐观和积极的态度就是抵御压力的最好武器。

首先，我们必须认识到每个人的道路都是自己走出来的。攀比，只会让你忽视自己的光芒。当你羡慕他人手中的金杯时，不妨回头看看自己手中那只装满汗水的玻璃杯。它虽然不起眼，却承载着你的奋斗。记住，你的价值不是由别人的眼光来衡量的，而是由你自己的努力和成就来定义的。其次，追求高标准固然重要，但不应由此而自我压抑。高标准是一把双刃剑，它既能激励我们前进，也能让我们感到疲惫不堪。学会适时地调整自己的目标，找寻期望与现实的契合点，这样制定出来的标准才是真正适合自己的。最后，专业对口并非就业的唯一出路。许多大学生固执于找一份与专业完全对口的工作，却忽略了当代社会需要某个领域的"螺丝钉"，更需要多面手和"通才"。面对多变的职场环境和复杂的职业环境，多元化的技能和灵活的思维，往往比单一的专业知识更能适应就业环境。你担心求学阶段学的东西用不上，但其实经历了多年的学习生涯，我们所收获的远不止知识的积累，还包括一系列宝贵的经验和技能，这都是我们进行实践创新、发明创造的有力武器。毕业并不是人生的终点，而是职业道路的起点，是为社会做贡献、实现个人价值的全新起点。我们要树立"行行可建功，处处能立业"的观念，相信自己在平凡的岗位上也能做出不平凡的业绩，在不起眼的职业中也能书写精彩的故事。

求职路漫漫，找工作期间，情绪波动是正常的。调适心理状态的过程，也是接受自己的不完美、珍视自己的独特性、勇敢追求梦想的过程。在这个过程中，你会遇到挑战，也会有所发现。当你遇到挫折时，不要气馁，因为每一次失败都是通往成功的必经之路。当你感到迷茫时，不妨放慢脚步，聆听内心的声音，让心灵回归平静，让梦想指引方向。最终，你将找到属于自己的那片广阔天空。

第十六谈　毕业时，如何做好职业选择

77. 如何迈出职业选择第一步？

学生：我是非师范毕业生，今年考研没有上线，家里人劝我再考一年，但是我自己想直接就业。身边的同学有的升学了，有的还在备考托福、雅思，准备出国，有的已经找好工作并签约了，感觉就自己还没有明确未来的方向，所以现在特别焦虑。我对自己的未来有些迷茫，也不知道就业这个选择对不对，以后会不会后悔，况且现在找工作也已经没有很好的岗位了，请问，我该怎么做呢？

书记：看得出来，你现在不仅迷茫，还很烦恼。其实除了保研或考研成功的同学以外，毕业就业，对于大多数学生来说，都是一个充满挑战和机遇的转折点，它既是大家作为独立个体生活的开始，也是大家实现自我价值和社会价值的途径。你现在站在人生一个重要的十字路口，是去企业找工作，是去考公务员、事业单位、选调生，还是参军入伍、自主创业，或者是投身广袤基层实现个人价值等等，这些选择都会影响你未来的生活道路和职业发展，因而产生苦恼和困惑是很常见的，不要因此而过于焦虑。你刚才的问题，其实是职业选择的问题。职业选择的重要性体现在多个方面，包括能否实现个人价值、提高生活质量、扩大发展机会和空间、满足兴趣需求、激发热情、建立人脉和社交圈、培养领导力和技能、对社会有影响和贡献、塑造个人品牌形象、平衡家庭生活和拥有心理健康以及幸福感等。马克思在《青年在选择职业时的考虑》中谈到，认真考虑职业选择是青年的首要责任，关乎青年的人生奋斗目标。马克思说，"我们就可以选择一种使我们最有尊严的职业……在选择职业时，我们应该遵循的主要指针是人类的幸福和我们自身的完美"。职业选择的第一步，应该是确立职业目标。

"志之所趋，无远弗届，穷山距海，不能限也。"及早确立职业目标有助于明确未来的方向。就像开车找路一样，首先，我们要定位，找到方向，如果方向错了，车开得越快越麻烦。这个目标如何确定，我认为应该与国家和社会的需求相结合。个人理想与国家需求相结合是实现个人价值和社会价值的必然要求。每个人都有自己的理想和追求，但个人的理想只有与国家需求相结合，才能发挥出最大的价值和意义。当代青年应始终保持对国家和社会的责任感和使命感，在选择职业时，应该从国家发展的需求出发，了解国家在各个领域的发展方向和重点，选择那些能够为国家发展做出贡献的行业和职业。理想是理性地思考，信念是一旦想好就决绝地去做。基层给予大家建功立业的舞台，有着干事创业的广阔空间，希望大家能够将个人的理想信念融入党和国家的事业发展中，成为可担重任的时代青年。

其次，也要考虑自己的兴趣和能力。爱因斯坦说过，择业要根据自己的兴趣和能力，而不是别人的期望。周围的同学在考研，难道你就要考研吗？继续读研究生就一定适合你吗？如果你在纠结是不是要考研，不如问自己几个问题：你对你的专业有多大的热情？你是否想要在你的专业领域内做更深层次的研究？你是否准备好接受更大的学术压力和生活挑战了？如果你对这些问题的回答都是否定的，那么升学可能并不是适合你的选择。而如果你决定了要就业，就应该一门心思去搞实践。现在找工作，岗位少，那我们可以先找一个实习单位，经验是在实践中不断积累出来的嘛。你要通过对自己的评估，理清楚你在学习、实习中积累的知识和技能，找到自己擅长的领域，去多尝试。在做出决策之前，多问自己几个"为什么"。通过深入了解自己的需求和目标，能够更清楚地认识到选择的动机及其与个人价值观的契合程度。正如马克思所说："如果我们通过冷静的研究，认清所选择的职业的全部分量，了解它的困难以后，我们仍然对它充满热情，我们仍然爱它，觉得自己适合它，那时我们就应该选择它，那时我们既不会受热情的欺骗，也不会仓促从事。"

再次，大家应该调整好心态，做好面对风险的准备。面对未来的不确定性，保持积极乐观的心态是至关重要的。好的心态离不开对自我的清醒认识，我们要在不断学习和提升自己的过程中积累自信心，咬定青山不放松，坚持就是胜利。未来美好可期，但是未来不会像想象中的那么美好，现实社会和学生时代完全不一样。在学生阶段，大家没有根本的利益冲突，但是走到工作岗位上就不同了。工作上的评价是多维度的，不仅仅是某一个方面成绩优秀。同时现实中有很多东西需要去考虑，不再像学生时代那样单纯。你们面对的压力要比学生时代多得多，如房子、孩子、老人、人际关系等等，哪一个处理不好，都会对你产生很大的影响。未来是美好的，但也是一地鸡毛。未来可期，但是未来绝不会一帆风顺，大家现在一定要做好涉险滩的心理准备，继续学习，不断去提升自己的能力和技能。

最后，要对未来世界的发展趋势有清晰的认知。未来，很多重复性的、有规律可循的工作都将被人工智能所代替。工业革命时代，机器取代了重复性工作；人工智能时代，算法开始取代创造性的工作，比如 AlphaGo 打败了全世界的围棋高手、阿里"鹿班"AI 设计师平均一秒钟就能完成八千张海报设计。因此，面对即将踏上的就业之路，已经不能将第一步重点放在一个人、一种技能、一份工作、一个地方或者一个行业之上，而是要不断培养自己无法被人工智能替代的能力，唯有如此，同学们才能在这个不确定性、偶然性和随机性越来越强的时代，成为适应未来社会发展的人才。

习近平总书记指出："国家的前途，民族的命运，人民的幸福，是当代中国青年必须和必将承担的重任。"同学们，你们的未来充满了无限可能，希望你们做出正确的职业选择，在实现中华民族伟大复兴的征程上有所作为，在未来的道路上勇往直前。

78. 如何从"校园人"成长为合格的"职场人"？

学生：老师，当我们离开校园，即将进入工作单位、开启人生新篇章的时候，内心还是非常忐忑的。请问，职场和校园相比有哪些不同，我们该怎么做才能适应职场复杂的变化呢？在初入职场的时候，有哪些关键点需要特别注意，毕业之前，在校园内，我们又能做哪些相关的准备呢？另外，有哪些东西是需要长期坚持的呢？

书记：人的一生会经历多次社会角色的转换，而走出象牙塔，走向职场，就是一次典型且十分重要的社会角色转换。学习、工作、生活环境的全面转换，意味着一个社会成员的正式产生，意味着他拥有了一个全新的角色身份。

校园环境与职场环境有很大差别。在校园时，学生身份意味着大家要在一个相对封闭、相对舒适、相对安全的环境中学习与生活。十多年的读书生涯，让大家对学生角色的体验非常深刻，也养成了一种相对固定的习惯。然而，一旦步入职场，大家将面对更为多变、复杂和激烈的挑战。你们需要快速适应新的社会角色和身份、适应新的环境和氛围，需要具备不同于学生的职业技能、职业责任感等。

从我多年的工作经验来说，我认为"校园人"和"职场人"有三点明显的不同。首先，"校园人"是成长导向，而"职场人"是目标导向。"校园人"往往关注能学什么，有没有人带，工作环境好不好；而"职场人"则会思考工作任务是什么，考核目标是什么，我能如何创造价值，我能如何做出有实质性意义的贡献。其次,"校园人"习惯被动听指示,"职场人"要主动做规划。"校园人"习惯听从老师的安排,把交办的事情做好;而"职场人"则会定期复盘、主动筹谋,进而调整工作目标,努力推进,完成任务。最后,"校园人"计算自己的收入,"职场人"计算自己创造的价值。"校园人"即使在工作期间,更多计算的也只是自己一天赚多少钱,哪里可以开出更高的薪水;"职场人"则明白为单位做事,就要为其创造价值,要想赚更多的钱,就一定要创造更大的价值。

许多毕业生在职业生涯初始,常常不自觉地以"校园人"的方式待人接物、观察分析事物。而纵观职场的成功者,不难发现,他们普遍拥有较强的自我管理能力和自主学习能力,具备良好的人际交往能力和团队合作意识,勇于接受挑战并保持着持续学习的态度。基于此,要做好"校园人"到"职场人"的角色转换,大家需要把握以下三点:

首先是要有一定的业务水平。有人认为,大学毕业,知识已经足够了,胜任工作肯定没问题。其实不然。美国有个企业家,叫本·尼尔森,是著名的密涅瓦大学的创办者,他曾经把人的智慧分成两种,流动智慧和刚性智慧。流动智慧,就是那些跨领域、跨学科、跨专业的知识,比如批判思维、沟通能力、创新方法等等。而刚性智慧,就要具体多了,指的就是懂一门手艺。比如当个程序员,就必须得懂编程;当外科医生,就必须得拿得起手术刀。这两种智慧于人,并不是零和博弈,而是都得具备。职场需要刚性智慧,企业聘用员工是为了解决问题。而学校更看重流动智慧,教育学生是为了培养全面发展的人。因此进入职场之后,学生们还要经过系统的培训才能胜任工作。此外,初入职场,特别要注意避免眼高手低。"小事不愿干,大事干不了"是刚参加工作的人常犯的毛病。实际上,举轻若重、一丝不苟地做好每一件"小事",可为以后做"大事"积累资源和经验。因此,毕业生进入职场,要谦虚谨慎,善于向身边的同事和领导学习、向实践学习。

其次是要保持清醒的头脑。学生们总会有各种各样的理想、梦想,甚至是幻想。但理想并不等于现实,到再好的单位和岗位,现实与理想之间也还是有一定差距的。既低头拉车，又抬头看路；既脚踏大地，又仰望星空，才是处理好理想和现实关系的辩证法。大家要冷静理性地对待自己的工作，不能因为一时的成绩而沾沾自喜，也不必因为一时的挫折而垂头丧气。同时，要有信心和耐心。初入职场，事业不会一帆风顺，要有抗挫折的心理准备。心理准备不足就会产生过激情绪和过高期待，容易导致失败。顺利时不得意忘形，失意时不自暴自弃，这才是事业成功者的必备素质。成功是靠自己一步步走出来的。

最后，从校园到职场，还有很多方面的意识需要改变。比如在校园里，可以凭自己的兴趣做事，而在职场最重要的是承担责任，岗位职责远比兴趣重要。比如在校园里，你可以情绪化，偶尔可以感情用事，但职场要求的是高度理性的行为，游戏规则是必须遵守的。"校园人"的衡量标准是成绩，而"职场人"考虑的往往是工作绩效。因此，你们要学会将个人好恶转变为敬业精神，由情绪左右转变到目标驱动。兴趣来源于责任，强烈的责任感是完全可以让人培养起对工作的兴趣的。同时，你们必须努力做到"干一行，爱一行"，一个人也只有真正爱自己从事的工作、事业，才能全身心地投入。从"校园人"到"职场人"的转变不是一个自发自觉的过程，完成这种转化可能会遇到很多痛苦和挫折，但如果不完成这种转变，就永远无法成长为一名成功的"职场人"。

从大学生到"职场人"，最核心的是完成从"要"到"给"，从"索取"到"奉献"的转变。为了帮助同学们顺利融入职场，学校也会尽最大努力。首先，学校通过课程设置来培养学生的实践能力和职业素养，引入实践教学、案例教学和项目式教学等教学形式，让学生接触真实的职场，引导学生对未来职业生涯有更为全面和深刻的理解，培养你们解决问题的能力和团队合作意识。其次，学校会与用人单位建立稳固的合作关系，开展相关合作项目，为学生提供更多的实习和实践机会。通过实习实践过程，学生可以更好地理解职场的实际运作和工作要求，增强职业适应能力。最后，学校还会建立健全校友们的职后发展服务体系，为学生提供长期的职业指导、职业规划、职业信息等方面的支持。学校将努力为毕业生的职业发展打下坚实的基础，为大家走向职场之路提供有力的支持，成为学生成长道路上的重要助力，有力地推动大家从"校园人"向合格的"职场人"的转变。

79. 如何平衡工作与生活？

学生：现阶段"996""007"等现象频出，加班似乎成了常态。作为初入职场的新人，正处于事业发展的"窗口期"，必然会面临加班的情况，我们如何才能更好地平衡工作与生活呢？

书记：这个问题是一个很现实的问题，需要我们根据具体实际来判断分析，计算出二者在你生命中的最优占比。

首先，要结合自身的实际情况，了解加班的产生是因为社会大背景的推动、自身工作能力的欠缺、盲目的跟风从众、领导的刻意要求，还是工作的必要。对自身的实际处境有一个清醒的认知，找出加班的关键点，是做出后续判断的基础。其次，要客观分析是否存在有效的解决方法。根据具体的关键点，找出减少、避免加班的方法，这样可以从根本上解决这一问题。最后，还要正确看待加班的优点和缺点。马克思非常重视劳动，马克思主义劳动观认为，人只有通过劳动才能获得自由。但是马克思反对通过劳动带来的剥削，他提到要实现真正的劳动自由，就必须通过劳动消除异化劳动，消除一切与人性相悖的物质和精神羁绊。这样生产劳动才不再是奴役的手段，而是解放人的手段。现阶段，每个行业的内部竞争都非常激烈，相对剩余价值生产的方法要求缩短工人的必要劳动时间，相对延长剩余劳动时间，与过去相比，生产相同的剩余价值所需要的劳动力数量将下降，从而减少必要劳动人口，这势必会使一部分人失去工作。[①] 因此如

[①] 王阁. 剩余价值理论框架下关于人工智能普遍发展与应用的分析[J]. 甘肃理论学刊, 2018(1):65-69.

果同等条件下劳动者想提高自身竞争力,就可以通过加班创造出更多剩余价值来实现。但是同时,过多的加班也会占用家庭、休闲、兴趣、社交等的时间,增加身体与精神的负担,减少自身的幸福感。

另外,同学们也要分析自身实际,也就是了解自身的价值取向,明确未来的人生规划。首先,一定要弄清楚自己是什么样的人,是事业型还是家庭型。对于事业型人士来说,他们通常趋向于采取理性、目标导向的决策方式。他们注重职业发展和成就,追求挑战和成功。对于家庭型人士来说,他们通常倾向于采取情感、关系导向的决策方式。他们注重家庭和人际关系,追求稳定和幸福。在时间分配上,事业型人士倾向于将更多的时间和精力放在工作上,追求职业上的成就和进步。他们可能更愿意加班,投入更多的努力来实现自己的目标。家庭型人士倾向于将更多的时间和精力放在家庭和个人生活上,注重家庭的和谐幸福。他们可能会更注重有规律的工作时间,以便有更多的时间与家人相处。在价值观和目标上,事业型人士通常以成就和成功为导向,追求事业发展、权力和财富等目标。他们可能更看重在职场上的地位和影响力。家庭型人士通常以幸福和满足感为导向,追求家庭温暖和稳定、亲密关系等目标。他们可能更看重在家庭中的角色和责任。每个人都是独立的个体,拥有不一样的性格。性格不分好坏,但是性格对职业的选择与发展具有重要影响。美国心理学教授、著名职业指导专家 John Holland 认为人的人格类型、兴趣与职业密切相关,兴趣是人们活动的巨大动力,可以提高人们的积极性,促使人们积极地、愉快地从事该职业,且职业兴趣与人格之间存在密切的相关性。因此正确评估自身的性格,有利于我们做出最优的选择。其次,理清对于上班、加班的真实感受。是迫于生计的无奈、痛苦,还是对于未来能够实现个人理想的期待?一些人的成就感与幸福感更多地来源于工作,他们可以在工作中感受到更加积极的情绪,获得更加可观的收益。一些人不喜欢工作,但是对生活有着更高的追求,因而他们相对愿意牺牲个人的生活时间,来换取大量的金钱、工作经验等,实现未来的人生理想。一些人不喜欢工作,也不愿意加班，更喜欢生活在自己的舒适圈内。这些价值选择与价值判断没有好坏之分，但是却实实在在影响着人们的实际行为。正确认识自己，明确未来规划，有助于避免盲目无效的加班。

有了以上的分析，然后才能做出最优选择。适合自己的选择，才是最好的选择。对此，我有以下几点建议：第一，了解自己的价值观和职业发展、家庭生活、兴趣爱好等方面的目标。这有助于你确定哪些选择与你的价值观和目标相匹配。第二，平衡工作与生活。不能过度专注于工作而忽视个人生活和健康，也不能过度追求个人生活而影响工作表现，要找到适当的时间分配，以确保两者都得到满足。第三，做出权衡，明确优先级。有时候，不同的选择可能会相互冲突，需要进行权衡，考虑优先级。要评估每个选择的利弊，并考虑它们对你的长期目标的影响，选择那些对你而言最为重要和有意义的事情。第四，寻求支持和建议。在做出决策时，寻求他人的支持和建议可能会很有帮助。与家人、朋友或导师交流，听取他们的意见和经验，可以为你提供新的角度和思考。第五，不要害怕调整。人生变化是常态，所以不要害怕在需要的时候做出调整。如果某个选择并不理想，要及时进行评估和调整，以寻找更适合的选择。

总而言之，选择最优的工作与生活平衡方案需要综合考虑个人价值观、目标和优先级等，同时也要学会调整和适应变化。找到适合自己的方式，才能实现工作与生活的最佳平衡。

80. 如何处理好职场人际关系？

学生： 作为一名即将步入职场的毕业生，我觉得自己在专业知识储备上已经做好了准备，但在处理职场人际关系方面，我感到紧张和不安，害怕得不到新集体的认可，害怕遭遇职场不公正对待等等。我应该做哪些准备，如何去处理好职场人际关系呢？

书记：在座的都是准毕业生，即将迈入人生新的阶段，进入全新的领域。我也感受到即将步入职场的你们，对职场是既满怀期待又有些许忐忑，尤其是从校园到职场，从学生到职场新人，在处理职场人际关系方面，你们可能会有不小的压力。今天我们就一起来聊一聊如何处理好职场人际关系。在探索如何处理好某种新的人际关系前，我想我们应该先认识这种人际关系和我们当前已经适应的人际关系之间存在什么样区别和联系，这样才能够更好地完成对新的人际关系的适应。

学校人际关系和职场人际关系二者之间存在着一些显著的区别。第一，从人际交往环境方面来看，学校人际环境相对封闭，人际关系中的交往群体学历层次相当、文化水平相当、思想道德品质和价值追求一致，职场人际环境相对开放，人际关系中的交往群体工作经验不同、人生阅历不同、思想境界也不同；第二，从人际交往选择方面来看，学校人际交往的目标在于志趣相投，多数时候是可以根据自己的喜好，由自己来选择确定的，职场人际交往的主要目的在于促进工作，创造工作价值，是由所选择的工作决定的，多数情况下不受个人控制；第三，从人际关系利益冲突方面来看，学校里的同学关系、师生关系等人际关系相对单纯、透明，没有根本的利益冲突，职场里的同事关系、上下级关系、服务对象关系等人际关系则较为复杂，存在利益冲突是常态；第四，从人际关系结果方面来看，学校人际关系处理好坏，不一定会对个人学业得失产生非常大的直接影响，并且学校环境中，老师对学生或学生彼此之间相对包容，而职场人际关系处理好坏，可能会对一个人的工作状态、单位评价、个人发展等方面造成较大较深远的影响。

学校人际关系和职场人际关系虽然存在很大区别，但二者也有一些相似和联系，它们都属于人和人在生产生活活动中建立起来的社会关系，因此，通过学校人际交往所获得的基本的沟通表达能力、团结协作能力、理解判断能力等人际交往能力，是可以延续到职场当中，帮助我们更快融入职场人际环境的。不管是在学校还是步入职场，在人际交往中，尊重、真诚、宽容、互利、合作、理解、平等这些基本原则都是必须要遵守的。基于上面讲到的关于学校人际关系和职场人际关系的区别和联系，我对即将进入职场的毕业生们在处理职场人际关系问题方面有以下几个建议：

一是重视职场人际关系，但不过度焦虑。人常说"做事先做人"，其实不管在哪里，处理人际关系就是学习在不同环境中如何做人，这需要我们在实践中去慢慢摸索、逐步成长，最终完成蜕变。对于很多初入职场的人而言，让他们感到有压力的往往不是具体的工作任务，而是职场中的人际关系，这是很正常的。一个人进入职场，不单单是要提升工作能力、创造劳动价值，学会成熟地为人处世也很重要。因此我们既要重视职场人际关系的处理，也不要过度焦虑，而应该做好足够的心理准备，放下思想包袱，抱着虚心学习、真诚交往、不断完善自我的心态去面对问题。大家不必对职场人际关系感到紧张或排斥，既然选择了这份工作，就欣然接受这个环境，利用这个平台去锻炼自己、提升自己的社交能力，轻松从容地去面对职场人际交往。

二是主动担当、真诚沟通，构建有效职场关系。我们都知道人际交往中的首因效应，即你给人的第一印象在相当长一段时间内都会直接影响他人对你的评价和态度。在职场中同样如此，良好的第一印象对于和谐人际关系的建立和后续工作的开展都有着不可估量的作用，如果你给人的第一印象不好，今后即便是花数倍的努力也很难彻底消除负面影响，所以我们一定要在"慎初"上面多下功夫。近年来，一些所谓的职场宫心计文章，不教人踏实做事、真诚待人，反而宣扬见风使舵、欺上瞒下这些不良风气，如果你相信了这些说法并在职场这么做，将会耽误整个职业生涯。对于初入职场的大学生而言，主动担当的做事态度和真诚沟通的交往能力是构建有效职场关系的关键因素，这两点能够促进我们与同事、领导、服务对象之间进行信息交流，帮助我们更好更快地去理解和执行工作任务，可以说，真诚就是最好的敲门砖，也是建立和谐职场人际关系的奠基石。

三是君子和而不同，始终保持独立思考能力。在职场上，我们会遇到形形色色的人，有与我们志趣相投的，也有我们无法认同的，这是客观存在、无法改变的，但我们要注意区分，我们无法认同的是一个人做事的方式方法还是这个人的道德品质。如果我们只是不喜欢一个人的处事方法，那么我们要多去看看这个人的长处，君子和而不同，我们要有海纳百川的容人之心，也要有见贤思齐的谦逊之态。如果遇到了极少数的品行存在问题的人，那么我们要学会适当保持距离，在工作中要做好工作记录、文件留痕等，学会自我保护。此外，年轻人初入职场，希望尽快融入集体的心情可以理解，但融入集体不代表要无底线地迎合他人，为了所谓的合群而放弃自己的见解和想法。在职场中，我们要向那些爱岗敬业、能力过硬的优秀同事看齐，保持独立思考的能力，做出正确的判断和选择，不必过分苛求完美，不用奢望所有人都喜欢我们，保持正常交往即可。

四是找准自身职场定位，处理好三组关系。即将成为职场新人的大学生，要充分认识到不管你毕业于什么样的学府、拥有什么样的学历层次，进入职场就是一切从零开始。初入职场，我们要处理好这三组关系：面对领导，不必逢迎拍马、虚伪恭维，要遵守基本的职场礼仪，念好"敬"字经，领导最看重的一定是新人是否愿意学习、是否能够快速成长，为单位创造价值；面对同事，要谦虚谨慎，言行低调，适当放低姿态，多向前辈请教工作经验，多与年轻同事交流探讨，可以大胆提出自己的创新思路，但也要注意方式方法，才能获得团队的支持和认可；面对客户或服务对象，要注意尽快熟悉工作内容，学习提高业务水平和工作能力，让自己时刻保持高昂的工作热情和专业的服务水平，耐心细致地与客户或服务对象进行沟通，及时有效解决问题。

卡耐基说，一个人成功的因素，归纳起来，15%得益于他的专业知识，85%得益于良好的社交能力。行为科学家威林也曾谈道：不论从事哪一种行业，只要能学会维持良好的人际关系，其事业的成功率可达85%以上，而获得个人幸福的概率则高达99%。因此，处理好人际关系是职场工作中的重要内容之一，良好的职场人际关系，有助于提升个人的工作绩效、促进个人的职业生涯发展。

81. 如何始终保持竞争优势，实现职场快速发展？

学生：即将步入职场，我对未来发展充满期待，又有些许担心。我们将以百分百的热情投入工作中，但是职场不同于校园，面对更加多元的竞争环境，压力和挑战无处不在，我们的竞争优势是什么？我们可以从哪些方面着手，提升自己的核心竞争力？作为职场新人，我们如何才能找准定位，尽快融入集体，不断提升自身业务能力、应急处突能力、人际交往能力、心理承受能力等各方面综合能力，培养拼搏进取意识？如何才能始终保持自身的竞争优势，进而实现在职场的快速发展？

书记：这是每一个从学校走向职场的同学都会思考和探索的问题。当今世界正处在大发展大变革大调整时期，一个国家想要在世界舞台中拥有一席之位，必须有自己的竞争优势；一个企业想要在市场竞争中实现可持续发展，必须有自己的竞争优势；一个人要想在职业发展中脱颖而出，也必须有自己的竞争优势。竞争优势是一种特质，在集体中，只有竞争力大或强的才有优势，这种优势是相对的、变化的，一般来说，只有竞争者在某些方面具有某种特质，它才能保持某种竞争优势。毕业生进入职场，进入了人生新阶段、新赛道，唯有不断提升自身的核心竞争力，始终保持自身的竞争优势，才能在职场中发光发热，进而实现个人价值与社会价值的统一，实现自身职业目标。

从学生到职场新人，不管我们走到了人生哪个阶段，优秀的品质永远是我们的立身之本。我们现在处于社会主义市场经济的环境中，它既有公平公正的一面，也有资本的逻辑、利益至上等的另一面。面对这种现实，大家的应对方式应该是继续保持优秀。优秀是一种习惯，一旦你养成了这种习惯，就如同种下了青松的种子，对它精心呵护，假以时日，它自然会长成参天大树。这种子其实就是你的思维、思考、潜质等等，保持优秀的习惯，在职业发展的任何一个阶段，你都能顺势而为，乘势而上。

个人的竞争优势是我们综合素质的集中体现，这主要源于个体的核心竞争力。核心竞争力包括天赋力、学习力、创新力、抗压力、组织力等等。对于年轻人来说，学习是最根本的，它是一切能力的基础和来源，是一辈子的事情。习近平总书记多次寄语中国青年，"不负时代重托，不负青春韶华，勤奋学习""增强学习紧迫感，如饥似渴、孜孜不倦学习"。大家步入职场，不仅要学有字之书，更要学无字之书，要向群众学习，向实践学习，始终保持谦虚谨慎，学会"自找苦吃"，努力争取到多岗位、多部门锻炼，求参与、挑大梁，全面发展，增强成长力和竞争力。在此基础上，要积极提升自身的知识创新能力。创新意识和能力是体现一个国家、企业、个人核心竞争力的重要指标。不管你是否愿意，我们都随时随处感受着信息化带给我们的冲击，几乎每时每刻都在面对变化，在工作中，我们要勇于突破思维定式，不唯上、不唯书，只唯实，从实践中获得持续创新的能力，不断保持自己在竞争中的优势。

职业目标与学业目标相比，有一致的地方，也有发展变化。在学生阶段，大家没有根本的利益冲突，同学间的差异都是大家认可的，比如成绩排名等。但是在工作岗位上就不同了，针对个人的评价，变得更加多维立体，更加全面系统，大家不再单纯地考虑个体某一个方面的成绩。同时，我们将面对相较学生时代更加复杂的人际关系，经受来自社会、工作、家庭的多重压力，承担复杂因素带来的更多不确定性。那如何才能在变化中保持定力，在未知中坚守初心，时刻保持向上的奋进姿态？我们要低调，不张扬，"潜龙在渊，腾必九天"；要勤恳务实，虚心谦和，不好高骛远，不急功近利；要扎实不浮躁，一件事一件事地做，抓实抓细抓具体，抓住不放、一抓到底；要厚植基础，多做打基础利长远、久久为功的事情，不做表面功夫、面子活；要谋事不谋职，士不可以不弘毅，任重而道远；要形成一种势，这种势是来自群众的认同，是一种士气；要勤奋不侥幸，不舍昼夜，一步一个脚印，一分耕耘一分收获。职业发展必将是一个长期的过程，我们要善于总结反思，勤于沟通交流，掌握科学方法，保持理性平和心态，坚持在干中学，学中干，不断提升自身综合素质。

始终保持竞争优势，不仅要考量优势的独特性和持续性，更在于创新成长的速度。在日益激烈的竞争中，唯有把握先机、抓住机遇才能够更加高效地打造和保持竞争优势，这就需要个体强烈的意识推动。我们要时刻强化终身学习理念，增强求变识变应变的意识和能力，加强自我管理，坚持自我提升，珍惜职业发展的每个阶段，学在前，干在先，不断提升获取知识的效率，增强知识能力转化为实践的效力，更好地应对职业市场的变化和挑战，提前做好各个阶段的职业准备，积小流以成江海，积跬步以至千里，为实现职业目标默默奋斗。

选择了一个职业，就要坚定自己的选择，树立职业信念。职业信念是对职业所持的一种坚信态度。这种态度应该是持久而稳定的，甚至是终身坚持、矢志不渝的。青年马克思在谈到选择职业的理想和价值时曾经写道："如果我们选择了最能为人类福利而劳动的职业，那么，重担就不能把我们压倒，因为这是为大家而献身……"我们要将个人的职业理想融入党和国家的事业之中，不忘初心、牢记使命，坚定职业目标，不断提升核心竞争力，在每一个平凡岗位上书写人生、绽放光彩。

第十七谈　师范生，如何成为未来卓越教师

82. 如何在校园生活中为当好老师奠定扎实根基？

学生：书记您好，我们作为公费师范生，都与本省教育厅签署了就业服务协议，未来工作有明确的方向，就是回生源地教育一线做中小学老师。很多同学觉得，政策导向已经决定了我们的人生发展道路，我们虽然享受了国家的政策红利，也将用青春去履行服务义务，人生一望到底，因此一些同学在大学期间缺乏发展规划和努力动力，一些同学处于"忙、茫、盲"的状态，一些同学还有随波逐流、只求毕业的思想。我们到底应该如何在校园生活中为当好老师奠定扎实根基呢？

书记：古希腊有一句著名的箴言——"认识你自己"。对于公费师范生制度和这个身份的责任与使命，同学们应有更充分的认识，才能找到成长发展的内驱力。

2007年，国务院决定在教育部直属师范大学实行师范生免费教育，2018年，《教育部直属师范大学师范生公费教育实施办法》将"师范生免费教育政策"调整为"师范生公费教育政策"。截至2023年，全国有1000多所本科学校，教育部直属高校只有70多所，其中师范类高校就6所，名称中有"师范大学"的就5所。公费师范生一年就招8000多人，是优中选

优录取而来，你们每个人都非常优秀。

纵观人类历史，教育兴则国家兴，教育强则国家强。世界强国无一不是教育强国，教育始终是强国兴起的关键因素。建设教育强国，是以中国式现代化全面推进中华民族伟大复兴的基础工程。中华民族是伟大的民族，创造了绵延五千多年的灿烂文明，尊师重傅、倡教兴学的优良传统已经融入世代传承的文化血脉之中，为源远流长的中华文明注入了持久的磅礴动力。习近平总书记强调，"要把加强教师队伍建设作为建设教育强国最重要的基础工作来抓，健全中国特色教师教育体系，大力培养造就一支师德高尚、业务精湛、结构合理、充满活力的高素质专业化教师队伍"，并先后提出了"三个牢固树立""四个相统一""四有好老师"等系列要求，为教师队伍建设赋予了新时代的内涵与精神，为同学们未来投身教育事业、落实立德树人根本任务指明了方向。

当今世界，新一轮科技革命和产业变革深入发展，围绕高素质人才和科技制高点展开的国际竞争空前激烈。中华民族伟大复兴，教育是基础。2035年建成教育强国的目标，决定了我国要从人口大国向人力资源大国、向人才大国迈进，整个民族的基本素质要大幅提升。世界各国的竞争就是青年人的竞争，谁更优秀，谁就能领跑。那么竞争的优势来源于什么，正是中华民族一代一代年轻人的教育，而教育的根本是教师。我国在建设教育强国上仍存在不少差距、短板和弱项，实现从教育大国向教育强国的跨越依然任重道远。事实上，建设教育强国，基点在基础教育。基础教育搞得越扎实，建设教育强国的步伐就越稳、后劲就越足。国家下这么大力气出台公费师范生政策，就是要支持和吸引优秀人才热心从教、精心从教、长期从教、终身从教，引导广大教师坚定理想信念、陶冶道德情操、涵养扎实学识、勤修仁爱之心，树立"躬耕教坛、强国有我"的志向和抱负，坚守三尺讲台，潜心教书育人。如果同学们没有对这种责任使命的认识，没有担当精神，只是算计着未来在哪儿找工作、在哪儿待遇高，上升不到国家发展的大局和教育事业崇高的认识，就达不到优秀。

我还想谈谈我对教育的理解。最近我去了学校对口支援的陕西省岚皋县，陕师大有20多个毕业生在那里工作，与大城市相比，岚皋县条件非常艰苦。但正是包括我们的毕业生在内的一代一代教师的坚守，改变了那里孩子们的命运。在西部，有多少孩子得不到优质的教育，有多少孩子想让陕师大的老师授课，却没有机会。在岚皋，我们这20多位毕业生能改变别人的命运，这就是崇高。这不是世俗的成功，而是教育使命的荣光。如果说改变命运是一个层级的话，那更高层级就是教师能够塑造人，塑造中华民族伟大复兴需要的人。崇高和塑造，一个体现的是精神高度，一个体现的是知识水准，精神高度标识人生走向，知识水准标注动力发展。党百年来领导师范教育的历史充分说明，没有强大的师范教育就没有强大的基础教育，没有强大的基础教育就没有强大的高等教育，科技创新和文化强国也就无从谈起。

作为教育部直属西部地区的师范大学，陕西师范大学在80年的发展历程中，用理想、信念和情怀举起了西部教育大旗。承担国家公费师范生教育十多年以来，从学校毕业的公费师范生中的90%都到了中西部中小学就业，71%到西部地区就业。我们要培养什么样的人呢？我们要培养的是中华民族伟大复兴的有用之才，社会主义的合格建设者和可靠接班人。对于公费师范生来讲，就是要有扎实的知识功底、过硬的教学能力、勤勉的教学态度、科学的教学方法等教师的基本素质，还要有突出的创新能力和创新思维。正如怀进鹏部长所言，"三寸粉笔，三尺讲台系国运；一颗丹心，一生秉烛铸民魂"，我们就是要培养这样的师范生，也只有这样的师范生，才能助力中华民族伟大复兴，才能推进教育强国建设。

党的二十大报告明确指出，要"加快义务教育优质均衡发展和城乡一体化，优化区域教育资源配置"。作为公费师范生，同学们在校期间应从以下三个方面来为当好老师奠定扎实根基：

首先，我们要赓续陕西师范大学"西部红烛　两代师表"的核心精神和价值理念，以卓越教师和未来教育家的高定位来锚定发展目标。我们希望这种精神能够激发同学们的内在动力，引发同学们的思想认同、情感共鸣，促使同学们产生行动自觉。学校为此不断深思、不断推进，从每一张毛笔手写录取书开始，我们就希望教育报国的种子能在每一位师范生心中扎根生长。学校设立"红烛"校史馆，开展"西部红烛两代师表奖"评选，开展师范生技能大赛，开设"西部红烛讲坛"和"《习近平的七年知青岁月》导读"等师德专题课程，让朴素的教育情怀、深厚的师德涵养、扎实的师能培育不断为每一位同学的从教之路助力。

其次，我们要夯实师范技能和教育教学基本功，以"走上讲台、站稳讲台、绽放讲台"为目标，不断成长为具有创新意识的卓越教育人才。学校通过创建平台、提供资源等多种方式持续助力夯实师范生基本功。国家级教师教学发展示范中心、现代教学技术教育部重点实验室、国家教师发展协同创新实验基地、陕西教师发展研究院等机构拥有指导师范生的专家团队；学校还开设了"创造性教学""翻转课堂教学""科技与教学论坛"等教师专业能力发展系列课程，并在国内首创"师范通识教育理论"，开展多元的通识教育课程和公共艺术教育实践改革。同时，推进普通话测试与训练室、板书训练室、未来教室等专业训练场所和研究中心的建设，以及"师范生汉字书写能力提升工程"，构建了学校公费师范生"三字一话"测培体系。自教育部"卓越教师培养计划"实施以来，学校形成了高等学校与地方政府、中学（小学、幼儿园）"三位一体"协同育人的卓越教师培养新体系。此外，从2007年首届公费师范生开始，学校每年都组织开展全员参与的师范生教育教学能力大赛，以赛促练，以训促学，为公费师范生未来从教打下坚实基础。

再次，我们要努力拓展职前和职后的发展环节，在实践中强化持续学习、终身从教、教育报国的人生发展路径和价值追求。实习、见习、研习是我们真正走向讲台的必经之路，我们要充分利用学校提供的平台不断实践，来提高自己对基础教育教学的规律性认识、对专业讲授的科学性把握、对教师成长路径的有效探索等。学校先后建立了6个教师教育创新实验区，建设了600余个公费师范生教育教学实践基地，探索建立协同提升师范生教育实践能力和促进在职教师专业发展的公费师范生实践培养发展共同体,并鼓励师范生"东南学艺,西部扎根"。2021年开始,学校党委常委和领导班子专门组建多支调研组开展"百校行",全面了解毕业生就业以及西部基础教育发展情况,以不断完善适应西部基础教育需要的卓越教师培养体系。同学们要抓住国家教育振兴和教育强国发展的有利契机,不断强化实践环节和职后的持续学习研究,不断成长为卓越教师,为教育强国建设添砖加瓦。

83. 如何克服走上讲台前的焦虑?

学生:书记您好,近年来国家对于中学教师的要求不断提高,我们求职就业的竞争压力逐年加大。但除了大四的实习阶段,我们从未真正走出过校园,在知识储备、教育技能、综合素质方面还有很多欠缺,很难从学生身份转化到教师角色,很难想象自己在讲台上面对几十个中学生的情景。我们还没有做好成为未来教师的充分准备,越临近毕业越感到焦虑,我们该如何去克服和缓解这种焦虑呢?

书记:理论来自实践,从实践经验中获取理论的滋养,不断把实践经验提升到理论的高度,推动理论的发展,这是马克思主义认识论的基本原理。我们要把握好理论和实践的关系,坚持理论和实践的辩证统一,实现理论创新和实践创新的良性互动。每个师范生都要有第一次走上讲台的经历,这是理论转化到实践的一个"分水岭"。焦虑是一种情绪状态,是对未来的不确定引起的。入职是职业生涯的开端,有焦虑情绪是很正常的。但是我们必须反思:为什么焦虑?焦虑的根源是什么?怎么把焦虑变为动力?只有把握好了这些,才能用大学四年所积累的专业知识,也就是理论,来指导实践,把抽象还原成具体。

首先,我们必须具备走上讲台的"勇气"。新时代师范生培养的目标是创新卓越教师，路径是科学化、多元化、体系化的。我们学校构建了"前沿理论学习+专业能力实训+教学实践反思"的培养模式，出台了贯穿大学四年的提高公费师范生从教能力的培养计划，积极探索师范生课程思政育人新模式。在课程设置上，以"四有"好老师要求和教育家精神引领学生成长，注重师范生师德践行。在低年级阶段，夯实师范生专业学习，到高年级阶段，着眼师范生教育技能的培养，螺旋式提升师范生教书育人的能力。紧扣教育部发布的师范生教师职业能力标准，明确师范生必须要有的四大能力，分别是师德践行能力、教学实践能力、综合育人能力和自主发展能力。对照要求，大家要反思作为师范生自身的基本功是不是扎实，四年时间里有没有认真练习三笔字，赛教准备过程中是不是各种技能都得到了训练和提升，教师基础素养有没有打下坚实的基础。这些问题解决了，你就有了走上讲台的勇气。

其次，我们必须增强站稳讲台的底气。师范生培养方案写明，在第7学期，要为师范生安排为期3个月左右的教育实习，包括教学实习、班主任实习、教研实习等多项内容。今年，我们学校2000多名公费师范生分赴27个省开展了为期3个月的教育实习。2000多名师范生，在广阔的祖国大地上历练，他们在实践中涵养教育情怀，强化教育教学能力训练，学习、思考、磨砺，努力成长。教育实习为师范生从教生涯打开了一扇"窗"，也是攀登教育家高峰的一架"梯"，是站稳三尺讲台的最初一步。同时，在大学四年的培养过程中，学校也借鉴部属兄弟师范院校的经验，形成并不断优化师范生的发展体系，持续关注师范生的就业质量问题以及职业生涯发展问题。其中有三个关键方向：一是以教育学生长期从教、终身从教为根本；二是在入学时实行导向教育，在二、三年级实行定向教育，在四年级实行去向教育；三是以大学本科生在校学习的四年时间为中心，把一年级和四年级各分为两个教育阶段，与二、三年级一起形成"六段式"教育的时间段。第一个阶段与中学教育相衔接，第六阶段与社会发展相贯通。中间四个阶段集中解决师范生的职业意识、职业价值观、职业理想、职业生涯规划等问题，聚焦师范生核心竞争力的培养，最终落脚在就业目标的确立上。通过这样一种培养模式，大家就能不断提升师范生核心竞争力，这包括师德规范、教育情怀、知识整合、教学能力、技术融合、班级指导、综合育人、自主学习、国际视野的建立、反思研究、合作交流等多个方面，以此来应对就业竞争的压力和入职的焦虑。

最后，当你们成长为卓越教师时，你们将拥有在讲台绽放光彩的豪气。现在，我们来谈谈教与学、师与生的双向成就与成长。参与教学活动中的人——教师与学生，都不是作为孤立的个体而存在的，两者是相互依存、互为主客的对立统一关系，都具有双主体性质。在具体的教育教学活动中，教师和学生是对立统一的辩证关系。教师根据规定的教育教学内容和自身的知识素养能力，引导学生掌握知识、认识社会、规划人生、担当奉献，这既是帮助学生确立世界观、人生观、价值观，也是在不断检视自身、提高自身、成就自身。同时，教师要搞清楚教育发展规律和教师的成长规律，与学校教育资源相结合，形成卓越教师的培养模式和实践路径。也就是说，教师既要教书，还要育人；既要促进学生成长，还要在整个过程中促进自身发展，是"双向"的构建。师范生培养的复杂性，要求我们要坚持在实践中思考，在思考中工作，在观察、分析、解决工作问题中总结经验，把感性认识上升到理性认识。对其中蕴含规律性的认识进行归纳和总结，是师范生教学生涯中必须要面对的课题，这将持续伴随着一名优秀教师成长。面对教育的时代变革和学生的发展变化，我们要做好两手准备：一方面，要勇于创新，不断反思改进，践行终身学习的人生信念，探索教育的规律；另一方面，要树立正确的教育观，弘扬教育家精神，"启润心智""乐教爱生"说的就是"尊重的教育"，即尊重教育规律、尊重成长规律、尊重学生、尊重自己。要注重以人为本、因材施教，注重学用相长、知行合一，使教育的选择更多样、成长的道路更宽广。

社会对教师行业的关注度，对教师的职业期待都是日益高涨，这也是新时代对教师队伍建设提出新的更高要求的体现。师范生要矢志成为引领新时代教育教学的好教师，做"经师"和"人师"的统一者。师范生更要努力练就成教书育人的"多面手"，在基础教育领域成长为新时代一专多能的复合型人才，牢记立德树人的嘱托，把思想政治工作贯穿教育教学全过程，培养德智体美劳全面发展的社会主义建设者和接班人。

84. 我如何早早行动，培养自身师德？

学生：书记您好，我们公费师范生未来基本都会回到生源地基层教育一线做中小学老师，我们应当如何早早地在本科学习阶段，在实践中培养师德？

书记："师者，人之模范也。"教师道德，也就是师德，包含三方面的内容：一是教师的内在修养，其根本在于教师要有仁爱之心；二是教师的专业能力，也就是业务水平；三是教师内在和外在的互动，这不仅仅是个体的师德，更是整个群体师德水平的建设。这几方面做好了，也就是我们常说的"四有"好教师，即有理想信念、有道德情操、有扎实学识、有仁爱之心的好教师。

党的十八大报告明确提出把立德树人作为教育的根本任务。习近平总书记在全国教育大会上指出，教师是人类灵魂的工程师，是人类文明的传承者，承载着传播知识、传播思想、传播真理，塑造灵魂、塑造生命、塑造新人的时代重任。马克思在《关于费尔巴哈的提纲》中提出，"教育者本人一定是受教育的"。习近平总书记在2016年全国高校思想政治工作会议上指出，教师是人类灵魂的工程师，承担着神圣使命。传道者自己首先要明道、信道。高校教师要坚持教育者先受教育，努力成为先进思想文化的传播者、党执政的坚定支持者，更要承担起学生健康成长指导者和引路人的责任。同时强调，要加强师德师风建设，坚持教书和育人相统一，坚持言传和身教相统一，坚持潜心问道和关注社会相统一，坚持学术自由和学术规范相统一，引导广大教师以德立身、以德立学、以德施教。

师德的养成可以分为内养与外育两种主要方式：内养就是充分发挥个人的主观能动性，强调激发个人主动性；外育是指在师德形成中环境的塑造作用，更加强调的是外部环境诸如制度设计、教育引导以及环境营造等对个人师德情感的塑造。师德养成的主客体都是人，体现在主体之间的交往互动以及由此形成的价值观念和道德交往上。因而不管是强调精神性的还是制度性的，师德养成都生成于教育实践之中，形成于内在与外在的和谐统一。

2021年，教育部印发《中学教育专业师范生教师职业能力标准（试行）》等文件，将师范生的教师职业基本能力具体概括为四项，即师德践行能力、教学实践能力、综合育人能力和自主发展能力，师德践行能力位于首位。近年来，师范生公费教育深入推进，2023年，部属师范大学计划招收公费师范生8300名，计划招收"优师计划"师范生13420名，比2021年实施之初增加28%。部属师范院校作为育人育师的核心场所，更加要将道德引领嵌入师德教育的全过程，培养一批又一批专业素质过硬，同时具有良好师德师风的未来卓越教师。

涵养和践行师德，首先要了解基础教育对卓越教师的要求，清晰了解四年的学习模式、过程，从而明确师范生职业生涯的发展模式。对思政课程的学习和课程思政的认识，是大家提升师德的有效途径。以我校为例，学校高度重视课程思政在培养未来卓越教师中的重要作用，强化顶层设计，形成了以"西部红烛 两代师表"精神为引领，以"六个思政课堂"为核心的全融入、贯通式师范生课程思政新模式。从2017年开始，学校陆续面向师范生开设"《习近平的七年知青岁月》导读""'四史'学习教育理论讲座"等课程，形成思政"金课群"，为师范生埋下真善美的种子；开设"中西部乡土社会认知"课程，帮助学生建立对我国中西部地区乡土社会系统的、历史的整体把握和认知，激发其服务中西部地区基础教育的热情；开设"中西部基础教育改革发展专题""信息化教学实践导论""中西部教师专业发展与职业道德"等课程，助力师范生提升从教能力。

涵养和践行师德，其次要注重实践育德，在具体的实践环节去感受师德，形成师德。教育部陆续发布多项文件意见，强调实践在师德培育中的重要性。《教师教育振兴行动计划（2018—2022年）》强调全面推进师德养成教育，采取组织公益支教、志愿服务等方式，着力培育师范生的教师职业认同和社会责任感。2022年，教育部等部门印发《新时代基础教育强师计划》，提出创新师德教育方式，通过榜样引领、情景体验、实践教育、师生互动等形式，激发教师涵养师德的内生动力。强调通过实践育德活动使师范生在亲身参与体验中内化师德内涵、生成师德品性、践行师德规范。我校就有许多鲜活的师德榜样，如坚守三尺讲台、潜心研究《史记》四十载的张新科教授，扎根基础教育近十年、获评"2021最美教师"的张莎莎老师，扎根山区四十年的"全国模范教师"仰孝升老师，以及用爱点亮特殊孩子未来的申承林老师等。他们都以奉献担当的实际行动践行着我校"西部红烛精神"，广大师范生要以这些老师为榜样，牢记为党育人为国育才使命，志存高远、扎实奋斗。

涵养和践行师德，再次要直面未来工作的困难与挑战，恪守育人初心，在祖国的大地上书写教育报国的奋进之笔。国家基础教育的资源还不够平衡，中西部基础教育尤其是县域以下区域的师资队伍还面临"招不来、留不住、教不好"等诸多瓶颈，乡村义务教育阶段的教学质量堪忧，贫困代际传播仍然是不可回避的一个问题。因此，作为国家的公费师范生，我们要心怀国之大者，以更高的格局和更广的胸怀来看待未来的教育事业和教师岗位，以高层次的师德来关注基础教育的现状和困境。近年来，我校师范生通过"三下乡"社会实践活动、"红烛苗圃"实践育人项目、"从石库门到宝塔山"东西部红烛游学活动、"知识援助行动"等多样的实践形式"走出去"，在基础教育的最前沿养师德、铸师魂。同时，学校还通过氤氲墨香的毛笔手写录取通知书、精巧典雅的手题银杏叶书签、中华经典诵写讲等文化活动，将师德浸润与传统文化相融合，同学们可以通过参与多种实践活动，不断形成自身的师德观念和能力，为未来卓越教师的形成打下坚实基础。

师德,是一种精神价值,需要内养与外育相结合,我们要在校园实践中、在基层一线里去体会、去追寻、去涵育。希望我们陕师大的每一位师范生,都能心怀国之大者,自觉增强立德树人、教书育人的荣誉感和责任感,学为人师,行为世范,为发展具有中国特色、世界水平的现代教育做出贡献,高举基础教育的大旗,成为践行师德的模范。

85. 如何坚定去基层就业"吃苦"的信心?

学生:书记您好,我们师范生很多要回到生源地的基层就业,"优师计划"的学生还要到县级及以下的中学去从教。但从目前的教育趋势来看,教育资源总是流向更大的城市和区域,我们在基层可能不会有太大的出息和发展,而且基层教育条件有限,在工作和生活中可能要面对很多困难。请问我们该如何树立扎根西部、扎根基层的勇气,如何坚定去基层就业"吃苦"信心?

书记:20世纪初,现代意义的师范教育开始在中国兴起。19世纪40年代后,历经一次次的艰辛探索和一次次的挫折失败,为国家民族出路不懈奋斗的先进中国人开始认识到"国家之盛衰视人才,人才之消长视教育,教育之良窳视师范。师范者,教育之教育,固陶铸国民之模范,造就青年中国之渊泉也"。20世纪初发展起来的师范教育,培养了一大批有理想、有信念、有创新精神和家国情怀的国家命运思考者、国民素养提升者、人民幸福奋斗者和民族前途担当者。尤其让人难以忘怀的是中央苏区的教育。时任中华苏维埃共和国临时中央政府教育人民委员部艺术局局长的李伯钊在《红区教育的辛勤园丁》一文中对徐特立有如下描述:"列宁师范是徐老在艰苦的环境中创办的,十分简陋,没有讲台,没有课桌,也没有现成的教材。徐老担任校长,也要担任教员,还要摇铃扫地,管理伙食。晚上忙于编写教材,抄抄写写,每至深夜。"埃德加·斯诺也曾感慨徐特立担负的这些任务十分艰巨,要是西方的教育家来承担,谁也都会感到气馁的。同学们,由此我们可以看出,师范教育伴随着艰苦奋斗而兴起,伴随着筚路蓝缕而发展。那是什么使无数仁人志士能够坚守教育的担当?我想,应是对马克思主义的信仰、对中国特色社会主义的信念、对中华民族伟大复兴中国梦的信心。马克思指出:"环境正是由人来改变的,而教育者本人一定是受教育的。"身为师范生的新时代中国青年,生在新中国,长在红旗下,有了这种信仰信念信心,才能够不断理解国家基础教育所处的阶段特征,才能够从立德树人总任务看待具体的教师岗位,才能够不断强化内驱力去提升教育技能,才能够在现实条件的制约下恪守育人的价值理想。

习近平总书记在党的二十大报告中指出:"广大青年要坚定不移听党话、跟党走,怀抱梦想又脚踏实地,敢想敢为又善作善成,立志做有理想、敢担当、能吃苦、肯奋斗的新时代好青年。"在基础教育的领域,各区域、各基层的情况不一样、要求不一样,虽然与同学们的父辈相比,条件、环境、待遇肯定要好很多,但是进入到现实的社会工作领域,我们还是会碰到这样或者那样的困难、矛盾、问题,这就需要我们做好在基层"吃苦"的准备,因此我想和大家聊聊我们怎么看待这种"吃苦"。

习近平总书记指出:"无数人生成功的事实表明,青年时代,选择吃苦也就选择了收获,选择奉献也就选择了高尚。"苦难是青年的磨刀石,是助力青年拔节孕穗的催化剂。青年人不能安于现状、贪图享乐、逃避苦难,而应树立正确的苦乐观,把吃苦当作认识自我、磨砺自我、提升自我的重要途径,通过吃生活之苦锤炼品德,吃学习之苦提升本领,吃成长之苦磨砺斗志,吃竞争之苦担负重任,不断成长为中国特色社会主义事业的合格建设者和可靠接班人。

能吃生活之苦是锤炼品德的良器。现实的社会生活是个体思想品德生成的基本条件,生活本身就构成了一种无时不在、无处不有的思想熏陶与道德教育。新时代的中国青年早已摆脱了衣不蔽体、食不果腹的贫苦生活,但是我们也需要高度警惕消费主义与享乐主义对心智意志的消磨腐蚀，也需要面对当前时代条件下现实生活的挫折考验。同学们应当深刻明白，幸福生活不会从天而降，生活在新时代，只有磨掉骄气、抛却娇气，继续发扬吃苦耐劳、自力更生、艰苦奋斗的生活作风，弘扬吃苦在前、享乐在后、甘于奉献的优良传统，在生活之苦的淬炼中磨炼心智、锻炼意志、锤炼品质，才能实现更有精神高度、道德境界和文化品位的人生。

能吃学习之苦是提升本领的要义。一方面，要树立正确的学习观念。同学们要克服心浮气躁、投机取巧的学习心态，把学习当作历史与时代赋予的职责使命，把学习内化为高度自觉的精神追求和生活方式，树立主动学习、享受学习、终身学习的正确观念，享受学习带来的收获感、成就感和愉悦感，在勤学苦练中锻造过硬本领、汲取奋进力量。另一方面，要把握好学习的方向和道路。同学们应当坚持用马克思主义立场观点方法来训练自己的思维能力，培养历史思维、辩证思维、系统思维、创新思维；应当丰富学习内容，既要掌握科学文化知识和专业技能，又要提高人文素质，做到又博又专、愈博愈专；应当优化学习方式，把学习和实践紧密结合起来，学以致用、用以促学、知行合一；应当端正学习态度，既要保持如饥似渴学习的热情与激情，又要有"板凳要坐十年冷"的耐力与定力，在日复一日的勤学苦练中增长才干、服务人民、贡献国家。

我们陕师大的学生都很优秀，但有的同学还缺乏对师范、对教育、对责任担当的理解。缺少了这种理解，就会在学习中满足于现状，不肯多吃学习的苦。我们的卓越教师、未来教育家，不应只在上海、北京、西安等这样的大城市。马克思在《关于费尔巴哈的提纲》中提出，"教育者本人一定是受教育的"。人一生要永远受教育，永远改造自己，不应该因为自己享有政策的红利而志得意满，应该想想，现在优秀，以后怎么更优秀。我经常告诉我带的研究生：你每天都觉得很忙很累，是你在往上走，你每天都觉得很轻松，是你在走下坡路，人生就是不断充电的过程。我特别担心的是大家会自满，在最好的年龄、最爱学知识的时候因为思想没摆正而荒废了四年，荒废之后就报废，时间永远不会回来，往事只能回味。本科学习的是最基础的东西，做基础教育老师，不是一桶水取一瓢水，应该是江河海洋里取一瓢水；不是单讲知识，而要讲知识体系讲概念，还要有深厚的知识储备。学生听了你的讲授，醍醐灌顶，师生都享受课堂，孩子们对知识的渴望和热爱就都来了。因此，以什么样的精神状态在大学度过四年，这是每个人应该认真思考和选择的。

能吃成长之苦是磨砺意志的法门。习近平总书记指出，"青少年阶段是人生的'拔节孕穗期'"，同学们应当正确把握成长速度与成才质量的关系，既要充分吸收"阳光"和"养料"，也要自觉拔除"毒草"、防治"虫害"，实现更好成长和更快发展的有机统一。一方面，青年必须顽强拔节、奋力孕穗、迅猛生长。要充分发挥自己的阶段优势，铆足干劲、持续发力、奋勇争先，不停歇、不断档、不松懈，全方位提升自己的思想高度、理论水平、政治觉悟、专业能力。另一方面，要固本强基、培根铸魂、蓄力发展。面对世界范围内各种意识形态交流、交融、交锋的形势，面对当前社会中思想价值多元、多样、多变的态势，应当始终保持自身的思想定力和政治定力，在诱惑考验面前坚守本心、牢记使命，在大是大非面前立场坚定、态度坚决，在原则问题面前头脑清醒、意志坚定，坚决不走歪门邪道，坚持走好成长成才的正道大道，努力成长为党和国家需要的高质量人才。

能吃竞争之苦是担负重任的关键。竞争是激发青年积极性、主动性、创造性的重要方式，是增强社会活力与创造力的重要手段，是青年人把握时代机遇、施展本领才能、展现责任担当的必由之路。中国特色社会主义新时代就是当代中国青年公平竞争、大显身手、施展本领的舞台。有同学说进入大学后，自己的竞争优势不明显，那是还没有看透竞争的内涵。从上幼儿园发小红花开始，我们已然逃不开竞争。你不用跟现实死磕，你就已经在一个竞争的时代、竞争的社会。我们常说，一人一世界。怎么定义一人一世界？就是说每个人有每个人的优秀，要从各个角度发现自己的闪光之处。这包括两方面，一是正确对待挫折，扬长避短，东方不亮西方亮。二是克服挫折，挺过困难就是成长。我们要担负起时代重任，就要肯吃竞争之苦，在竞争中你追我赶、积极进取、拼搏争先。一方面，要树立正确的竞争意识。不要把竞争视为狭隘的利己主义者之间的战争，要克服害怕竞争、逃避竞争的消极观念，坚决抵制损人利己、弄虚作假、尔虞我诈的恶性竞争，把竞争当作展现自我、检验自我、挑战自我的方式手段，当作青年人相互促进、携手并进的宝贵机会，学会竞争、敢于竞争、乐于竞争，做到胜不骄、败不馁。另一方面，要打造自己的核心竞争力。要对标卓越教师的要求，结合自己的兴趣爱好、优势长处，不断学习本领、增长才干，打造自己不可替代的核心竞争力，把个人发展的"小竞争"融入国家发展的"大竞争"中，努力成为习近平总书记所说的"大先生"，即传道授业解惑的"经师"和"人师"的统一者，即具备大学问、大智慧、大格局的人民教育家。

86. 如何谋划好职后学习与职业发展？

学生：书记您好，我们公费师范生的服务期是六年，一些同学毕业后就一直忙于日常繁重的教学任务，一些同学服务期满后会再回母校上教育硕士，还有一些同学则有其他设想。请问，我们要如何谋划好职后学习与职业发展？

书记："扶贫必先扶智。"师资数量和质量不足是长期制约我国农村教育发展的瓶颈。为了进一步提升中西部基础教育的质量，加快义务教育优质均衡发展和城乡一体化，国家先后出台"特岗计划""师范生公费教育""三支一扶"等政策计划，希望能够吸引和培养乐教、适教、善教的年轻教师扎根中西部基础教育一线，改善中西部欠发达地区优质师资短缺、年轻教师"下不去、留不住、教不好"的现状。2021年起，国家还启动"中西部欠发达地区优秀教师定向培养计划"（简称"优师计划"），由教育部直属师范大学与地方师范院校采取定向方式，每年为832个脱贫县和中西部陆地边境县中小学校培养10000名左右师范生。

按照教师成长和专业发展规律，同学们完成四年的公费师范生学习阶段，具备了教育教学的基本知识技能，履约任教仅仅是大家职业生涯的开端。不同区域、不同层次的基础教育情况千差万别，大家在校学习的知识技能很可能会受到具体教育实践的挑战与冲击。从走上讲台到站稳讲台，直至成为优秀教师、卓越教师乃至未来教育家，职后发展的道路依然漫长。

我想先讲讲职后的学习。学习是贯穿一生的命题。优秀卓越的教师应当做到以德立身、以德立学、以德施教、以德育德，"真正把为学、为事、为人统一起来，当好学生成长的引路人"。这就要求我们不仅要有高尚的师德师风，更要有教育教学专业技能和博雅深厚的知识底蕴，要能巧妙整合课标、学情，制订和设计科学的课时安排、优秀的教案与新颖的课件，结合学生的思维特点，以学生喜闻乐见的教学方式开展课堂知识讲授和课程思政引领，促进实践知识理论化与理论知识实践化的相互关照，打造生成性课堂并投身教研的深度思考实践。《中国学生发展核心素养》以培养"全面发展的人"为核心，分为文化基础、自主发展、社会参与三个方面，综合表现为人文底蕴、科学精神、学会学习、健康生活、责任担当、实践创新等六大素养，具体细化为国家认同等十八个基本要点。要成为一个卓越的教师乃至未来教育家，要能够从本身的专业出发，去培养学生的核心素养，这对师范生的职后学习提出了更高的要求。

2021年，教育部印发了《中学教育专业师范生教师职业能力标准（试行）》等文件，对师范生提出四大能力要求，即师德践行能力、教学实践能力、综合育人能力和自主发展能力。第一部分为师德践行能力，包括遵守师德规范、涵养教育情怀两方面，强调知行合一，从知、情、意、行等方面引导师范生贯彻党的教育方针，努力成为"四有"好老师。第二部分为教学实践能力，主要从掌握专业知识、学会教学设计、实施课程教学等方面，对师范生教育教学实践所需的基本能力提出了细化要求。第三部分为综合育人能力，主要从开展班级指导、实施课程育人、组织活动育人等方面强调教育"育人为本"的本质要求，落实立德树人根本任务。第四部分为自主发展能力，从注重专业成长、主动交流合作两方面，突出终身学习、自主发展，以及在学习共同体中不断提升专业水平的意识和能力。2022年，教育部等八部门印发《新时代基础教育强师计划》，出台了提升教师思想政治素质，加强和改进师德师风建设，建设国家师范教育基地，开展国家教师队伍建设改革试点，建立教师教育协同创新平台，实施高素质教师人才培育计划，实施中西部欠发达地区优秀教师定向培养计划，深化精准培训改革，改进师范院校评价，进一步完善教师资格制度，优化义务教育教师资源配置，优化教职工编制配置，深化教师职称改革、完善岗位管理制度、加强教师工资待遇保障，推进教师队伍建设信息化等十五条具体举措。其中专门规定，要完善交流轮岗激励机制，将到农村学校或薄弱学校任教一年以上作为申报高级职称的必要条件，三年以上作为选任中小学校长的优先条件。同时，国家将重点支持建设一批国家师范教育基地，构建师范院校为主体、高水平综合大学参与、教师发展机构为纽带、优质中小学为实践基地的开放、协同、联动的现代教师教育体系；还将实施新周期名师名校长领航计划，培养造就一批引领教育改革发展、辐射带动区域教师素质能力提升的教育家，搭建教师培训与学历教育衔接的"立交桥"，支持在职教师学习深造，提升学历。

这些政策的出台都为同学们的职后学习发展铺就了康庄大道。

我们再来谈谈职后发展。同学们很多来自中西部地区，长期的校园求学经历有可能会使大家缺乏一定的乡村生活经验，生活方式、思维方式及知识经验都带有鲜明的城市化特征；刚毕业时可能会充满职业理想和工作热情，同时也会对良好的工作和生活环境、积极的专业支持和成长机遇有很高的期待。面对不同的未来发展环境和道路，同学们要以不变应万变，不变的是就是教育报国的初心和终身学习的理念，变的是工作环境、内容、要求等。

为了给公费师范生的长期发展提供支撑，陕西师范大学从 2012 年起招收公费师范教育硕士。学校专门构建了"前沿理论学习+专业能力实训+教学实践反思"的培养模式，助力教师队伍高质量发展。2020 年年底，由陕西师范大学牵头、中西部十八所师范院校加盟的西部师范大学教师教育创新与发展联盟成立。近年来，陕西师范大学持续面向联盟高校推出"西部师资专项"教育博士招生计划，为优化西部基础教育教师队伍结构、建强西部基础教育高水平骨干队伍贡献力量。同时，进一步落实基础教育"强师计划"和"师范教育协同提质计划"，全面助力陕西省乃至西部教师队伍高质量发展。2021 年 11 月，陕西师范大学发挥教师教育特色优势，与陕西省教育厅联合成立的陕西教师发展研究院，主要面向优秀教师、校（园）长和教育管理干部开展学历提升和教育培训，针对一线教育教学和教育管理问题开展实践研究、决策咨询和专业指导，着力培养造就基础教育卓越教师和教育名师大家，这也是同学们未来发展提升可以走的一条路径。

总之，职后的发展是更具挑战的道路，也是更需要不断学习和提升的过程，我们要主动做好自内而外的规划与发展。学校是大家的大本营，将持续为大家的成长发展保驾护航。

第五篇

勇立潮头

第十八谈　大学，如何为勇担复兴大任奠定根基

87. 如何理解"一代人有一代人的使命，一代人有一代人的担当"？

学生：2018年9月，习近平总书记在全国教育大会上讲到了南开大学老校长张伯苓在开学典礼上向全体师生问的三个问题：你是中国人吗？你爱中国吗？你愿意中国好吗？习近平总书记强调说："这三个问题是历史之问，更是时代之问、未来之问，我们要一代代问下去、答下去！"这三个问题背后的深意就是：作为中国青年，我们深爱这个国家，希望这个国家强大而美好，那么，我们应该有什么样的使命与担当？如何理解总书记讲的"一代人有一代人的使命，一代人有一代人的担当"？

书记：理解这个问题，首先要理解什么是使命、担当，将哲学意义上的"我是谁"转化为"我能做什么，我担负着什么使命"。

担当应有的历史使命太重要了，离开了这种精神和品格，必然会碌碌无为，所以我们要追求一种高远的格局和境界，不是只把拿个学位、找个工作当作人生的终极目标，而是要主动思考我们能够超越自己，为集体承担些什么。我们党的百年历史充分证明了这个道理，敢于担当是我们党的优良品格。在山河破碎、民生凋零的时候，我们党挺身而出，义无反顾地

肩负起了历史使命，彻底改变了中华民族的命运。可以说，没有中国共产党人的担当精神，就没有中华民族的今天，就没有中国人民今天的幸福生活。党的十八大以来，中国特色社会主义进入了新时代，中华民族伟大复兴迎来了无比光明的前景。与此同时，我们面临的国际国内形势空前复杂，面对的风险和挑战空前严峻，攻坚克难的压力前所未有。越是在这种情况下，越是要敢于担当、迎难而上，我们的年轻一代也越是要弘扬担当精神，就像习近平总书记强调的那样，始终保持永不懈怠的精神状态和一往无前的奋斗姿态。

　　青年时期是人生最为宝贵的时期。正如习近平总书记教诲我们的："现在，青春是用来奋斗的；将来，青春是用来回忆的。""一个时代有一个时代的主题，一代人有一代人的使命。"当代青年大学生置身于新时代，要走好新的长征路。我们这一代人的长征，就是要实现"两个一百年"奋斗目标、实现中华民族伟大复兴的中国梦，因为这个历史进程和我们自身成长的轨迹是高度契合的。但是我们是唯物主义者，我们深知美好梦想不是自动实现的，也不是自然而然就能完成的。历史是不断向前发展的，要达到理想的彼岸，就要沿着我们确定的道路坚定不移持之以恒地前进。实现民族复兴，需要我们把个人的梦想融入实现中国梦的奋斗之中，把自己的奋斗足迹镌刻在中华民族伟大复兴的光辉史册之上。

　　担起重任就得有立场，这就是人民立场，我们要知道是为谁担当使命。同学们一定要深刻理解"人民"的深刻内涵，这不是一个抽象的概念。人民是共和国的坚实根基，人民是我们执政的最大底气，只有坚定人民立场，始终坚持以人民为中心，知道为了谁，干工作才能有最扎实的基础，在学习工作生活中才能有底气、有勇气。从实际看，有些人存在畏首畏尾、不敢担当，过一天算一天的现象，一个重要原因就是人民立场不坚定，集体的利益想得少，自己的利益想得多。作为青年大学生，我们必须始终坚持我们党全心全意为人民服务的根本宗旨，站在人民立场看问题，时刻把群众的安危冷暖放在心上。只要是对人民群众有利的事，无论有多难都不能推诿扯皮，必须敢于担当，担负起自己的使命责任。

担起重任就得有能力。有想法、有主观意愿，但是没有能力也是不行的，因为软肩膀挑不起硬担子，有想法没能力那是清谈客。邓小平同志也讲过："不干，半点马克思主义都没有。"新时代需要的是行动派、实干家。所以青年大学生要做想法和行动的统一者，既要有想法，还能落地见到行动，既要想担当、敢担当，又要能担当、善担当。当前"两个大局"交织，前进道路上仍然存在各种可以预料和难以预料的风险挑战，所面临问题的复杂程度、解决问题的艰巨程度明显加大，旧有的、传统的老办法可能都不管用了，我们必须要具备在新时代战之必胜、一击即中的能力。这就要求我们透过现象看本质，理清问题的轻重缓急、难度等级，既不能熟视无睹、掉以轻心，也不能一概而论、失之偏颇，要坚持用辩证唯物主义和历史唯物主义方法，科学分析自身问题、深入研究自身问题，挖掘问题的症结所在。

习近平总书记说过："建成社会主义现代化强国，实现中华民族伟大复兴，是一场接力跑，我们要一棒接着一棒跑下去，每一代人都要为下一代人跑出一个好成绩。"一代人有一代人的使命，一代人有一代人的担当，我们这一代人的发展建立在上一代人奋斗的基础上，也必然要为下一代人跑出一个好成绩。今天，我们走中国特色社会主义道路，具有无比广阔的时代舞台，具有无比深厚的历史底蕴，具有无比强大的前进定力。在这种时代背景下，青年一代只要担当使命，开拓创新，不仅可以使人生出彩，也能为实现中华民族伟大复兴的中国梦贡献应有的力量。

88. 以中国式现代化推进中华民族伟大复兴，青年何为？

学生：现在，中国式现代化是个很火爆的词，实现现代化是近代以来中国人民矢志奋斗的梦想。中国式现代化是我们党领导全国各族人民在长期探索和实践中历经千辛万苦、付出巨大代价取得的重大成果，是强国建设、民族复兴的唯一正确道路。面对中国式现代化这一最大政治和最广阔舞台上，青年一代应该如何正确处理"小我"和"大我"的关系、个人奋斗和历史进程的关系，以更加强烈的历史主动精神贡献青春力量？

书记：中国式现代化是当前我们的一项中心工作，青年工作是党的战略性工作，所以怎么看待青年与中国式现代化的关系是个十分重要的命题。从参与者的角度来说，中国式现代化必然是包括青年在内的全体人民都积极参与的现代化，从目的上来说，中国式现代化也是能够助力广大青年更好成长成才的现代化。从历史发展的角度、长远的战略眼光去看，任何国家和民族要想在现代化竞争中赢得先机，都必须以面向未来、面向前沿的眼光看待青年这一战略性力量群体。青年太重要了，回顾世界科技创新历程，可以发现，诸多推动科技进步的颠覆性、革命性重大理论突破与技术发明都来源于青年。

所以，只有赢得青年才能赢得现代化。从历史上看，中国青年始终是推动社会变革的急先锋。一百多年前，为挽救国家和民族危亡，以毛泽东和蔡和森为代表的进步青年成立了新民学会，李大钊、王光祈等人发起成立了少年中国学会，邓中夏组织成立了平民教育讲演团。一批批热血青年，立志于改造中国社会，从而开启了新的历史闸门。毛泽东曾指出："马克思列宁主义思想在中国的广大的传播和接受，首先也是在知识分子和青年学生中。"毛泽东本人也正是在阅读《共产党宣言》等书后，逐渐完成了从革命的民主主义者向马克思主义者的转变。1921年7月，中国共产党第一次全国代表大会在上海召开，而参加会议的代表平均年龄只有二十八岁，最小的仅有十九岁。正是这些青年开创了中国历史的新纪元。在这些青年知识分子的宣传下，马克思主义在中国广泛传播，无产阶级由此正式登上了中国的历史舞台。我们可以这样说，中国共产党的诞生始于青年。

中国共产党的现代化探索同样需要青年。一百多年来，党领导人民谋求民族复兴的历史与探索中国式现代化一体两面、相辅相成。回顾历史，党对青年的定位从"重要方面军"到"突击队"再到"生力军"及至当下的"先锋力量"，青年"始终是推动中华民族勇毅前行、屹立于世界民族之林的磅礴力量"。中国特色社会主义进入新时代，中国式现代化在已有认识和实践的基础上继续推进与拓展。中国式现代化理论体系在中国特色、本质要求与重大原则等关键要素逐步明确后初步建立；党和国家事业在经济、政治、文化、社会、生态等领域取得的历史性成就、发生的历史性变革，使中国式现代化发展具备了更为完善的制度保证、更为坚实的物质基础、更为主动的精神力量。广大青年胸怀千秋伟业与国之大者，用火热实践赓续奋斗初心，肩负时代使命，成为党领导全国各族人民实现中华民族伟大复兴的先锋力量。

今天，我们推进中国式现代化这项伟大事业，面临的是"世界百年未有之大变局"，我们所从事的是前无古人、具有深刻内生性独立性的事业，创新是掌握中国发展进步命运的关键之举，是战胜各种风险挑战的制胜之道。习近平总书记指出，"青年是社会中最有生气、最具闯劲、最少保守思想的群体""最具创新热情，最具创新动力"。所以我们都应看到，青春力量与创新意识的结合能够为社会主义现代化事业开辟新的发展空间、取得新的突破性进展。为此，广大青年应发扬以改革创新为核心的时代精神，涵养勇立潮头的浩气、超越前人的勇气、与时俱进的朝气，立足国家发展战略和人民美好生活需要，聚焦科学、技术、产业、管理的前沿，努力在基础研究、重大项目、重点工程中刻苦攻关、施展才华，做改革的生力军、创新创业的主力军。

新时代的中国青年，生逢其时且重任在肩，舞台广阔、前景光明，更需脚踏实地、艰苦奋斗。为此，广大青年应胸怀国之大者，肩负民族复兴之任、构建人类命运共同体之责，洞察时代发展规律，抓住国家发展机遇，在艰苦奋斗中锤炼意志品质，在亿万人民为实现中华民族伟大复兴中国梦而进行的伟大奋斗中实现人生价值，用青春书写无愧于时代、无愧于历史的华彩篇章。

89. 人类命运共同体与我们有关吗？

学生：今天的中国是日益同世界紧密联系起来的中国。2023年，人类命运共同体重要理念提出十周年之际，围绕构建人类命运共同体，人们有很多解读。青年是时代的晴雨表，青年应该如何理解构建人类命运共同体的理念，如何更好地为构建人类命运共同体做出自己的贡献呢？

书记：你们是平视世界的一代，所以一定要胸怀天下。中华民族历来就有"天地万物本吾一体"的意识自觉，兼济天下的理想，胸怀宇宙的抱负，比如北宋大儒张载的"横渠四句"，就刻在我们这个民族的基因中。所以，在建党百年之际，党中央总结中国共产党百年奋斗的十条历史经验，"坚持胸怀天下"就是其中之一。

马克思在青年时期就树立起了崇高的理想。他十七岁时就在《青年在选择职业时的考虑》中这样写道："如果我们选择了最能为人类而工作的职业，那么，重担就不能把我们压倒，因为这是为大家作出的牺牲；那时我们所享受的就不是可怜的、有限的、自私的乐趣，我们的幸福将属于千百万人，我们的事业将悄然无声地存在下去，但是它会永远发挥作用，而面对我们的骨灰，高尚的人们将洒下热泪。"这些话激励引导了无数人。马克思不仅是这样说的，更是毕生都在践行这些话，即使后来饱尝颠沛流离的艰辛、贫病交加的煎熬，仍初心不改、矢志不渝，展现了他的高尚人格和伟大追求。

整个世界不是孤立地、局部地存在着。马克思和恩格斯在写作《德意志意识形态》时指出，新的世界历史观不能只关注一个地域、某些国家和少数人。在仔细梳理工业革命以来资本主义世界生产活动与社会交往的辩证关系后，他们发现，"各民族的原始封闭状态由于日益完善的生产方式、交往以及因交往而自然形成的不同民族之间的分工消灭得越是彻底，历史也就越是成为世界历史"。对此，他们明确提出，推动世界历史发展的并不是黑格尔所信奉的"绝对精神"，也不是费尔巴哈"爱的宗教"，而是生产力普遍发展、社会分工有序进行以及各民族互相交往。他们认为，交往有利于促进世界历史性的发展，世界历史从区域史走向世界史，共产主义理想从一国走向多国，将人类命运紧密联系在一起。人类社会从来不是一成不变的，而是一直处于发展变化之中，这是马克思主义发展观的伟大真理。面对时代变化，只有顺时应势，吸纳时代精华，才能做出顺应时代需要的判断和选择，实现创造性发展。从这个角度来说，我们中国共产党人提出的人类命运共同体理念也是顺应时代发展大势，是对时代需求的一种回应。

中国特色社会主义进入新时代，尽管世界社会主义运动迎来从低谷中复兴的重大转变，尽管国际力量对比持续朝着于我有利的方向发展，尽管21世纪的马克思主义展现出蓬勃生机，但世界上两种制度、两条道路的竞争博弈仍是长期的，我们和其他国家、其他社会制度怎么相处也是个长期的命题。习近平总书记着眼中国人民和世界人民的共同利益，高瞻远瞩地提出构建人类命运共同体重要理念，鲜明回答了"建设一个什么样的世界、如何建设这个世界"等关乎人类前途命运的重大课题。这是马克思主义关于世界历史的思想和中华优秀传统文化之天下观相结合的理论结晶，它把中华民族的前途和人类历史的命运紧密联系起来，为全球治理和国际交往提供了中国智慧和中国方案。

习近平总书记2017年在联合国日内瓦总部发表题为《共同构建人类命运共同体》的主旨演讲，指出："构建人类命运共同体是一个美好的目标，也是一个需要一代又一代人接力跑才能实现的目标。"青年是未来社会的主干，是推动社会进步的重要力量，积极推动构建人类命运共同体，推进人类和平与发展的崇高事业，青年人当然责无旁贷、不可缺席，而且要发挥积极作用。

我们青年人要具备世界眼光，把格局放大、把视野放宽，用欣赏、包容、互鉴的态度来看待世界上的不同文明。中国古人很早就认识到不同文明的差异性，主张理性认识、客观对待本国文明与其他文明的差异，并身体力行地促进文明交流；中华文明自古就以开放、包容闻名于世，并在同其他文明的交流互鉴中不断焕发新的生命力。文明因交流而多彩，文明只有在开放、流动和交流中才能不断传播和发展。中华民族在长期的历史发展进程中通过"丝绸之路"等促进了不同文明的交流，创造了辉煌灿烂的文明。如今，中国共产党领导人民成功走出中国式现代化道路，创造了人类文明新形态，为人类文明进步做出了巨大贡献。

90. 碳达峰、碳中和离我们遥远吗？

学生：《中国青年报》2022年面向全国高校大学生发起的问卷调查显示，约78%的受访大学生愿意为气候保护出力。在全球范围内实现碳中和是应对气候变化的治本之策，而实现"双碳"目标需要代际传承，青年需要尽早担当起这一使命。对于普通大学生来讲，可以采取哪些对气候改善有效的行动？

书记：这个问题很专业，也很深刻。习近平总书记强调："实现'双碳'目标是一场广泛而深刻的变革，不是轻轻松松就能实现的。"当前，我国发展不平衡不充分问题仍然突出，经济发展和民生改善任务还很重，能源消费仍将保持刚性增长。同时，我国产业结构偏重，能源结构偏煤，时间窗口偏紧，技术储备不足，碳排放法律法规、交易机制尚不健全，技术、标准、人才等基础支撑薄弱，实现碳达峰、碳中和的任务相当艰巨。深入推进碳达峰、碳中和，必须深刻认识和把握"双碳"工作面临的形势和任务，充分认识实现"双碳"目标的紧迫性和艰巨性，有的放矢推动"双碳"工作取得实绩、发挥实效。

但我们也应清醒地看到，从改革开放以来，我国是在工业化、城镇化仍快速发展的情况下开启降碳进程的，降碳任务之重、时间之紧前所未有。我国承诺实现从碳达峰到碳中和的时间，远远短于发达国家所用时间。这意味着我国作为世界上最大的发展中国家，将完成全球最高碳排放强度降幅，用全球历史上最短的时间实现从碳达峰到碳中和。我们还应看到，我国生态文明建设仍然面临诸多矛盾和挑战，生态环境稳中向好的基础还不稳固，从量变到质变的拐点还没有到来，生态环境质量同人民群众对美好生活的期盼相比，同建设美丽中国的目标相比，同构建新发展格局、推动高质量发展、全面建设社会主义现代化国家的要求相比都还有较大差距。同时，一些发达国家试图通过碳关税、碳投资、碳义务等手段增加我国减排责任，全球应对气候变化博弈依然激烈。这些都是我们推进"双碳"工作必须认真研究和应对的挑战。

深入推进"双碳"工作，青年一代责无旁贷。从认识的角度看，实现碳达峰、碳中和，是一个涉及价值观念、产业结构、能源体系、消费模式等诸多层面的复杂系统工程。习近平总书记强调："我们要提高战略思维能力，把系统观念贯穿'双碳'工作全过程。"比如，要理解发展和减排的关系。要深刻认识到，减排不是减生产力，也不是不排放，而是要走生态优先、绿色低碳发展道路，在经济发展中促进绿色转型、在绿色转型中实现更大发展。要坚持统筹谋划，在降碳的同时确保能源安全、产业链供应链安全、粮食安全，确保群众正常生活。党的十八大以来，我们党坚持把系统观念贯穿于"双碳"工作全过程，在经济社会持续健康发展的同时，碳排放强度显著下降，经济发展与减污降碳协同效应凸显。2020年，我国碳排放强度比2015年下降18.8%，超额完成"十三五"约束性目标；比2005年下降48.8%，超额完成向国际社会承诺的到2020年下降40%到45%的目标，累计少排放二氧化碳约58亿吨，二氧化碳排放快速增长的局面基本扭转。实践证明，推进碳达峰、碳中和，必须坚持从实际出发，牢固树立系统观念，进一步加强前瞻性思考、全局性谋划、战略性布局、整体性推进，推动"双碳"工作不断迈上新台阶。

中国特色社会主义进入新时代，我国社会主要矛盾转化为人民日益增长的美好生活需要和不平衡不充分的发展之间的矛盾，人民群众对优美生态环境的需要已经成为这一矛盾的重要方面。进入新发展阶段，推进"双碳"工作是破解资源环境约束突出问题、实现可持续发展的迫切需要，是顺应技术进步趋势、推动经济结构转型升级的迫切需要，是满足人民群众日益增长的优美生态环境需求、促进人与自然和谐共生的迫切需要，是主动担当大国责任、推动构建人类命运共同体的迫切需要。

习近平总书记指出："实现碳达峰、碳中和是一场硬仗，也是对我们党治国理政能力的一场大考。"从碳达峰来看，很多发达国家实现碳排放达峰是一个技术、经济发展的自然过程，而我国是为应对气候变化、促进高质量发展的自我加压、主动作为，要采取更加有力的政策措施。从碳中和来看，发达国家从碳达峰到碳中和有50年到60年的时间，而我国目前承诺从碳达峰到碳中和的时间仅有短短的30年，面临着比发达国家时间更紧、降幅更大的减排要求，需要付出更加艰苦卓绝的努力。因此，"要科学设定碳排放峰值水平，准确界定概念和标准，衔接好碳达峰目标和碳中和愿景，避免高碳锁定和高位达峰"。

作为青年一代，我们要自觉弘扬和践行简约适度、绿色低碳、文明健康的生活方式，增强节约意识、生态环保意识。学生应当心怀天下，了解世界格局，要到世界舞台发光发亮，让世界听到中国青年的声音，应对气候变化更需要广大的青年学生参与。同学们可以从我做起、从小事做起，养成随手关电器、绿色出行等好习惯，倡导低碳生活方式，为实现碳中和做出力所能及的努力；也可发挥知识优势，组织与气候变化相关的教育宣传活动，去呼吁，去奔走，去普及相关知识，提高社会认知，带动更多人为实现"双碳"目标而努力。

91. 全人类共同价值对"普世价值"实现了何种超越?

学生：人类生活在同一个地球村里，越来越成为你中有我、我中有你的命运共同体，人类客观存在共同利益，必然要求共同价值。全人类共同价值是马克思主义中国化的又一重要理论创新，也是习近平新时代中国特色社会主义思想的重要组成部分。我们应该如何准确理解全人类共同价值的本质内涵，这一价值对"普世价值"的超越性又是怎么体现的呢？

书记：党的十八大以来，习近平总书记创造性地提出全人类共同价值，与"普世价值"形成鲜明对比。从提出背景上看，全人类共同价值形成的基础是全人类共同、普遍的生产生活实践。今天这个世界，各国相互联系、相互依存的程度空前加深，越来越成为你中有我、我中有你的命运共同体，全人类共同价值就是全球化发展到共同体阶段产生的一种价值理念，这是它最鲜明的时代特征。而"普世价值"仅是基于西方独特历史实践形成的价值理念。

从历史看，西方主导下的世界历史是一部战争与冲突史，而我们推动构建人类命运共同体，不是以一种制度代替另一种制度，不是以一种文明代替另一种文明，而是促进不同社会制度、不同意识形态、不同历史文化、不同发展水平的国家在国际事务中利益共生、权利共享、责任共担，形成共建美好世界的最大公约数。

任何一种价值观念都不是凭空出现的，而是该价值观念的倡导者基于一定的前提与出发点提出的。真正辨析"普世价值"与全人类共同价值的天壤之别，就要从这两种价值的生成维度进行比较。"普世价值"是西方资本主义国家提出的价值观念，以"抽象的"人作为价值前提，推崇"以我为尊"的个人本位；而全人类共同价值，则是以"现实的人"作为理论前提，倡导人类命运共同体的集体本位。"普世价值"作为资产阶级生产关系和所有制关系在价值观念上的反映，其本质是资产阶级物质生产的思想呈现，是资产阶级的意识形态。这样,"普世价值"的阶级性就体现出来了,与它所宣传的"超越阶级"就产生了难以自圆其说的矛盾,"普世价值"的谎言便不攻自破,它并不是适用所有人,只是适用资产阶级而已。

全人类共同价值是以"现实的人"作为生成基础,同时在尊重世界各国家、各民族发展特殊性的基础上,在凝练不同的文明发展成果的基础上形成的代表全人类和谐发展、共同繁荣美好愿景的价值理念。

全人类共同价值与西方"普世价值"实现目标的方式不同。全人类共同价值的追求目标都有一个前提,即"共同建设",这表明其实现目标的方式是各国团结合作。今天的世界是一个你中有我、我中有你的命运共同体,习近平总书记形象地指出:"国际社会发展到今天已经成为一部复杂精巧、有机一体的机器,拆掉一个零部件就会使整个机器运转面临严重困难,被拆的人会受损,拆的人也会受损。"因此,共同体的行为逻辑是团结合作,达成集体行动,共同应对挑战,提高各国的整体福祉。而尊重各国的平等权利、发展差异和文明成果,是团结合作的基础。

全人类共同价值用独特的东方话语在世界高高举起了人类文明进步的价值旗帜,是世界各国人民价值追求上的最大公约数。它的提出不是为了占据人类文明的制高点,而是基于全球化时代价值观念多样性的客观事实,倡导世界各国要尊重文化差异,寻求普遍共识,改变当今世界价值失衡、冲突的状况,以期实现各国的共同发展。凝聚价值共识并不是寻求某种特殊价值的推广,而是倡导尊重不同民族、国家或地区的价值观念,最大程度地包容世界各国多样的价值形态,塑造一个既满足各国自身发展需要,又能实现全人类共同发展的价值表达,以促进人类共同难题的解决,将人类和谐发展的美好图景变成现实。

习近平总书记指出:"我们要共同倡导弘扬全人类共同价值,和平、发展、公平、正义、民主、自由是各国人民的共同追求,要以宽广胸怀理解不同文明对价值内涵的认识,不将自己的价值观和模式强加于人,不搞意识形态对抗。"弘扬全人类共同价值,要把握不同主体之间的共同点与差异性。"尊重各自选择的社会制度和发展道路，尊重彼此核心利益和重大关切。"每个国家都有自己的特殊国情，这也就决定了每个国家的发展道路不可能千篇一律，而是多种多样的。正如习近平总书记对此所作的形象比喻："鞋子合不合脚，自己穿了才知道。"阐扬全人类共同价值，就是要在尊重各国国情的前提下，建构起各国普遍认同、共同参与的价值体系。中国在现代化道路上所确立的榜样，让各种偏见和教条现出原形，给了更多国家自主探索现代化道路的勇气和信心。但各国的经济水平、政治制度和历史文化传统等国情都有所不同，各国民众对于现代化道路以及共同价值等的认知水平和理解维度也各不相同，因此，我们提倡建构"和平、发展、公平、正义、民主、自由"的全人类共同价值的同时，亦要根据不同国家的实际情况，准确判断各国在实现全人类共同价值的过程中遇到的具体问题并"对症下药"，只有这样才能最终实现全人类共同价值的真正落地。

第十九谈 大学，为什么一定要追逐理想光辉

92. 如何理解马克思主义的真理性？

学生：习近平总书记在庆祝中国共产党成立100周年大会上发表的重要讲话中指出："中国共产党为什么能，中国特色社会主义为什么好，归根到底是因为马克思主义行！"马克思主义行是因为它是真理，那么我们该如何理解马克思主义的真理性呢？

书记：习近平总书记讲过，我们要"用科学的态度对待科学，以真理的精神追求真理"。马克思主义是真理，这一点既要深信不疑还要准确把握。有人可能会存在一种误解，认为意识形态不是真理，这其实是把马克思主义机械化、庸俗化理解了。通常意义上的意识形态是个与社会形态相对应的概念。从历史唯物主义的角度出发，有社会存在决定社会意识的根本逻辑起点，社会形态就是社会存在的形态，意识形态就是社会存在的意识方面的形态，就是人的思想观念对特定社会形态的意识反映。如果这种反映是合乎实际的、真实准确的，那就是真理，所以我们不能错误地把意识形态和真理分裂开来。

从真理性的角度把握，就是要看到历史必然性。中国近代史波澜壮阔，各种思潮主义都曾登场亮相，但只有马克思主义经过历史的选择、经

过长期的检验才最终成为中国人的选择,成为我们党和国家的指导思想的。历史已经一再证明了马克思主义的真理力量。可以这样说,正因为它是真理,才在一百多年前,在各种思想流派中脱颖而出,成为我们党的指导思想。

说马克思主义具有真理性,是因为马克思主义学说是科学学说,是实事求是的学说,经得起历史和实践的考验。毛泽东同志说过:"我们说马克思主义是对的,决不是因为马克思这个人是什么'先哲',而是因为他的理论,在我们的实践中,在我们的斗争中,证明了是对的。我们的斗争需要马克思主义。我们欢迎这个理论,丝毫不存什么'先哲'一类的形式的甚至神秘的念头在里面。"

1516年,托马斯·莫尔发表了《乌托邦》一书,标志着社会主义作为一种社会政治思潮开始登上历史舞台。马克思、恩格斯在批判继承德国古典哲学、英国古典政治经济学和英国、法国空想社会主义的基础上,创立了唯物史观、剩余价值说,并在这两大理论基础上,使空想社会主义发展到科学社会主义。1848年,《共产党宣言》的发表标志着马克思主义的正式诞生。恩格斯在《反杜林论》中对马克思主义进行了分类,将马克思主义分为马克思主义哲学、马克思主义政治经济学和科学社会主义三部分。马克思主义的真理性在于,马克思、恩格斯从生产力和生产关系、经济基础和上层建筑的矛盾运动关系,从社会化大生产和生产资料私人占有之间的矛盾关系,从资本主义社会的阶级对立关系,说明资本主义产生、发展、灭亡的历史必然性,得出无产阶级是最革命的阶级、是资本主义掘墓人和共产主义建设者。

马克思主义是共产党人的最大信仰,是共产党人的立身之本、政治灵魂。然而,随着20世纪90年代世界社会主义运动遭受巨大挫折,加上西方资本主义不断地通过自我调适促进繁荣发展,一些人对马克思主义的真理性产生了怀疑。实际上,马克思早在1859年在《<政治经济学批判>序言》中就指出:"无论哪一个社会形态,在它所能容纳的全部生产力发挥出来以前，是决不会灭亡的；而新的更高的生产关系，在它的物质存在条件在旧社会的胞胎里成熟以前，是决不会出现的。"改革开放以来，邓小平同志明确提出了社会主义初级阶段理论，他指出："共产主义社会是物质极大丰富的社会。因为物质极大丰富，才能实现各尽所能、按需分配的共产主义原则。社会主义是共产主义第一阶段，当然这是一个很长很长的历史阶段。社会主义时期的主要任务是发展生产力，使社会物质财富不断增长，人民生活一天天好起来，为进入共产主义创造物质条件。"

因此，我们不能因为实现共产主义要经历一个漫长阶段，就怀疑马克思主义的真理性；不能因为西方资本主义仍然处于发达阶段，就怀疑马克思主义的论断。

马克思主义的真理性的一个非常重要的方面还在于，它不是一个僵化的封闭的理论体系，而是一个发展的开放的理论体系，是随着时代、实践的发展而不断发展的，不是一成不变的。恩格斯说："我们的理论是发展着的理论，而不是必须背得烂熟并机械地加以重复的教条。""所谓'社会主义社会'不是一种一成不变的东西，而应当和任何其他社会制度一样，把它看成是经常变化和改革的社会。"

当然，我们说马克思主义是真理，不意味着就认定马克思主义是万能的，是"包治百病"的。马克思主义是包容的，它从创立之日起，就借鉴了人类已经取得的最先进的文明成果。在当今中国，它作为党和国家的指导思想，也会借鉴、吸收其他理论和学说。中国革命、建设、改革的进程证明，马克思主义是具有真理性的，是历史选择了马克思主义。并且，马克思主义同中国实际相结合，产生了新的理论成果。党的十八大以来，以习近平同志为核心的党中央坚持和发展中国特色社会主义，着眼于马克思主义理论的新运用，着眼于新的实践和新的发展，创立了习近平新时代中国特色社会主义思想，这标志着中国共产党人对马克思主义的发展达到了一个新高度。

93. 为什么说对马克思主义的信仰，是科学的信仰、理性的信仰？

学生：我们已经理解了马克思主义的真理性，真理是客观的，那么马克思主义信仰呢？为什么说对马克思主义的信仰是科学的信仰、理性的信仰？科学的信仰、理性的信仰是怎么界定的呢？

书记：这个问题实际上又前进了一步。理解马克思主义信仰，首先就要追问什么是信仰。信仰是个价值判断问题，是对价值的最高追问。信仰从本质上来讲是思想认识问题。人们认识世界，包括两个方面：一是想搞清楚"是不是"的问题，这是事实判断；二是想搞清楚"该不该"的问题，这是价值判断。

事实判断服从唯物论的原则，一切遵从实际情形，以事实为依据，按照客观标准和外在尺度认识世界，与人们的主观愿望没有关系；价值判断则服从价值论的原则，在同一个事实面前，不同的人有可能做出完全不同的价值判断，"仁者见仁，智者见智"，因为这是按照主观标准和内在尺度认识世界。毫无疑问，信仰属于价值判断。但是，并不是说所有的价值判断都是信仰，信仰是对价值的最高追问。价值判断回答"该不该"的问题，而价值追问，就是对"该不该"或者"有没有意义"问题的追问。价值观也就是怎么看"该"或者"不该"、"有意义"或者"没有意义"。如果对价值的追问超越了生命价值，就会上升为信仰。例如，什么是自由的价值观？就是把自由作为判断"该"或者"不该"的标准，凡是符合自由标准的就是该的，凡是不符合自由标准的就是不该的。但是如果把这样的价值追问上升到这样的地步：不自由毋宁死，这就不是普通的自由价值观，而是对自由的信仰了。由此可见，为了信仰，是可以付出生命的。中国共产党人的入党誓词中说：随时准备为党和人民牺牲一切，永不叛党。这就是对信仰的宣誓。

根据价值追问通达信仰的不同方式，可以把信仰大致分为两类：理性的信仰和非理性的信仰。非理性的信仰是排斥理性的，不需要理由，是

"因信而信"。理性的信仰则是以理性作为根基的，经过理性反思为真才信，是"因真而信"。

为什么说马克思主义的信仰是科学的信仰、理性的信仰？这可以从它对终极关怀的理性回答中找到答案。人的特性在于，虽然生存有限，却要追问无限；虽然存在具有偶然性，却要追问必然；虽然生命是暂时的，却要追问永恒。这就是终极关怀。也就是说，人类会立足于有限追求无限，有限的是现实生活，无限的是价值追求。那么，怎么通过有限的生命来通达无限的意义和价值呢？

从理论上来讲，只有两种可能：第一，通过无限延长自己的生命来追求无限的意义和价值。这绝对不是一个理性主义者所会给出的答案，因为有理性的人都知道，无论一个人的生命有多久，总有大限来临的那一天；第二，即理性主义者的方案，承认生命有限，不去无谓地追求生命无限，而是追求生命的高度，也就是在有限的生命中追求无限的意义和价值。在这样的情况下，生命的长短已经不具备根本意义了。如果一个人的生命是有意义和价值的，即使是短暂的，也是灿烂的和值得的。

马克思沿着这个思路为共产党人找到了信仰，这至今还是我们应有的追求。1835年8月，十七岁的马克思写过一篇论文——《青年在选择职业时的考虑》。在这篇论文中，马克思用诗一样优美的语言，表达了崇高的人生价值追求："如果我们选择了最能为人类而工作的职业，那么，重担就不能把我们压倒，因为这是为大家作出的牺牲；那时我们所享受的就不是可怜的、有限的、自私的乐趣，我们的幸福将属于千百万人，我们的事业将悄然无声地存在下去，但是它会永远发挥作用，而面对我们的骨灰，高尚的人们将洒下热泪。"选择"最能为人类而工作"的职业，这样的人生才有意义和价值。

选择马克思主义信仰，既要有朴素的感情，更要有深刻的理解和体悟。恩格斯曾经在《法德历史材料》一文中提出"先理解而后信仰"，就是要人们破除盲目的信仰，要人们从统治阶级所释放的烟雾弹和五里雾中走出来，确立科学理性的信仰。只有科学的理论才敢于面对理性的质疑，不科学的理论只会扼杀理性和科学。马克思主义理论敢于接受并提出这一命题，本身就证明马克思主义是具有科学性和真理性的。马克思在《<黑格尔法哲学批判>导言》中强调，理论只要彻底就能说服人，认为是人创造了宗教而不是宗教创造了人。列宁说马克思主义每前进一步都得经过战斗，真理是愈辩愈明的。

习近平新时代中国特色社会主义思想是当代中国马克思主义、21世纪马克思主义，学习习近平新时代中国特色社会主义思想，要始终做到知信行统一。这是一个由感性、知性、理性到认同、信任、信仰，再落实到实际行动中的，由外化到内化，由认识到实践再到更高阶的认识与更自觉的实践的不断深化的过程。只有经得起人民和实践检验的科学理论体系才能永远绽放灿烂的真理光芒，才能让更多的人信任、信赖、信奉、信仰，让人民在笃定心中信仰的同时践行之。

94. 共产主义是个什么样的社会？

学生：共产主义是马克思主义学说的核心概念，也是共产党人耳熟能详、铭记于心的神圣词语。但很多人对共产主义并没有深刻的认识和理解，有些人仅从字面意思出发，把共产主义简单理解为"财产共享"的学说；也有人把共产主义简单看成资本主义的对立；甚至还有人认为共产主义不过是为人类发展设定的美好目标愿景，虽然崇高，但遥不可及。我们究竟应该如何准确把握共产主义呢？

书记：什么是共产主义？这是一个非常深刻的问题。在马克思主义看来，共产主义的含义要包括理论和实践两个层面。共产主义首先是一种理论体系，它是揭示人类社会发展规律的思想学说。当然，马克思主义不仅仅是一套科学的认识世界的理论体系，它的根本目的在于为改造世界提供科学的实践指南——我们都知道，进行改造世界的实践活动不能没有科学的理论作指导。《共产党宣言》的发表标志着共产主义的诞生，共产主义首先作为一种理论体系和思想学说而存在。随着共产主义思想的传播，在这种思想理论指引下，国际共产主义运动在世界各国迅猛展开。在理论与实践的结合中，共产主义作为一个科学完整的理论体系也在不断发展完善。

同时，共产主义也是人类社会历史展开的现实运动过程。马克思在揭示人类社会历史发展规律的同时，提出了人类历史上不同社会形态的演进序列，对未来社会发展的方向、原则和特征做出了判断和构想。马克思认为，共产主义是代表着人类历史未来发展趋势的高级社会形态。马克思这种构想，是基于对资本主义生产方式和社会制度的深刻揭示与批判，对未来社会进行的一般原则性的展望和合理化的建构。马克思同时还强调，"我们所称为共产主义的是那种消灭现存状况的现实的运动"。也就是说，共产主义不是仅停留在观念层面的理想中，而是存在于实际行动和现实运动中的。

此外，共产主义也是人的个性解放、个体自由全面发展的现实过程和实现形态。马克思认为，对共产主义的理解，既不能固守于抽象个体的人，也不能固守于抽象的集体，而是要从真正的共同体的实现与个体自由发展的统一中去把握。马克思一方面强调共产主义是世界历史进程中无产者和共产党人共同的解放事业，是"各文明国家的联合的行动"，意味着真正的共同体的生成和实现；另一方面也强调共产主义是"通过人并且为了人而对人的本质的真正占有"，是"人向自身，也就是向社会的即合乎人性的人的复归"，意味着现实的人的个性自由和人身解放。因此，共产主义是对个人自由解放和集体自由解放的同时肯定，共产主义绝不单方面强调集体至上而压抑伤害个体自由。相反，共产主义主张，人要超越对人的依赖，也要超越对物的依赖，真正成为社会历史的主人。

共产主义社会是人类历史上一种崭新的社会制度，是最美好、最理想的社会形态。在《德意志意识形态》中，马克思、恩格斯用文学的语言描绘了未来社会的面貌："在共产主义社会里，任何人都没有特殊的活动范围，而是都可以在任何部门内发展，社会调节着整个生产，因而使我有可能随自己的兴趣今天干这事，明天干那事，上午打猎，下午捕鱼，傍晚从事畜牧，晚饭后从事批判，这样就不会使我老是一个猎人、渔夫、牧人或批判者。"在《共产党宣言》中，共产主义的本质意涵被经典作家提纲挈领地概括为："代替那存在着阶级和阶级对立的资产阶级旧社会的，将是这样一个联合体，在那里，每个人的自由发展是一切人的自由发展的条件。"这是关于未来社会的一个核心命题，直截了当地阐明了共产主义社会的核心要义。

概言之，"每个人的自由全面发展"是未来社会的标签，正是这一点将共产主义社会同一切旧社会从根本上区别开来。今天，我们理解共产主义，关键是抓住这一本质，"不可能也不必要去对遥远的未来作具体的设想和描绘"。看当代中国是不是向着共产主义的方向迈进，关键也是看每个人发展的自由度和全面度是不是越来越高，是不是能够比过去更自由、更全面地发展自己的才能。

95. "共产主义渺茫论"为什么是不对的？

学生：有些人对共产主义理想抱怀疑态度，"共产主义渺茫论"和"乌托邦论"在一段时间里很是流行。持这些观点的人认为，共产主义是遥远的未来的事情。在他们眼里，共产主义社会是想要什么就有什么，无须努力工作、无须奋斗就能无限满足各种需要的社会。这种共产主义当然渺茫，当然是乌托邦，因为它根本不可能存在。您能具体讲讲"共产主义渺茫论"错在何处吗？

书记：列宁在《国家与革命》中曾经批判过共产主义"乌托邦论"，他说："从资产阶级的观点看来，很容易把这样的社会制度说成是'纯粹的乌托邦'，并冷嘲热讽地说社会主义者许诺每个人都有权利向社会领取任何数量的巧克力糖、汽车、钢琴等等，而对每个公民的劳动不加任何监督。"列宁还说："没有一个社会主义者想到过要'许诺'共产主义高级发展阶段的到来，而伟大的社会主义者在预见这个阶段将会到来时所设想的前提，既不是现在的劳动生产率，也不是现在的庸人，这种庸人正如波米亚洛夫斯基作品中的神学校学生一样，很会'无缘无故地'糟蹋社会财富的储存和提出不能实现的要求。"

共产主义社会当然要满足人们对美好生活的多种需要，但共产主义对需要的满足不是无限的，而是合理的。

共产主义社会还是人自由全面发展的社会。在共产主义社会，每个人都可以在最容易发挥自己的天赋和才能的领域中工作，而不必担心失业，人的潜能可以得到最有效的发挥。人不是生产的工具，而是生产的目的。共产主义社会是消除了资本主义种种社会弊病和异化现象的社会，是人可以得到自由全面发展的社会。总之，共产主义社会是消灭阶级和阶级对立，消除少数人占有财产而多数人处于绝对或相对贫困的社会，是人对美好生活的合理需要不断得到满足和提高的社会，是人自由全面发展的社会。这种社会理想的实现，当然需要生产力的高度发展，需要物质财富和精神财富的极大丰富，需要人们道德水平的极大提高。

列宁指出，"历史通常是循着曲折的道路发展的"。有高潮有低谷，波浪式前进，螺旋式上升，是所有社会形态演进的路线图，人类走向共产主义的道路也不例外。更何况，这些挫折不是共产主义"惹的祸"，而是背叛共产主义学说导致的恶果。对于什么是科学真理，不同的人可能有不同的判断标准，但绝不能根据思想理论产生的时间进行判断。只要没有超出适用范围，真理就不会过时。同马克思生活的时代相比，人类社会确实发生了一系列显著变化，但资本主义根本矛盾没有变，人类社会从资本主义向社会主义过渡的时代背景没有变,人们对实现人的自由而全面的发展和全人类解放的追求没有变。这说明,我们依然处在马克思主义所指明的历史时代。虽然我们现在还处在社会主义初级阶段,距离实现共产主义的目标还很远,但并不能因其遥远而否定它。从人类历史发展规律来看,共产主义社会一定能够实现。但是,共产主义社会不会在某个早晨突然出现,其实现需要撸起袖子实干、苦干。从这个意义讲,实现共产主义的目标不是许诺,不是坐等,而是一个具有连续性的运动过程,是共产主义因素不断增长的过程。因此,马克思说:"共产主义对我们来说不是应当确立的状况,不是现实应当与之相适应的理想。我们所称为共产主义的是那种消灭现存状况的现实的运动。"

习近平总书记指出:"马克思的思想理论源于那个时代又超越了那个时代,既是那个时代精神的精华又是整个人类精神的精华。"马克思主义深刻揭示了自然界、人类社会、人类思维发展的普遍规律,是科学的理论、人民的理论、实践的理论、不断发展的开放的理论,它不是教条而是行动指南,始终随着实践的发展而发展。无论时代如何变迁,马克思主义始终具有无与伦比的思想伟力。理论的生命力在于不断创新发展。根据时代和实践的需要不断推动马克思主义创新发展,马克思主义就永远不会过时。进入新时代,以习近平新时代中国特色社会主义思想为指导的中国共产党人,坚持用马克思主义立场、观点、方法,观察时代、解读时代、引领时代,用鲜活丰富的中国实践推动马克思主义创新发展,用宽广视野吸收人类创造的一切优秀文明成果,不断深化对共产党执政规律、社会主义建设规律、人类社会发展规律的认识,开辟了当代中国马克思主义、21世纪马克思主义新境界。

总而言之,一个人不能因为自己生命短暂,看不到共产主义社会的实现而动摇理想和信仰。我们每个人的生命是有限的,但实现发达的社会主义社会和共产主义社会的历史长度,比个人的生命长得多。

96. 沿着中国道路为什么一定能通往共产主义？

学生：《中国没有辜负社会主义》一文中指出，历史没有终结，也不会终结，社会主义生机蓬勃、前途无限！中国特色社会主义道路不但走得对、走得通，而且必将通往更加光明的未来！我们应该如何准确理解中国特色社会主义道路就是通往共产主义的必由之路这一重要论断，从而更加坚定"四个自信"呢？

书记：首先要理解社会主义和共产主义的关系。社会主义和共产主义，是同一社会形态的两个发展阶段，而不是两种不同的社会形态。这两个阶段在发展水平、成熟程度上有重大差别，但在本质上具有一致性。社会主义虽然还是"不完全的共产主义"，但它是通往共产主义的第一步，是实现共产主义无法绕开的必经阶段。没有低级阶段的积累，就不会向着高级阶段飞跃。

中国特色社会主义道路是中国通向共产主义的必经之路。各个国家由于文化传统不同，历史命运不同，现实国情不同，建设社会主义的具体道路也会有所不同。在中国这样一个生产力曾经十分落后的国家，针对如何建设社会主义，如何实现共产主义，我们没有简单套用马克思主义经典作家设想的模板，也没有简单重复传统社会主义国家的模式，而是走出了一条具有中国特色的社会主义道路。这条道路来之不易，它是在改革开放四十多年的伟大实践中走出来的，是在中华人民共和国成立70多年的接力探索中走出来的，是在对近代以来180多年中华民族发展历程的深刻总结中走出来的，是在对中华民族五千多年悠久文明的传承中走出来的。

习近平总书记强调，"中国特色社会主义道路是实现社会主义现代化的必由之路，是创造人民美好生活的必由之路"，是中华民族最终走向共产主义的必由之路。中华人民共和国成立70多年，特别是改革开放40多年来，我国发展的事实雄辩地证明：中国特色社会主义道路是一条符合中国国情、富民强国的正确道路，是一条走得通、走得好、走得稳的道路，只有这条道路能够发展中国、发展社会主义、发展马克思主义，只有这条道路能够引领中华民族伟大复兴，并最终实现共产主义的远大目标，我们已经沿着这条道路走了几十年，今后还将继续走下去。

实现共产主义不是一蹴而就的，必须要在每一个历史阶段体现远大理想与现实任务的有机统一。只有这样，才能逐步实现共产主义运动的整体发展目标。在社会主义建设模式上，中国为国际共产主义运动走出了一条新道路。1956年，毛泽东提出了"第二次结合"的论断，推动了中国共产党建设符合中国国情的社会主义的探索。十一届三中全会后，中国共产党坚持以经济建设为中心、坚持四项基本原则、坚持改革开放，逐步探索形成了中国特色社会主义理论体系，走出了一条中国特色社会主义发展道路，探索出迈向共产主义理想的具体实现形式，把共产主义远大理想与中国特色社会主义共同理想统一于伟大实践之中。

正如恩格斯所言："一个知道自己的目的，也知道怎样达到这个目的的政党，一个真正想达到这个目的并且具有达到这个目的所必不可缺的顽强精神的政党——这样的政党将是不可战胜的。"我们要把共产主义远大理想与不断破解时代重大课题结合起来，不论时代如何变化，不论条件如何变化，都风雨如磐不动摇，自觉做共产主义远大理想和中国特色社会主义共同理想的坚定信仰者、忠实实践者，永远为了真理而斗争，永远为了理想而斗争。

共产主义作为人类发展史上最伟大的运动，是历史地发展起来的，是一个自然历史过程。在这个总的过程中，又包括许多个具体的发展阶段，各个阶段又各有其特点和具体的任务，这就要求我们既不能落后于时代的发展，把现在要做的事放到将来去做；也不能超越时代的要求，把将来才能做的事拿到今天来做。一方面，我们要清醒地认识到，中国特色社会主义绝不仅仅是社会主义、民族传统和现代性要素的简单叠加，而是三者的有机融合，是中国人民在中国共产党的领导下，以社会主义的方式完成自己民族社会生活的现代性革新所形成的一种新文明类型，从而牢固树立"四个自信"；另一方面，我们也要清醒地认识到，即便中国特色社会主义将来真正走向完善和成熟，与《共产党宣言》揭示的人类社会"史前史"终结意义上的世界历史变革相比，也还有相当遥远的距离，其内部目标是全面建成社会主义现代化强国，其外部目标是构建人类命运共同体。就此而言，我们有充分的理由说，马克思的思想遗产决不仅仅是中国的，同时真真切切是世界的。我们期待未来会有更多国家和民族，通过独立自主的历史实践来继承和发扬马克思主义。

第二十谈　如何展现新时代好青年该有的模样

97. 为什么理想是指明航向的灯塔？

学生：我们身边一些大学生中出现了一种"空心病"现象。他们并不缺少目标，但仍因不知道何为人生的意义、奋斗的价值而苦闷迷茫。习近平总书记提出新时代好青年标准，把"有理想"放在首位，为什么我们今天还要强调理想呢？

书记：理想一定是远大的，理想是为人生定向的，不远大不足以使人看到方向，找准坐标。"有理想"是新时代好青年的立身之本。树立正确的理想、坚定的信念，必须从青年抓起。青年一代的理想信念、价值追求、精神状态，是一个国家发展活力的重要体现，也是一个国家核心竞争力的重要因素。习近平总书记强调，"新时代中国青年要树立对马克思主义的信仰、对中国特色社会主义的信念、对中华民族伟大复兴中国梦的信心"，要"从内心深处厚植对党的信赖"。从信仰到信念到信心到信赖，这应该是"有理想"的核心要义。

对马克思主义的信仰是根本，是"有理想"的政治灵魂。选择信仰什么主义，就会铸就什么样的灵魂，就会生成什么样的世界观、人生观、价值观。新时代好青年必须要坚定马克思主义信仰，树立共产主义远大理想。

对中国特色社会主义的信念是关键，是"有理想"的观念支撑。信念是人们基于对当前社会历史条件的感性认知与理性认识，形成的对某一事物真挚笃信、执着坚守与不懈追求的精神状态。马克思主义的普遍真理只有同中国具体实际相结合、同中华优秀传统文化相结合，才能获得源源不断的生机与活力。马克思主义科学信仰、共产主义远大理想也只有不断扎根中国社会的现实土壤，生成具有鲜明中国特色、民族特性和时代特征的内容与形式，才能不断增强自身的生命力、感召力与创造力。对中国特色社会主义的信念、中国特色社会主义共同理想，就是马克思主义中国化时代化在理想信念层面的直接反映。新时代好青年应当坚定对中国特色社会主义的信念，树立中国特色社会主义共同理想。要做到这一点，广大青年就必须认真学习当代中国马克思主义、21世纪马克思主义，牢牢掌握习近平新时代中国特色社会主义思想的世界观和方法论，深刻理解中国特色社会主义事业"五位一体"总体布局和"四个全面"战略布局，准确把握中国特色社会主义的理论逻辑、历史逻辑与实践逻辑，坚定对中国特色社会主义的道路自信、理论自信、制度自信和文化自信，不断加深对中国特色社会主义的思想认同、情感认同和政治认同，立志成为为中国特色社会主义奋斗终身的有用人才。

对中华民族伟大复兴中国梦的信心是"有理想"的根基，是"有理想"的心理基础。信心是一种不畏艰难、勇往直前、积极进取的心理状态，是人们对于当前和今后一个时期内某一行为、目标、任务必将取得成功的心理确证。相较于信仰、信念而言，信心同人们对客观现实状况的研判有着更为紧密的联系，它更加直接地指向人的经验世界与感性活动，体现着更加强烈的主体能动性与现实关照性。对中华民族伟大复兴中国梦的信心，是马克思主义信仰与中国特色社会主义信念在广大青年心中具象化、实在化、切近化的表达。习近平总书记强调，"中国梦是国家的梦、民族的梦，也是包括广大青年在内的每个中国人的梦"，"中国青年始终是实现中华民族伟大复兴的先锋力量"。中华民族伟大复兴中国梦，是远大理想、共同理想在中国社会当下阶段的表现形式，也是远大理想、共同理想同青年个人梦想相连接、相贯通的重要环节。只有当广大青年对自己的个人梦想，对与自己切身相关的民族梦、国家梦，产生了坚定不移的胜利信心，崇高而远大的信仰、信念才能在他们内心深处落地生根。要增强青年一代对中华民族伟大复兴中国梦的信心，一方面要教育青年深入领悟个人梦与中国梦的辩证统一关系，高度自觉地把个人梦同民族梦、国家梦结合起来，在实现中华民族伟大复兴的进程中创造幸福生活、成就个人理想；另一方面要引导青年正确认识中华民族伟大复兴战略全局和世界百年未有之大变局，准确把握中华民族伟大复兴的极端重要性、历史必然性与现实可能性，深刻明白中华民族伟大复兴已经进入了不可逆转的历史进程，从而激励广大青年矢志不渝为实现民族复兴接续奋斗。

对中国共产党的信赖是前提，是"有理想"的政治保障。信赖是一种对象性关系，是人们高度信任对方甚至到了依赖对方的程度。在这一层面，人们的思想、情感与精神有了一个值得交付的具体对象。青年的信仰、信念、信心，都建筑在对中国共产党高度信赖的基础之上。中国共产党是马克思主义武装起来的先进政党，是中国特色社会主义事业的领导核心，是中华民族伟大复兴的中流砥柱。青年人如果对这个核心领导力量缺乏最基本的信任，那么也就不会对民族复兴充满信心，自然也就无法坚定对中国特色社会主义的信念，更谈不上信仰马克思主义。习近平总书记指出："历史和现实都证明，中国共产党是始终保持青春特质的党，是永远值得青年人信赖和追随的党。"信赖从来都是相互的，要增进青年对党的信赖，应当从以下两个方面着手：一方面，我们党要始终保持自己的革命品格与青春特质，做青年成长路上的知心人、热心人、引路人，既要重视青年、激励青年、关爱青年，切实为青年人解决思想困惑与现实难题，又要代表青年、赢得青年、依靠青年，不断巩固和增强党在青年中的影响力、号召力与领导力；另一方面，广大青年要深刻体悟党的先进性、革命性和人民性，坚持用党的初心使命来提升自己的政治觉悟，用党的科学理论来武装自己的思想头脑，用党的光辉旗帜来指引自己的人生方向，用党的优良作风来塑造自己的个性品质，做到知党、爱党、信党，永远听党话、感党恩、跟党走。

98. 为什么担当是成就事业的基石？

学生：我们都知道前进的道路并非坦途，未来充满着机遇，也充满着挑战，正如党的二十大报告指出的，我们要"准备经受风高浪急甚至惊涛骇浪的重大考验"。担当是新时代青年最珍贵的品质，但勇于担当不是一时兴起，需要久久为功的坚持。作为青年大学生，面对着时代赋予我们的历史重任，该如何理解"敢担当"的要求呢？

书记：人的本质是"一切社会关系的总和"，人与社会唇齿相依。如果只讲个人奋斗，就会变成"精致的利己主义者"。尽管实现每个人的幸福是人类奋斗的终极目的，但个人的幸福却无法仅凭只为自己的奋斗而达成，它倚赖每个人奋斗力量的汇聚。个人脱离社会联系与支持将无法生存，社会没有个人的贡献与担当也不能运行与发展。敢不敢担当、能不能担当得起，这是青年人成长成才的试金石，是检验青年人是否有理想、能吃苦、肯奋斗的重要标准。青年人有多大担当、尽多大责任，决定着他们个人成就的高低，也关系着整个国家和民族事业的发展。新时代好青年在中国特色社会主义伟大实践中长志气、硬骨气、提底气、增勇气，在担当中历练、在尽责中成长，才能不辜负历史和时代的重托。

"敢担当"首先是要有志气。志气是力求做成某事、达成目标、完成任务的志向、决心和意志，是人们不甘落后、力求上进、担当尽责的前提。青年正站在人生的十字路口，这一时期的志向追求在很大程度上体现着个人的视野与格局，决定着人生的方向与道路。做"长志气"的新时代好青年，必须处理好志存高远与脚踏实地的关系，切忌好高骛远、眼高手低、急功近利。在立志高远的同时，立足当下、脚踏实地，坚持一步一个脚印，从小事做起、从琐事做起、从身边事做起，亲身躬行、行稳致远，把远大志向落实到具体的实践活动中去，为实现国家富强、民族复兴、人民幸福贡献出自己的一份力量。

"敢担当"还需要有骨气。骨气是坚定立场、恪守原则、刚直不阿的品格操守，代表着一种自尊自重、宁折不弯的铮铮铁骨，反映了一种忠贞不渝、顶天立地的英雄气概。讲风骨、重气节、崇胆魄，这不仅是中国人千百年来的立世原则，也是中华民族代代相传的精神品格，更是中国共产党领导中国人民百年奋斗的优良传统。做"敢担当"的新时代好青年，不仅要有打不垮、压不倒的风骨，也要有不动摇、不屈服的气节，更要有不怕险、不畏难的胆魄。骨气不是与生俱来的，骨气的养成绝非一日之功，需要不断地砥砺锤炼。广大青年要成为民族之脊梁，国家之栋梁，必须杜绝"软骨病"，锻造一身钢骨，要在经风雨、见世面中长才干、壮筋骨，练就担当作为的硬脊梁、铁肩膀、真本事，要经得住磨难考验、扛得住风险挑战、抵得住不良诱惑、守得住底线原则，挺直脊梁、昂首阔步、冲锋在前，走好新时代的长征路。

底气是青年敢担当的基础。底气是内在力量的积蓄与沉淀，表现为胸有成竹的自信、从容不迫的气蕴、处变不惊的态度。从宏观层面来看，青年敢担当的底气来源于我国坚实的综合国力。习近平总书记指出："新中国成立以来所积累的坚实国力，是从容应对惊涛骇浪的深厚底气。"而坚实国力的积累，又是源于马克思主义的科学指导、源于中国特色社会主义的道路选择、源于中国共产党的坚强领导。要提升广大青年"敢担当"的底气，不仅要使他们切实感知新时代党和国家事业发展的历史性成就，更要使他们深入理解中国共产党为什么能、中国特色社会主义为什么好、马克思主义为什么行。只有从根本上学懂弄通这三个问题，新时代青年才能更加自信、更有底气、更为坚定地朝着中华民族伟大复兴的目标奋勇迈进。从微观层面来看，青年敢担当的底气来源于自己过硬的本领才能。打铁必须自身硬，担当更需本领强。习近平总书记强调："不论是成就自己的人生理想,还是担当时代的神圣使命,青年都要珍惜韶华、不负青春,努力学习掌握科学知识,提高内在素质,锤炼过硬本领。"广大青年必须苦练本领、提升素质、增长才干、厚积薄发,努力成为可堪大用、能担重任的栋梁之材,才能真正做到心里有底、脚下有力,才能在任何艰难险阻面前都顶得上、扛得住、挺得过。

勇气是青年敢担当的支撑。勇气是一种不惧困难、敢闯敢拼、锐意进取的优秀品质,既反映了不信邪、不怕鬼、不怕压的大无畏精神,也体现了知难而进、挺身而出、迎难而上的冲劲、闯劲和干劲。新时代好青年要做敢担当的先锋闯将,不仅要敢于进行伟大斗争,而且要勇于开展自我革命。一方面,广大青年要敢于进行具有许多新的历史特点的伟大斗争。身处世界百年未有之大变局,广大青年要以斗争先锋的姿态积极应对世界之变、历史之变、时代之变,坚定斗争意志、掌握斗争规律、增强斗争本领,在危机中育新机、于变局中开新局,不断夺取新时代伟大斗争的新胜利。另一方面,广大青年要勇于进行刀刃向内的自我革命。具体而言,就是要积极主动地进行自我审视、自我反思、自我批评,敢于承认、勇于面对并积极改正自己的缺点不足,高度自觉地自我净化、自我完善、自我革新、自我提高,做到慎言、慎行和慎独,永葆自己作为开路先锋与时代闯将的先进性与革命性。

当然我们也要看到,强调"敢担当"并不是只鼓励个人单向付出,这是一种个人与集体的双向奔赴。通过担当,个人与国家、时代产生命运与共的联结,当一个人融入了一群人,一群人又会托举起一个人。

99. 为什么吃苦是磨砺青春的良药?

学生:习近平总书记在北京大学师生座谈会上的讲话中指出:"成功的背后,永远是艰辛努力。青年要把艰苦环境作为磨炼自己的机遇,把小事当作大事干,一步一个脚印往前走。"同时,他也指出,新时代新征程上,要激发广大青年"自找苦吃"

的精气神。那为什么要"自找苦吃",怎样"自找苦吃"呢?回望历史,对吃苦,我们都能理解,但是今天我们的物质生活已经极大丰富,又该如何理解"肯吃苦"的要求呢?

书记:我们说今天的好青年要能吃苦,绝对不是要求青年放弃现在的生活条件,去追求过去那种外在的生活之苦。大家生活在经济快速发展、物质生活丰裕、社会长期稳定的环境中,拥有更为优越的成长条件。你们当中的绝大多数都没有经历过生死存亡的苦难,没有体验过缺衣少食的贫苦,因此,如果受到拜金主义、享乐主义等错误思潮的影响,就可能产生不思进取、坐享其成等不良心态。习近平总书记提倡青年人要"自找苦吃",要有这股精气神,就是要求我们到条件艰苦、环境复杂的岗位去,到急难险重的任务中去,到祖国最需要的地方去,不贪图安逸,不回避困难,主动在艰难困苦中砥砺初心、茁壮成长,从这个意义上说,"能吃苦"作为新时代好青年的标准之一,具有深刻的意义。

习近平总书记曾经指出:"青年时代,选择吃苦也就选择了收获,选择奉献也就选择了高尚。"怎么理解吃苦呢?就是要树立正确的苦乐观,把吃苦当作认识自我、磨砺自我、提升自我的重要途径,通过吃生活之苦锤炼品德,吃学习之苦提升本领,吃成长之苦磨砺斗志,吃竞争之苦担负重任。

首先是能吃生活之苦,这是锤炼品德的良器。我们早已摆脱了衣不蔽体、食不果腹的贫苦生活,但是也需要高度警惕消费主义与享乐主义对心智意志的消磨腐蚀,需要面对当前时代条件下现实生活的挫折考验。因此,能吃生活之苦的优秀品质坚决不能丢。大家应当明白,幸福生活不会从天而降,生活在新时代的你们只有磨掉娇气、抛却娇气,继承吃苦耐劳、自力更生、艰苦奋斗的生活作风,弘扬吃苦在前、享乐在后、甘于奉献的优良传统,在生活之苦的淬炼中磨炼心智、锻炼意志、锤炼品质,才能拥有更有精神高度、道德境界和文化品位的人生。

其次是能吃学习之苦，这是提升本领的要义。学习是青年人求实上进的阶梯，是青年人求得真理学问、增长才干智慧、克服本领恐慌的重要法宝。一方面，大家要树立正确的学习观念，把学习作为首要任务，作为一种责任、一种精神追求、一种生活方式。同学们要克服心浮气躁、投机取巧的学习心态，把学习当作历史与时代赋予的职责使命，把学习内化为高度自觉的精神追求和生活方式，树立主动学习、享受学习、终身学习的正确观念，享受学习带来的收获感、成就感和愉悦感，在勤学苦练中锻造过硬本领、汲取奋进力量。另一方面，大家要把握好学习的方向和道路。应当坚持用马克思主义立场、观点、方法来训练自己的思维能力，养成历史思维、辩证思维、系统思维、创新思维；应当丰富学习内容，既要掌握科学文化知识和专业技能，又要提高人文素质，做到又博又专、愈博愈专；应当优化学习方式，把学习和实践紧密结合起来，学以致用、用以促学、知行合一；应当端正学习态度，既要保持如饥似渴学习的热情与激情，又要有"板凳要坐十年冷"的耐力与定力，在日复一日的勤学苦练中增长才干、服务人民、贡献国家。

再次是能吃成长之苦，这是磨砺意志的法门。同学们正处于成长成才的关键阶段，这是一个由内而外地改变自己、磨砺自己、突破自己的过程。习近平总书记形象地说这是人生的"拔节孕穗期"，大家要正确把握成长速度与成才质量的关系，既要充分吸收"阳光"和"养料"，也要自觉拔除"毒草"、防治"虫害"，实现更好成长和更快发展的有机统一。大家思维活跃、精神饱满、富有朝气、可塑性强，渴望了解未知世界，容易接受新鲜事物，保持着勇于探索、善于思考、敢于突破的热忱与信心。同时，面对世界范围内各种意识形态交流、交融、交锋的形势，面对当前社会中思想价值多元、多样、多变的态势，应当始终保持自身的思想定力和政治定力。在诱惑考验面前坚守本心、牢记使命，在大是大非面前立场坚定、态度坚决，在原则问题面前头脑清醒、意志坚定。坚决不走歪门邪道，坚持走好成长成才的正道大道，努力成长为党和国家需要的高质量人才。

最后是吃竞争之苦，这是担负重任的关键。竞争是激发青年积极性、主动性、创造性的重要方式，是增强社会活力与创造力的重要手段，是青年人把握时代机遇、施展本领才能、展现责任担当的必由之路。同学们要担负起时代重任，就要肯吃竞争之苦，在竞争中你追我赶、积极进取、拼搏争先。一方面，要树立正确的竞争意识。不要把竞争视为狭隘的、利己主义的、人对人的战争，要克服害怕竞争、逃避竞争的消极观念，坚决抵制损人利己、弄虚作假、尔虞我诈的恶性竞争，把竞争当作展现自我、检验自我、挑战自我的方式手段，当作青年人相互促进、携手并进的宝贵机会，学会竞争、敢于竞争、乐于竞争，做到胜不骄、败不馁。另一方面，要打造自己的核心竞争力。要着眼于党和国家事业发展的现实需要，结合自己的兴趣爱好、优势长处，不断学习本领、增长才干，打造自己不可替代的核心竞争力，把个人发展的"小竞争"融入国家发展的"大竞争"中，努力成为中国特色社会主义现代化发展需要的优秀人才。这种既有正确竞争意识，又有自己核心竞争力的青年，才能在竞争中脱颖而出、把握主动、赢得未来，担负起党和国家赋予的历史重任。

100. 为什么奋斗是通往未来的桥梁？

学生：毛泽东在延安庆贺模范青年大会上曾经说过："什么是模范青年？就是要有永久奋斗这一条。"青年时期是最需要奋斗的人生阶段，中华民族伟大复兴是一场接力跑，需要包括广大青年在内的一代又一代中华儿女持续奋斗、永久奋斗。那么，新时代中国青年应该如何理解"肯奋斗"的要求，如何做到时时奋斗、事事奋斗、人人奋斗，以永久奋斗的精神状态、永不停滞的前进姿态，为强国建设、民族复兴贡献青春力量？

书记：我们都知道，天上不会掉馅饼，社会主义等不来，伟大梦想不是等出来喊出来的,而是干出来的。人类发展的历史告诉我们的真理就是,只有脚踏实地地实践奋斗,人类才能生存和发展。未来理想社会,也只有通过一天天的实践奋斗才能一步步趋近。

艰苦奋斗是中国共产党人的政治本色和优良传统。"肯奋斗"彰显了新时代好青年积极的精神面貌和行为状态。人生理想的风帆要靠奋斗来扬起,强国建设的重任和民族复兴的使命要靠奋斗来实现,未来的世界取决于青年的拼搏奋斗,新时代是奋斗者的时代,"肯奋斗"是新时代好青年的重要标志。

首先,要坚守人民至上的奋斗目标。做"肯奋斗"的新时代好青年,必须首先明确自己是为谁而奋斗、为什么而奋斗的。在实现第二个百年奋斗目标的新征程中,新时代好青年必须要站稳人民立场,树立人民至上的奋斗目标,坚持为人民的美好生活而奋斗。要做到这一点,广大青年就必须正确处理好个人与人民、个人理想与人民事业、个人奋斗与人民幸福之间的辩证关系。习近平总书记强调:"当代中国青年要有所作为,就必须投身人民的伟大奋斗。同人民一起奋斗,青春才能亮丽;同人民一起前进,青春才能昂扬;同人民一起梦想,青春才能无悔。"青年来自人民、属于人民,一刻也不能离开人民,青年只有在同人民群众荣辱与共、生死相依的血肉联系中才能获得成长成才的力量支撑。同时,人民群众的幸福生活与事业发展,也离不开一代又一代青年人的接续奋斗。做"肯奋斗"的新时代好青年,必须要心怀人民、扎根人民、服务人民,把个人的成长发展融入人民群众的伟大事业当中,把人民群众的根本利益作为青春奋斗的出发点和落脚点。既要坚持一切为了人民,从人民群众的现实需要中找到生命价值和事业方向;也要坚持一切相信人民,把人民群众作为自己的良师益友,从人民群众身上汲取无穷的智慧和力量;更要坚持一切依靠人民,与人民群众风雨同舟、同甘共苦、共同奋斗。

其次,要坚定贡献社会的奋斗取向。奋斗是为了什么?一方面,同学们要以青春奋斗贡献社会价值。要不断增强自己的历史使命感和社会责任感，练就甘于奉献、勇于奉献、乐于奉献的精神品格，投身建设中国特色社会主义现代化强国的火热实践，以自己的本领才干来回馈社会、服务社会、奉献社会，以自己的奋进青春为社会创造更多价值。另一方面，要在贡献社会中实现自我价值。习近平总书记指出："'得其大者可以兼其小。'只有把人生理想融入国家和民族的事业中，才能最终成就一番事业。"集体主义价值观并不遮蔽个体的自我价值，而是要求把自我实现与社会发展统一起来，在创造社会价值的过程中彰显自我价值。同学们既要在社会的大学校里，掌握真才实学，增益其所不能，不断汲取个人发展动力，又要把个人理想融入中国特色社会主义伟大事业之中，找到自我价值与社会价值的契合点，在党和国家伟大事业的不断推进中实现个人理想、成就精彩人生。

再次，要把握苦干实干的奋斗基点。"肯奋斗"归根结底要落实到一个"干"字上来，要落实到踏实肯干、埋头苦干、真抓实干的行动上来。没有实干支撑，任何崇高的理想信念、完善的理论学说、美好的蓝图规划都会沦为空谈空想。中国特色社会主义是中国共产党带领一代代中国人民筚路蓝缕开创的伟大事业。要把伟大事业不断推向前进，青年一代就不能躺在前人的功劳簿上、吃老啃老，也不能纸上谈兵、光说不练，更不能投机取巧、妄图不劳而获。习近平总书记在同各界优秀青年代表座谈时强调："广大青年要牢记'空谈误国、实干兴邦'，立足本职、埋头苦干，从自身做起，从点滴做起，用勤劳的双手、一流的业绩成就属于自己的人生精彩。"大家要成就精彩人生、践行使命担当，就要把理想信念的精神力量转化为苦干实干的实践力量。将来走向工作岗位，要立足本职工作，守好一段渠、种好责任田，始终做到脚踏实地、求真务实、艰苦奋斗，撸起袖子、甩开膀子、俯下身子，在真刀真枪的实干中克服一切困难，在辛勤耕耘的苦干中开创一番伟业。

最后，要坚持创新创造的奋斗方向。新时代好青年应当把党和国家事业发展的迫切需要作为自己的奋斗方向，在创新创造的赛道上奋勇争先，为全面建成社会主义现代化强国注入强劲动力。当前，我国正处于全面建设社会主义现代化国家、向第二个百年奋斗目标进军的关键时期，亟须依靠创新创造来突破发展瓶颈、跨越"中等收入陷阱"、实现高质量发展。青年人是社会中最富有活力、最具创造性的群体，应当不断提升自己的创新思维和创造能力，勇做创新创造的生力军，敢于说前人没说过的话、敢于走前人没走过的路、敢于做前人没做过的事，以思想解放为创新创造注入不竭动力。